Christian Schneider, A
Heinz Steinert und Co

Identität und

REIHE »PSYCHE UND GESELLSCHAFT«
HERAUSGEGEBEN VON JOHANN AUGUST SCHÜLEIN
UND HANS-JÜRGEN WIRTH

Christian Schneider, Annette Simon,
Heinz Steinert und Cordelia Stillke

Identität und Macht
Das Ende der Dissidenz

Psychosozial-Verlag

Bibliografische Information der Deutschen Bibliothek
Die Deutsche Bibliothek verzeichnet diese Publikation in der Deutschen
Nationalbibliografie; detaillierte bibliografische Daten sind im Internet
über <http://dnb.d-nb.de> abrufbar.

© 2002 Psychosozial-Verlag
E-Mail: info@psychosozial-verlag.de
www.psychosozial-verlag.de
Umschlagfotos: © Peter Kneffel; Manfred Rehm/dpa
Umschlaggestaltung: Christof Röhl nach Entwürfen
des Ateliers Warminski, Büdingen
Lektorat/Satz: Mirjam Juli
Printed in Germany
ISBN 978-3-89806-187-2

Inhalt

Vorwort

Sozialforscher, insbesondere solche, die sich qualitativen Methoden verschrieben haben, lieben den Gedanken, dass sich im Forschungsprozess etwas von der »Objektivität« ihres Forschungsgegenstandes abbilde. Ist dies tatsächlich der Fall, halten es viele für ein Zeichen der Validität ihrer Erkenntnis, manche sind sogar bereit, dem größere Bedeutung beizumessen als aufwendigen methodischen Prüf- und Kontrollverfahren. In unserem Fall wäre es, obwohl das nicht *unmittelbar* unser Thema war, durchaus nicht nur kokett zu sagen, dass die Geschichte des Forschungsprojekts, auf dem dieses Buch basiert, etwas von dem nun schon mehr als zwölf Jahre andauernden »deutschen Einigungsprozess« abbildet. Was beide fraglos gemeinsam haben und hatten, ist die vielgestaltige Umwegigkeit, die stete Gefahr des Scheiterns, das offene Ende – und die Tatsache, dass das Ganze beinahe im Sande verlaufen wäre, weil das Geld ausging. Ursprünglich vom *Hessischen Ministerium für Wissenschaft und Kunst* gefördert, wurde unser Projekt der Erforschung »dissidenter Biographien« in Ost- und Westdeutschland durch einen sogenannten Sparhaushalt beinahe zu Fall gebracht: Zugesagte Gelder wurden einfach gestrichen. Dass es schließlich doch durchgeführt und mit diesem Buch abgeschlossen werden konnte, ist das Verdienst der *Hamburger Stiftung zur Förderung von Wissenschaft und Kultur*, der *Erwin-Stein-Stiftung* und schließlich der *Deutschen Forschungsgemeinschaft*. Ihnen gilt unser Dank.

Ob das Projekt mit dieser Publikation zu einem *guten* Ende gekommen ist, müssen die Leser entscheiden. Den Autoren immerhin ist in der gemeinsamen Arbeit exemplarisch deutlich geworden, wie kompliziert es ist, unterschiedliche Sichtweisen, Einschätzungen und Urteile, die mit der eigenen biographischen Herkunft verknüpft sind, zusammenzubringen, wenn eben diese Lebenswelt selber Thema probandum ist. Sie werten deshalb die Tatsache, *dass* es diesen Abschluss gefunden hat, als Erfolg, ohne sich einzubilden, wirklich ans Ende dessen gelangt zu sein, was die Fragestellung hergibt. Die »kulturellen Differenzen« in unserer Forschergruppe – eine Ostdeutsche, ein Wiener im westdeutschen Exil und zwei Westdeutsche – konfrontierten uns über den gesamten Prozess mit der Notwendigkeit zur biographischen Selbstreflexion. Selbst bei vier psychoanalytisch geschulten Forschern blieb es bis zum Schluss schwierig, jene Anteile zu trennen, die sich aus der persönlichen Geschichte und der zwangsweise übernommenen, unauffälligen, aber wirksamen Prägung durch unterschiedliche gesellschaftliche und politische Systeme ergaben. Insofern hat der Forschungsprozess für jeden von uns den Charakter einer »Identitätsprobe« gehabt. Die Geschichte der Kooperation zwischen vier Personen, die allesamt selber dissidentische, nonkonformistische Motive bei der Gestaltung ihres Lebens geltend machen, war über weite Strecken *auch* die Geschichte der Konflikte, die entstehen, wenn bislang unhinterfragte Selbstverständlichkeiten der eigenen sozialen und politischen Verortung infrage gestellt werden. In ihnen wurden Aspekte der eigenen persönlichen Identität deutlich, die stärker durch ihre gesellschaftliche Herkunft – die »Macht der Verhältnisse« – imprägniert sind, als jeder Einzelne von uns angenommen hatte.

Der Titel »Identität und Macht« hängt mit dieser Erfahrung zusammen. Er steht zum einen dafür, dass es keine Identitätserfahrung gibt, die nicht auf die Dimension von Macht bezogen wäre – selbst da, wo sie explizit ausgegrenzt oder verleugnet wird. Er steht vor allem aber für das vielleicht wichtigste Ergebnis unserer Forschung: Dass nämlich alle herrschaftskritischen Versuche heute zur Marginalität verurteilt sind, die Macht als Prinzip und aus Prinzip zu diskreditieren beanspruchen und dagegen den Anspruch einer »Wahrheitspolitik« setzen, die sich auf das Authentische einer dissidenten Lebenshaltung beruft, auf ein »hier stehe ich, ich kann nicht anders«. Wir werden im Folgenden eine solche Haltung als »Identitätspolitik« bezeichnen. Sie ist letztlich ein Ideal »antipolitischen« Engagements. Diejenigen, die ihm anhängen, können Positionen im kulturellen oder sozialen Raum besetzen – sie werden in der stets durch die Machtdimension geprägten Sphäre des Politischen keinen Platz mehr finden.

Gleichwohl ist Identitätspolitik ein Element, das in seinen verschiedenen Facetten den Bereich der klassischen Machtpolitik heute immer mehr zu durchdringen beginnt, wenn auch als Farce. Die Selbstinszenierungen von Politikern laufen heute mehr denn je darauf hinaus, sich einen »Identitätsausweis« zu verschaffen, der – analog zum modernen Produktmarketing – Einzigartigkeit und *personality* demonstrieren soll. Ganz oben auf der Liste publicity sichernder Identitätswerte steht eine »irgendwie« abweichende Biographie, sei es als rebellische Vergangenheit, sei es als demonstrative Abweichung des Privatlebens vom genormten Politikerdasein. Solche Lebenszeichen sind heute der Stoff, aus dem Wahlsiege resultieren – wenn die Inszenierung misslingt, werden sie der coram publico vollzogene Schritt in die Lächerlichkeit.[1] Hinter diesem Vorhang öffentlichkeitswirksam inszenierter »Identität« wird die uns alle berührende Machtdimension des Politischen gerne zum Verschwinden gebracht.

Im Falle dissidenter Politikansätze ist es bemerkenswert, dass sich Identitäts- und Machtpolitik in einzigartiger Weise berühren – und sich am entscheidenden Punkt trennen, ja in Opposition zueinander treten. Der emphatische Anspruch dissidenter Politik, »in der Wahrheit zu leben« (Vaclav Havel), zehrt von einer moralischen Aura, die sich kaum ins Koordinatensystem politischen Handelns transformieren lässt. Die Fälle erfolgreicher, d. h. in Machtpositionen aufgerückter Dissidentenbewegungen zeigen das drastisch genug. Der Konflikt von Moral und Politik, Macht und Identität, von dem alles herrschaftskritische Handeln ausgeht, funktioniert in der Logik von Dissidenz offenkundig nach dem Wetterhäuschenprinzip: Es geht nur das eine oder das andere. Selten gilt der Satz, dass die Ausnahme die Regel bestätige, so sehr wie hier. Der Versuch, die konfligierenden Ansprüche zu vereinen, endet meist in ausweglosen Sackgassen.

Dissidenz als politische Haltung, die nach dem *Zusammenhang* von Politik und Geschichte mit der je eigenen Lebensgeschichte fragt und die daraus folgenden Komplikationen in der Gestaltung des persönlichen Lebens bewusst in Kauf nimmt, ist a priori dem Problem des Biographischen verpflichtet. Im Mittelpunkt der vorliegenden Untersuchung steht der Versuch, sich dem »Verhaltenstyp Dissidenz« durch biographische Recherchen in Ost- und Westdeutschland zu nähern. Die Geschichten derer, die ihren Lebensentwurf unter dissidente Motive stellten, sind vielgestaltig: abhängig von familiären, generationellen und, selbstverständlich, gesellschaftlichen Voraussetzungen. Im Feld moralischer

---

[1] Wir danken an dieser Stelle dem ehemaligen Bundesverteidigungsminister, der durch die persönliche Vorneverteidigung seines Intimlebens rührig dafür sorgt, dass die Lüge der Identitätsinszenierung im politischen Infotainment offenkundig bleibt. Aber auch der CDU-Fraktionsvorsitzende sollte nicht unbedankt bleiben für seinen mutigen und erhellenden Versuch, eine brave Früh-Karriere-Jugend nachträglich in eine aufmüpfige Halbstarken-Zeit umzudichten.

Ansprüche an Politik finden sich große Ähnlichkeiten zwischen den ost- und westdeutschen Abweichlern vom gesellschaftlichen Konformismus. Wie diese Ansprüche sich auf die jeweils unterschiedliche politische Realität der Systeme beziehen ließen, ist dagegen hochgradig different.

Das Buch stellt eine Reihe solcher Biographien in Porträts und Vignetten vor und verknüpft die aus unseren Interviews mit West- und Ostdissidenten gewonnenen Erkenntnisse und Interpretationen mit theoretischen Überlegungen, die versuchen, das Profil von Dissidenz als spezifischem Verhaltenstyp und Habitus zu zeichnen. Es kommt dabei zu dem Schluss, dass dieser Verhaltenstypus – jedenfalls in den klassischen politischen Formen, die wir mit dem Epitheton »dissident« gewöhnlich verbinden – an ein historisches Ende gekommen ist. Wir wären froh, wenn unsere Untersuchung Anlass gäbe, sich darüber zu verständigen, was nach dieser historischen Gestalt von Dissidenz »praktische Herrschaftskritik« und »politische Opposition« –, die sich nicht auf das parlamentarische Spektrum beschränkt – bedeuten. Welche neue Form sie in einer nicht mehr durch kalten Krieg und Ost-West-Konfrontation geprägten Welt annehmen kann.

Zum Abschluss noch ein Wort zur Form der Darstellung. Die empirische Grundlage des Buchs sind Interviews und Gruppendiskussionen ebenso wie Versuche der Autoren, sich mithilfe dieses Materials selbstreflexiv über eigenes Verhalten, biographische clips, ja ganze Lebensabschnitte zu verständigen. Daraus – und aus den verschiedenen Forschertemperamenten der Autoren – erklärt sich der teilweise sehr unterschiedliche Duktus der einzelnen Kapitel, der noch die Schreibweise prägt: Vom pluralis modestiae der eher reservierten wissenschaftlichen Einlassung bis zur sehr persönlichen Rede in der Ichform. Wir haben bewusst darauf verzichtet, hier Angleichungen vorzunehmen, weil wir davon überzeugt sind, dass sie den besonderen Charakter unseres gemeinsamen Unterfangens getilgt hätten. Über Dissidenz in zwei deutschen Staaten aus den genannten verschiedenen Positionen zu schreiben, kann unseres Erachtens nur in einer Form geschehen, die die Differenz nicht verkleistert, sondern offen legt. Wer will, könnte auch hier eine Analogie zum deutsch-deutschen Einigungsprozess sehen. Jedenfalls auf der Ebene der Wünsche, die man an ihn haben kann.

Die Autoren im Mai 2002

Der unsichtbare Dritte

»Die Dissidenten sind empfindsame Gewächse. Die Geschichte rollt über sie hinweg.«

György Konrad

Eine Beziehungsgestalt zweier Welten

Für den Dissidenzbegriff gilt gleiches wie für die Dissidenten: beide sind aus der Mode gekommen. Noch vor wenigen Jahren stieß man in den westlichen Medien, in Nachrichtensendungen und politischen Magazinen, allenthalben auf Dissidenten: Mutige, mitunter ein wenig versponnen wirkende Menschen des östlichen Machtbereichs, die meist in Akten persönlicher Selbstgefährdung Widerstand gegen die jeweiligen kommunistischen Regimes demonstrierten. Eine einheitliche politische Physiognomie war bei ihnen über den Tatbestand ihres »antitotalitären« Engagements hinaus genauso wenig festzustellen wie eine Typik ihres Auftretens: Vom klassischen Linksintellektuellen des Typs »zweite Internationale« bis zum ländlichen Heiligen konnte unter dem Terminus der Dissidenz alles laufen. Diese Ungenauigkeit des Begriffs war, als er noch en vogue war, seine eigentliche Stärke: Dissidenz bezeichnete einen nicht weiter zu erläuternden Geisteszustand des »Anti«, der weder auf Spirituelles zu reduzieren war, noch unbedingt bereits das Niveau organisierten Widerstands erreicht haben musste. Der Begriff der Dissidenz, wie er in dem 70er und 80er Jahren umgangssprachlich benutzt wurde (d. h. so, wie die Medien ihn exponiert hatten) bezeichnete ein *politisches Ungefähr*, einen schwebenden Zwischenzustand, in dem sich eine ganze Reihe von Oppositionsbegriffen verschiedener Epochen zusammenzuziehen schien. Vom anrüchigen der »inneren Emigration« während der Zeit des Nationalsozialismus über die Haltung einer radikalen existenzialistischen Kulturkritik der 50er Jahre bis hin zum revolutionären Kämpfer. Dissidenz war auf vielfältige Weise identifikationsfähig – gerade nachdem im Westen die Zeiten eines eher anarchisch strukturierten politischen Protests vorbei, und die radikalen Oppositionsbewegungen dabei waren, das Attribut *außerparlamentarisch* abzulegen. Die im Westen erfundene Gestalt des Dissidenten begleitete und überbrückte eine für

die meisten westlichen Gesellschaften durchaus ernsthafte Übergangs-
krise, die, insbesondere in Deutschland, als das Ende der Nachkriegszeit
bezeichnet worden ist. Die Phase von der ersten großen Welle zivilen
Protests gegen die Nachkriegsordnung bis zum Zusammenbruch der
kommunistischen Welt. Der Dissident als mediale Gestalt stand in den
Jahren zwischen 1968 und 1989 in der Blüte seines Lebens. Er starb kurz
nach Erreichen der Volljährigkeit.

Heute sind die in dieser Zeit entdeckten und gefeierten Dissidenten aus
dem politischen Nahbereich verschwunden: entweder begegnen sie uns
als Staatspräsidenten oder leben soweit hinten in China, dass es schon
extremer Akte nietzscheanischer »Fernstenliebe« bedürfte, sie noch identifikationsfähig zu halten. Vor allem aber ist die politische Konstellation
zerbrochen, in der die klassische Gestalt des Dissidenten geboren wurde.

Grund genug, sich – retrospektiv – über ihre Bedeutung zu verständigen: Und wäre es nur, um herauszubekommen, warum sie eine so starke
Prominenzphase hatte. Man kann das im Rahmen des alten Bildes von der
»Eule der Minerva« tun. Aber man kann auch die weitergehende Frage
aufwerfen: Ist die Gestalt des Dissidenten einfach ersatzlos vom Spielplan
der Weltgeschichte gestrichen worden – oder hat sie wenigstens Spuren
hinterlassen? Was ist z. B. aus den Menschen geworden, die sich als Dissidenten – etwa in der ehemaligen DDR – begriffen? Haben sie mit der gesellschaftlichen Veränderung aufgehört, Dissidenten zu sein? Und gibt es
möglicherweise eine Art *Substanz* dissidenten Verhaltens, die unabhängig
von der medialen Kür bestimmter Personengruppen zu Dissidenten eine
verhaltensleitende Bedeutung haben könnte? Gibt es also so etwas wie das
Syndrom Dissidenz? Schon die klinische Formulierung weckt Widerstand.
Aber sie macht auch auf einen seltsamen Tatbestand aufmerksam: In der
Blüte des Redens über Dissidenz hat es kaum Ansätze gegeben, das Phänomen Dissidenz wissenschaftlich zu begreifen. Das hat seinen Grund offenbar darin, dass wir über den Begriff der Dissidenz in folgenreicher Weise
vorverständigt sind; dass er – weit vor aller wirklichen Definition – eine
Assoziationsweite hat, die ihn scheinbar der Notwendigkeit einer genaue-
ren Bestimmung enthebt. Man kann das durchaus begrüßen, weil wissenschaftliche Definitionen selten einen Erklärungswert haben, der der Sache
Entscheidendes hinzufügt; aber man muss es als Kuriosum festhalten: *Dass*
ein politischer Kampfbegriff wissenschaftlich so unbefragt bleibt wie der
der Dissidenz, darf selber als Symptom verstanden werden.

Auf diesem Hintergrund scheint es angemessen, sich zunächst an eine literarische Quelle zu halten. In einem Roman, der in der Zeit des Zusammenbruchs der alten politischen Blöcke geschrieben wurde, die unser Systemdenken zur Zeit des kalten Krieges so nachhaltig geprägt haben, gibt es einen interessanten Definitionsversuch des Dissidenten. Die Hauptfigur des holländischen Autors Leon de Winter ist der niederländische Botschafter in Prag, die Zeit der Handlung das Jahr 1989:

> »Hoffman [der Botschafter, d. A.] hatte heute einen Bericht über die Menschenrechte in der Tschechoslowakei gelesen, der unter seinem Namen nach Den Haag abgehen würde. Seine Hauptaufgabe in Prag war die Unterstützung von Dissidenten, ein von den Rhetorikern im Außenministerium ausgeklügelter Trick. Niemand in Den Haag scherte sich einen Pfifferling um die Dissidenten hier, er selbst eingeschlossen. Aber der Herr Minister konnte im Parlament Eindruck schinden mit seinen Elogen auf weltverbessernde Humanisten oder enttäuschte Kommunisten. Die westliche Presse war ganz gierig auf Dissidenten, denn Dissidenten waren eine Spielart des Journalismus: am Rande der Politik, alles besser wissend, aber mundtot gemacht von den bösen Politikern. Der Journalist, eine traurige Figur, der seine Verbitterung zum Beruf erhoben hatte, konnte sich daher mühelos mit dem Dissidenten identifizieren.
>
> Auch in Holland gab es Dissidenten, aber dort nannte man sie einfach Querulanten. In Osteuropa lag das anders. Ein paar Ausnahmen, die die Regel bestätigten, gab es hier (wie zum Beispiel Sacharow, die verkörperte Unschuld), aber die meisten Dissidenten waren tiefgläubige Helden, denen man den Kirchenbesuch erschwerte und die sich ein Europa unter der Führung des Papstes erträumten. Er dachte hierbei besonders an die Polen, die nicht mehr arbeiteten, ihr Land an den Rand des wirtschaftlichen Ruins gebracht hatten und dafür den ganzen Tag in der Kirche auf den Knien lagen, um mit der Heiligen Jungfrau über bessere Zeiten zu verhandeln.
>
> Ein Querulant, der in einem osteuropäischen Land zur Welt gekommen war, wurde im Westen Dissident genannt. Ein Halbanalphabet, der mit Mühe HAUS BAUM BALL schreiben konnte und das Glück hatte, in einem Arbeitslager des Gulag interniert zu werden, wurde in München oder Paris als ›bedeutender experimenteller Dissidentenautor‹ gedruckt.«
>
> de Winter 1994, S. 306f.

Polemischer kann man es kaum auf den Punkt bringen. Leon de Winters böser Blick gibt uns zwar keine Definition von Dissidenz, aber er zeigt den Dissidenten in seiner spezifischen Funktion im alten Ost-West-Konflikt politisch unterschiedlich verfasster Systeme. Demnach ist der Dissident eine Gestalt, die in *einem* System gar nicht vorkommen kann. Der Dissident ist vielmehr eine Beziehungsgestalt *zweier*

Welten. Er erwirbt seinen Status dadurch, dass ihm von den Repräsentanten des einen – des für ihn *externen* – Systems Eigenschaften, Verhaltensweisen und Werte zugeschrieben werden, die sie als die eigenen oder ihnen ähnliche wiedererkennt. Weil diese Eigenschaften, Verhaltensweisen und Werte aber in einem anderen System – dem *internen* des Dissidenten nämlich – zur Geltung gebracht werden, die andere, ja konträre Wertvorstellungen favorisiert, erscheint in der Gestalt des Dissidenten das eigene Wertesystem als etwas Kämpferisches, um nicht zu sagen Heroisches.

Der Dissident ist demnach eine Gestalt der Projektion und der Idealisierung. In ihm verwirklicht sich jene Utopie, die Adorno in seinem bekannten und oft kolportiertem Aphorismus unter Verbot stellte: Es gibt *doch* ein richtiges Leben im falschen; allerdings nur, wenn das falsche Leben das der anderen ist und die eigenen konventionell gewordenen Werte sich auf jene idealisierte Gestalt des Dissidenten projizieren lassen, der vermeintlich für das kämpft, was man selber verwirklicht zu haben glaubt. In dieser Perspektive ist der Dissident eine Gestalt der Wunscherfüllung: Er führt heroisch als aktuelles Drama auf, was im eigenen Lebensbereich längst Konvention geworden ist – und er lässt damit ein Stück weit die heroische Substanz, die heroische Vergangenheit des bürgerlichen Wertekosmos wieder aufleben.

Der Dissident wäre nach diesem Verständnis jemand, der gewissermaßen in zwei Realitäten lebt. In einer materiellen, die Gegenstand seiner Kritik wird; und in der Realität eines Gegenentwurfs, die zunächst nichts anderes als eine Utopie, eine psychische Realität ist. Ob dieser psychischen Realität mehr als nur der subjektive Wunsch zukommt, entscheidet letztlich darüber, ob wir es mit einem Dissidenten oder einem Verrückten zu tun haben. So war es im kalten Krieg für die Ostdissidenten die Existenz der westlichen Gesellschaften mit ihren Freiheitsrechten, universalistischen Moralprinzipien und demokratischen Garantien, die ihnen eine Realität sicherte, die ihren Entwurf vom Ruch des bloßen Hirngespinsts befreite. Und das gilt bis zu einem gewissen Grad auch, wenn wir die Blickrichtung umkehren.

Nimmt man den Dissidenten aus diesem Projektionsrahmen konträrer Systeme heraus, dann, so de Winter, bleibe eine traurige Gestalt übrig. Wie der Prophet im eigenen Lande nichts gilt, schrumpft der Dissident im eigenen Land zum Querulanten. Dissidenz wäre damit buchstäblich auf eine Krankheit reduziert. Wir kennen den Gedankengang. Für die Gesellschaften, für die im Westen der Begriff des Dissidenten erfunden und reserviert wurde, ist die Behandlung von Dissidenten als Kranke scheußliche Realität gewesen. Es ist nicht nur kein Geheimnis, dass etwa sowjetische Dissidenten als Geisteskranke diagnostiziert und in Psychiatrien gesteckt wurden, sondern eine Tatsache, dass die Behandlung von Dissidenz als Geisteskrankheit mehr als nur eine Verlegenheitslösung war, um unliebsame Kritiker abzuschieben und kaltzustellen. Um es polemisch zuzuspitzen: Es sind weniger die Zyniker der Macht, die Systemkritik mit Krankheit identifizieren als die Idealisten. Wer von der Richtigkeit und Güte des herrschenden Wertesystems fest überzeugt ist, hat in gewisser Weise gar keine andere Wahl, als denjenigen, der von ihm abweicht, der dagegen opponiert, der es ersetzen will, entweder als einen Kriminellen oder als Kranken zu betrachten. Im ersten Fall wird ein böser Wille und bewusste Intention unterstellt; im zweiten dagegen ein Defekt.

Die Auffassung von Dissidenz als Krankheit ist natürlich eine besonders dehumanisierende Stigmatisierung, zugleich allerdings auch ein Entschuldungsversuch – übrigens ein Versuch, der auf eine große philosophische Tradition zurückblicken kann. Wer Lust auf und Sinn für einen philosophischen Krimi hat, dem sei die Lektüre der Hegelschen *Enzyklopädie* und der *Rechtsphilosophie* empfohlen – und zwar jene Passagen, in denen der Standpunkt der Moralität gegenüber der Sittlichkeit buchstäblich als »Krankheit« diagnostiziert und aus der Dialektik von Wahn und Verrücktheit entfaltet wird. Am systematisch entscheidenden Punkt der Hegelschen Gesellschafts- und Staatskonstruktion, dem Übergang der Moralität zur Sittlichkeit, findet sich das Grundmodell für Dissidenz als Krankheit.

Während die Sittlichkeit für Hegel den konkreten Gehalt des objektiven Geistes ausmacht und damit Synonym des ethisch Guten und, modern gesprochen, des gesellschaftlichen Konsensus wird, bezeichnet die Moralität, als Form der bloßen Subjektivität des Willens, gleichsam ein Manko an Konsensfähigkeit. Vom Standpunkt der Sittlichkeit aus gesehen ist Moralität als Abstraktion zu verstehen. Deshalb, so Hegel,

»muß auch das Moralische vor dem Sittlichen betrachtet werden, obwohl jenes gewissermaßen nur als eine Krankheit an diesem sich hervortut (...) Aus dem nämlichen Grunde haben wir aber auch in dem anthropologischen Gebiete die Verrücktheit, da dieselbe, wie wir gesehen, in einer gegen das konkrete, objektive Bewußtsein des Verrückten festgehaltenen Abstraktion besteht, vor diesem Bewußtsein zu erörtern gehabt.«

Hegel 1970, S. 171

Das ist keine beliebige Koinzidenz. Vielmehr hält sich die Konstruktion der »Enzyklopädie«, ebenso wie die der Rechtsphilosophie, strikt an die Strukturgleichheit von Moralität, Subjektivität, Krankheit und Verrücktheit auf der einen, Sittlichkeit, Objektivität, Substanz und Gesundheit auf der anderen Seite. Was Hegel der Verrücktheit zurechnet, gilt auch für den Standpunkt der Moralität:

> »Zur Verrücktheit wird der Irrtum und die Torheit erst in dem Fall, wo der Mensch seine nur subjektive Vorstellung als objektiv sich gegenwärtig zu haben glaubt und gegen die mit derselben in Widerspruch stehende wirkliche Objektivität festhält. Den Verrückten ist ihr bloß Subjektives ganz ebenso gewiß wie das Objektive; an ihrer nur subjektiven Vorstellung (...) haben sie die Gewißheit ihrer selbst, hängt ihr Sein.«

ebd., S.167

Dies bezeichnet eine Grundfigur der Dissidenz. Der moralische Standpunkt, die Krankheit der Sittlichkeit ist das Modell der *Möglichkeit* einer anderen Ordnung. Eben das erscheint Hegel als das Kennzeichen des Verrückten: Man kann, so sagt er, »die verrückte Vorstellung eine vom Verrückten für etwas Konkretes und Wirkliches angesehene leere Abstraktion und bloße Möglichkeit nennen.« Moralität und Verrücktheit kommen darin überein, dass sie eine eigene Realität behaupten, die in der objektiven nicht aufgeht. Beide bezeichnen die Konfrontation der Wirklichkeit mit einer Möglichkeit, die kontrafaktisch als Realität behandelt wird. Eben das tut auch der Dissident. Er ist deshalb, von der Realität aus gesehen, gegen die er sich vergeht, ein Verrückter: Er ist krank. Und nicht nur harmlos. Denn, das wissen wir aus Hegels Geschichtsphilosophie: »Abstraktionen in der Wirklichkeit geltend machen heißt Wirklichkeit zerstören.«

Dass im ehemaligen Ostblock Dissidenten als Kranke behandelt wurden, entbehrt also keineswegs der Logik – wenn auch keiner angenehmen; aber der dort geltenden. So deutlich wie ein durchschnittlicher Westbürger die Anmutung zurückweisen würde, ein Ostdissident sei ein Kranker, so entschieden würde ein Repräsentant der entsprechenden Gesellschaft Dissidenz als Krankheit bezeichnen *können* – sofern er nicht auf andere Diskurse, etwa den der Kriminalisierung, zurückgreift.

Und bei uns? Folgen wir de Winter, so sind unsere Projektionshelden im Osten im eigenen Land Querulanten. Was ist ein Querulant? Der Alltagsverstand gibt uns von ihm das Bild des krankhaften Rechthabers, und in diesem Fall ist es nicht weit von der wissenschaftlichen Auskunft entfernt. Die Fachliteratur teilt uns dazu folgendes mit: »Querulant (queri klagen): Persönlichkeitsvariante, sehr oft von Krankheitswert, bei der die Betroffenen darauf bedacht sind, das eigene – fast immer falsch beurteilte u. empfundene – Recht in übertriebener Weise bzw. ohne Rücksicht auf das Recht anderer durchzusetzen.« (Pschyrembel 1972, S. 1016)

In dieser Definition immerhin wird vollends deutlich, warum der Dissident nur in der Überschneidung zweier Perspektiven, zweier Systeme leben kann: Solange ein monolithisches Recht angenommen wird, bleibt das Pochen auf ein eigenes, d. h. die Möglichkeit eines Gegenentwurfs, eine leere Abstraktion, eine Verrücktheit, wie wir es bei Hegel gesehen haben. Nur der Gegenentwurf, der mehr als nur eine eigene, persönliche Realität für sich reklamieren kann, sichert den Dissidenten vor dem Verdacht der Querulanz, der Krankheit, des bloß Subjektiven, sprich: des Nichtigen.

Apropos »des bloß Subjektiven«. Bei der Definition des Pschyrembel sticht eine Besonderheit ins Auge: Wie selbstverständlich, subsumiert er das Krankheitsbild, das ja ex objectivo definiert wird, nicht der nosologischen Krankheitseinheit, sondern deren subjektiver Repräsentanz: Es ist wohlgemerkt nicht die Querulanz, die als Stichwort verhandelt wird, sondern ihr Subjekt, der »Querulant«.

Bemüht man das Lexikon, um etwas über Dissidenz zu erfahren, macht man eine ähnliche Entdeckung. Es ist erstaunlich: Dissidenz gibt es nicht. Jedenfalls weder in der anerkannt besten allgemeinen lexikalischen Quelle, nämlich *Meyers Großem Universallexikon*, noch im einschlägigen speziellen, d. h. politikwissenschaftlichen Auskunftswerk. Wohl aber – genau wie bei der Querulanz – ihre Personifikation. Allerdings mit einem bezeichnenden Unterschied: Weicht der Pschyrembel im Falle der Querulanz vom Krankheitsbild auf seine Personifikation aus, so erfährt das im Falle der Dissidenz noch eine Steigerung. Der große Meyer, der mit Dissidenz nichts anfangen kann, erläutert nicht etwa, was ein Dissident sei, sondern kennt die Personifikation von Dissidenz nur im Plural. Das Stichwort ist »Dissidenten«.

»Dissidenten sind (zu lat. dissidere = uneins sein), Getrennte, Andersdenkende. Diejenigen, die sich außerhalb einer Religionsgemeinschaft stellen.

Religionslose. Allg. diejenigen, die von einer offiziellen Meinung abweichen; heute v. a. Bez. für Menschen, die in sozialistischen Staaten für die Verwirklichung der Bürger- und Menschenrechte eintreten.«

Dissidenten sind offenbar nicht als einzelnes Exemplar, sondern nur im Plural vorstellbar. Steckt dahinter vielleicht bereits die Vorstellung der zwei Systeme, die wir für den Status des Dissidenten annehmen mussten? Möglicherweise. Was wir bislang herausgebracht haben, scheint zu sein: Wenn wir die Perspektive der zwei Systeme, der zwei Realitäten einnehmen, die den Dissidenten eigentlich erst konstituiert, dann hat er keinen Krankheitsstatus. Wenn überhaupt ist nicht er krank, sondern die Gesellschaft, gegen die er opponiert. Wann immer wir dagegen einen innersystemischen Standpunkt einnehmen, der entweder auf dem Gesichtspunkt der Machterhaltung oder der Verwirklichung einer geschichtsphilosophisch begründeten Wahrheit basiert, sehen wir uns gezwungen, Dissidenz entweder zu kriminalisieren oder zu pathologisieren. Dissidenz als Syndrom scheint eng mit dem Problem der Spaltung verschwistert. So sehr, dass das negative Urteil über Dissidenz nicht unbedingt den Machthabern selber überlassen bleibt. Es steckt auch in denen, die mit Gründen zu den Dissidenten zu zählen wären.

Einsamkeit der Differenz

Walter Janka, einer der herausragenden kritischen Köpfe der DDR-Intelligenz der 50er Jahre, beginnt seine Lebenserinnerungen, die als negativen Höhepunkt den Bericht seiner Verhaftung 1956 und nachfolgenden Verurteilung zu fünf Jahren Zuchthaus wegen staatsfeindlicher Opposition enthält, mit folgenden Worten:

> »Der Bericht über mein Leben wurde vor 15 Jahren geschrieben. An eine Veröffentlichung war nicht gedacht. Denn zur Destabilisierung der DDR wollte ich nicht beitragen. Meine Absicht war die Veränderung der Verhältnisse: die DDR habe ich trotz meiner Kritik an diesem Staat und der Erfahrungen, die ich mit ihm gemacht hatte, als Alternative zur kapitalistischen Bundesrepublik für unverzichtbar gehalten. Ein DDR-Verlag hätte für ein solches Buch ohnehin keine Druckgenehmigung bekommen. Und wären meine Erinnerungen nur im Westen erschienen, hätte man mich als Dissidenten bezeichnet. Aber genau das wollte ich nicht sein. Zu keiner Zeit.«

Janka 1991, S. 9

Janka, Sproß einer kommunistischen Familie, dessen Bruder von den Nazis ermordet worden war, und der selbst schon als junger Mann im KZ saß, zeichnete sich nach gelungener Flucht als Spanienkämpfer aus und kehrte schließlich aus dem mexikanischen Exil zurück. Er wurde später Leiter der DEFA und Chef des Aufbau-Verlags in der DDR und blieb nach seinem Schauprozess bis zum Ende des SED-Staats ein Verfemter. Trotz alledem ist es ihm offensichtlich ein Greuel, als Dissident betrachtet zu werden. Im Westen zu veröffentlichen, gilt ihm letztlich doch, gleichgültig wie wichtig das ist, was er mitzuteilen hat, als Verrat.[1]

Vaclav Havel, der sich theoretisch intensiv mit der Gestalt des Dissidenten auseinandergesetzt hat, lässt eine ähnliche Reserve gegenüber dem Begriff erkennen wie Janka:

> »Ob die Bezeichnung ›Dissident‹ die richtige ist, ist freilich sehr fraglich. Diese Bezeichnung wurde jedoch eingeführt, und wir können daran nichts ändern. Ab und zu übernehmen wir sogar selbst diese Bezeichnung, obwohl ungern, nur der Kürze wegen, eher ironisch, und entschieden immer in Anführungszeichen. Vielleicht wäre es jetzt angebracht, einige Gründe dafür aufzuzählen, warum die Dissidenten meistens nicht gerne hören, wenn sie so genannt werden. Erstens ist diese Bezeichnung schon etymologisch fragwürdig: Dissident bedeutet nämlich wie bekannt ›Abtrünniger‹ – die Dissi-

---

[1] Als man dem bekanntesten Dissidenten der DDR, Robert Havemann 1973 die beiden Fragen vorlegte, warum er 1.) trotz Arbeits- und Publikationsverbot in der DDR bleibe und 2.) als Kommunist in westlichen Publikationsorganen veröffentliche, gab er eine Antwort, die scheinbar Janka widerspricht – und doch nur das von ihm vorgegebene Schema variiert: »Beide Fragen hängen eng zusammen, so eng, daß man sie überhaupt nicht getrennt beantworten kann. (...) Im Westen könnte ich mich weder für die DDR einsetzen, noch Kritik an ihr üben, ohne in einen falschen Geruch zu kommen. (...) Wenn ich die DDR verließe, würde ich alle meine Freunde hier sehr enttäuschen. Und das Schlimmste wäre nicht einmal die Enttäuschung, die sie über mich empfänden; schlimmer wäre, daß ich ihren Zweifeln an unserer guten Sache Vorschub leisten würde. Weil aber von diesen Menschen, die in den sozialistischen Ländern leben und den Glauben an den Sozialismus nicht verloren haben, die Zukunft abhängt, ist es wirklich Verrat, wenn man ohne dringende Not hier einfach wegläuft.« (Jäckel 1980, S. 194f.) Die Variation gegenüber Janka besteht lediglich darin, dass Havemann den Sachverhalt des »Verrats« ein wenig weiter fasst: Was diesem die Publikation im Westen, ist für Havemann erst mit dem leiblichen Wechsel der Seiten gegeben. Ansonsten folgen beide dem Schema der »weltanschaulichen Treue« im Systemvergleich.

denten fühlen sich aber nicht als Abtrünnige, als Treulose, weil sie nämlich niemanden untreu geworden sind, eher umgekehrt: sie sind sich selbst mehr treu geworden. Falls sich manche doch von irgend etwas abgewandt haben, dann nur davor, was in ihrem Leben falsch und entfremdend war, also: von dem ›Leben in Lüge‹.«

Havel 1980, S. 48

Die Vorstellung, dass Dissidenz etwas mit Treulosigkeit oder gar Verrat zu tun haben könnte, macht also in beiden Fällen den Kern der Ablehnung aus. Überzeugte Kommunisten wie Janka bleiben selbstverständlich »der Sache« lebenslänglich treu – auch wenn sie erkennen müssen, dass sie von der Führung nicht mehr oder falsch vertreten wird: Mögen doch die anderen sie verraten – sie selbst werden sie niemals aufgeben, weil sie an ihrem Ideal festhalten. Menschen wie Janka, beeindruckend in ihrer Konsequenz, leben in einer gleich zweifach gespaltenen Welt, denn sie stehen in Opposition zu einer politischen Realität, die ihnen dennoch »im Prinzip« die Wahrheit repräsentiert. Diese double-bind Situation führt dazu, dass die Spaltung, die sie auf der politischen Ebene wahrnehmen und analysieren, unbemerkt ihre höchst persönliche Psychologie bestimmt. Als Kritiker ihres Regimes, dem sie doch insofern Treue schuldig sind, als es für die prinzipiell richtige Seite der Welt steht, können sie der strukturellen Schizophrenie kaum entgehen. Vor der »welthistorischen Alternative« der politischen Systeme erscheint jede weitere interne Differenzierung als luxurierend. Eine persönliche kritische Stellungnahme innerhalb dieser agonalen Spannung verliert für sie nie den Beigeschmack des Ephemeren und damit Illegitimen: Persönliche Differenzen haben zu verschwinden wie vormals Hegels Veilchen vor der Wucht des im Vernunftstaat vergegenwärtigten Weltgeistes.

Wer seine eigene Existenz fest in einer grundlegend gespaltenen Welt verortet, kann auch auf sich selber nur in Kategorien des Entweder-Oder schauen. Das eigene Anderssein wird dem *weltanschaulich Treuen* unter der Hand zur Abweichung. Die basale Spaltung der Welt in eine prinzipiell richtige und eine prinzipiell falsche Seite richtet die existentielle systemische Alternative in der eigenen Person auf. Die Treueforderung wird zur kaum überwindbaren introjizierten Gewissensnorm des Systems. Die Denkfigur der »welthistorischen Alternative« ist zwangsläufig – d. h. unabhängig von jeder möglichen geschichtsphilosophischen oder politologischen Triftigkeit – totalitär: Tertium non datur.

Der Satz vom ausgeschlossenen Dritten in der klassischen Logik ist die Stammformel der gesellschaftlichen Exklusion alles Nichtzuordenbaren: die auf die Gesetze des Denkens projizierte Grundfigur der Ausschaltung des Fremden. Ihm steht mit der Idee der »Triangulierung«, wie sie in der Freudschen Theorie erstmals formuliert ist, eine *Formel der Befreiung* gegenüber, die den Fremden konstitutiv einschließt. Das Revolutionäre der Psychoanalyse, die wie keine zweite Wissenschaft den Begriff des Normalen infrage stellte, besteht irritierenderweise darin, dem Fremden einen unverzichtbaren Platz bei der Konstitution von »Normalität« einzuräumen, indem sie den Dritten zum Garanten gelingender Objektbeziehungen und der Konstitution der Lebenswelt macht. Die Psychoanalyse bindet alle Entwicklung explizit ans Prinzip des *tertium datur*.

Auch das Gewissen bildet sich erst dort, wo der Dritte inkorporiert wird. Ein autonomes Über-Ich entsteht, wo die Dyade als psychisches Regulationsprinzip überschritten wird. Das totalitäre Über-Ich hingegen hat eine prinzipiell »staatsanwaltschaftliche« und regressive Funktion. Es richtet eine an unmittelbare Strafängste anknüpfende dyadische Welt auf – und verhindert letztlich das, was das kommunistische Denken als höchstes preist – etwas *dialektisch* sehen zu können. Dialektik ist – per definitionem – die Einbeziehung des Dritten in die Denkbewegung zwischen den Extremen. Die Suspendierung von Dialektik zugunsten einer strikten Antinomik hingegen ist das Kennzeichen zweier Diskurse, die sich immer wieder berühren: dem des Politischen und dem der Paranoia. Wo sie – im Zeichen der Prinzipientreue – ineinander übergehen, steht das Opfer des Ichs auf der Tagesordnung. Der *weltanschaulich Treue* wird sich – das war das grausame Spiel der Moskauer Prozesse – immer wieder (und nicht nur, weil er Zwang und Folter ausgesetzt ist) *für* das System und *gegen* sich selber entscheiden. Er betrachtet die Spaltung selbst als systemisch und errichtet damit, ob er das innerlich nachvollzieht oder nicht, eine Hierarchie zwischen System und Leben, die ihn im Konfliktfall *gegen sich* Partei ergreifen lässt.

Die Verhaltensfigur »Dissidenz« kann als der Versuch betrachtet werden, das Dilemma der weltanschaulichen Treue, der »welthistorischen Alternative« und der doppelten Spaltung aufzulösen. Der Dissident, so wie Havel ihn als Typus, ja, durchaus in der Nachfolge Hegels als »welthistorische Gestalt« unserer Epoche vorführt, ist eine Art Gegenentwurf zur tragischen Gestalt des in nicht transzendierbaren Loyalitäten verstrickten (Links-) Oppositionellen vom Typus Janka. Indem er *seine* Treueforderung nicht an das System und, wie wir sehen werden, nur in eingeschränktem Sinne an das Ideal bindet, sondern auf sich selbst richtet, verschiebt er die Gravitationslinien des Konflikts. Die *Treue zum Selbst* schafft einen völlig neuen Bewertungsmaßstab und eine Änderung der Werthierarchie gegenüber der Weltsicht des weltanschaulich Treuen. Der Dissident stellt sich nicht primär der weltanschaulichen Frage nach der Richtigkeit der Systeme, sondern schränkt den Blick zunächst auf das ein, was der persönlichen Autonomie entgegensteht. Havel löst das Problem der doppelten Spaltung durch die harte Konfrontation einer »Welt der Lüge« mit einer möglichen »Welt der Wahrheit« in strikt lebensweltlicher Perspektive. Er verwandelt damit die doppelte Spaltung Jankas in eine einfache. Wenn die Treue zum Selbst höher bewertet wird als die Systemfrage, ist die Logik der doppelten Spaltung außerkraftgesetzt und in den einfachen Antagonismus von System und eigenem Lebensentwurf zurükkgenommen: Damit lässt sich leben – es ist die normale Bedingung moderner Gesellschaften. Sie setzt allerdings – was nicht selbstverständlich ist – die Existenz einer konturierten Lebenswelt voraus.

Havel beschreibt als dissidentes Urerlebnis seine Entdeckung einer genuinen Lebenswelt jenseits der ihm bekannten Kreise der »offiziell tolerierten Opposition«, der er sich selber zurechnet. Das Treffen mit Ivan Jirous, dem künstlerischen Leiter der Underground-Band »Plastic People«, konfrontiert ihn mit dem authentischen »Lebensgefühl von Menschen (...), die von der Armseligkeit dieser Welt zerstört sind«: »Ich spürte auf einmal, dass die Wahrheit auf der Seite dieser Leute steht, wie sehr sie auch vulgäre Worte verwenden und wenn ihnen die Haare bis auf den Boden reichen.« (Havel 1982, S. 154) Erst in der radikalen Alternative des kulturellen Undergrounds wird ihm die Spannung nonkonformer Lebensformen zum System deutlich – und dessen notwendige Konsequenz, diese mit allen Mitteln zu unterdrücken; Mittel, die zugleich erkennen lassen, wie wenig das System die Differenz von dissidenter Alternative und politischer Opposition verstanden hat. Als die »Plastic People« kriminalisiert und verhaftet werden, notiert Havel:

> »Hier wurde (...) nicht mehr mit politischen Gegnern abgerechnet, die in gewisser Weise wissen mußten, was sie riskieren, dies hatte nichts mehr zu tun mit dem Kampf zweier alternativer politischer Garnituren; es war etwas Schlimmeres: der Angriff des totalitären Systems auf das Leben selbst, auf die

menschliche Freiheit und Integrität. Objekt des Angriffs waren keine Veteranen alter politischer Schlachten, es waren überhaupt keine Menschen mit politischer Vergangenheit (...), es waren junge Leute, die nur auf ihre Art leben wollten, die Musik spielen, die sie gern haben, singen, was sie wollen, *in Übereinstimmung mit sich selbst leben und sich wahrhaftig äußern.*«

ebd., Herv. d. A.

Klar wird hier die Differenz von Dissidenz und politischer Opposition des klassischen Typs formuliert: Dissidenz als Form des lebensweltlichen Widerstands gegen Zumutungen des Systems transzendiert das gängige politische Handlungsmuster von Opposition im Zeichen eines Handlungsmodells, das wir als *Identitätspolitik* bezeichnen wollen.

In Übereinstimmung mit sich selbst leben zu wollen, ist ein basaler, jedenfalls *vor*politischer Wunsch. Politisiert wird er zunächst durch die Reaktion des Systems: Es produziert einen nahezu natürlichen Widerstand jener, die ihren Identitätswunsch nicht aufgeben wollen. Zur *Dissidenz* wird dieser Widerstand, wenn er sich vom Einzelfall löst und »sich äußert«: Wenn der Wunsch nach Identität unabhängig von einem konkreten Projekt als das eigentliche Ziel des Handelns erkannt und öffentlich artikuliert wird. Dissidenz als Identitätspolitik ist das Aussprechen der Tatsache, dass der *pure Sachverhalt* »Identität« unter den Bedingungen des Systems nicht möglich, ja eigentlich gar nicht vorgesehen ist.[2]

Dissidenz in diesem Verstande ist nicht die bloße Abkoppelung des eigenen Lebens von einem vorgegebenen systemischen Schema, sondern die Veröffentlichung der zwingenden Notwendigkeit dieses Schritts. Der Preis dafür ist eine Moralisierung der Alternative von *Leben* und *System*, die in sich bereits den Kern eines neuen Paranoids trägt. Die Konfrontation beider in Form eines Antagonismus von Lüge und Wahrheit wiederholt in nuce die Entgegensetzung der politischen Großsysteme – und ist doch alternativlos, wenn man aus dem totalitären Zirkel ausbrechen will: sie ist notwendig, um die aufgezwungene Spaltung überhaupt *denken* zu können. Dies jedoch setzt die Veränderung des Treueverhältnisses voraus:

---

[2] Es ist in diesem Zusammenhang interessant, dass Havels Dissidenztheorie in vielen Punkten Parallelen zur zeitgleich entstandenen »Theorie des kommunikativen Handelns« von Habermas aufweist, die den Konflikt zwischen Lebenswelt und System als entscheidendes Strukturmerkmal moderner Gesellschaften analysiert, mit Blick, wohlgemerkt, auf die westlichen Gesellschaften.

die Notwendigkeit, sich selber treu werden zu können, ohne das Selbst immer schon in den Koordinaten eines vorgegebenen Kollektivs anzusiedeln. Havels Versuch, Dissidenz als »Leben in der Wahrheit« zu begründen, ist, als Abgrenzung vom »Leben in der Lüge« nicht weniger als der Versuch einer Neubestimmung des Begriffs vom Menschen als *Individuum*. Dissidenz als Versuch, ein neues Selbst zu entwickeln, führt damit notwendig auf das Problem der Einsamkeit. Denn die dissidentische Einstellung hat, so sehr sie auf Gemeinschaften zielt und letztendlich ohne sie ohnmächtig bleibt, ihr Fundament doch im Vermögen, die totale Vergesellschaftung des Individuums für sich selbst zu unterbrechen.

Kann man das bewusste Ausbrechen aus konformistischen Haltungen mit der von Donald W. Winnicott hervorgehobenen Fähigkeit, mit sich selbst allein zu sein, in Verbindung bringen, so ist das damit verbundene Risiko die Einsamkeit. Richard Sennett unterscheidet drei verschiedene »Einsamkeiten in der Gesellschaft«:

> »Wir kennen eine Einsamkeit, die von der Macht aufgezwungen ist. Das ist die Einsamkeit der Isolation, der Anomie. Wir kennen eine Einsamkeit, die bei den Mächtigen Furcht auslöst. Das ist die Einsamkeit des Träumers, des homme revolté, die Einsamkeit der Rebellion. Und schließlich gibt es eine Einsamkeit, die mit der Macht nichts zu tun hat. Es ist eine Einsamkeit, die auf der Idee des Epiktet beruht, daß es einen Unterschied gibt zwischen Einsamsein und Alleinsein. Diese dritte Einsamkeit ist das Gespür, unter vielen einer zu sein, ein inneres Leben zu haben, das mehr ist als eine Spiegelung des Lebens der anderen. Es ist die Einsamkeit der Differenz.«
>
> Foucault o. J., S. 27

Man könnte die dissidentische Einstellung als das Integral dieser drei Einsamkeiten bezeichnen. Repräsentieren die beiden erstgenannten Arten der Einsamkeit die beiden Seiten des Machtverhältnisses, so die dritte, die Einsamkeit der Differenz, das neue Treueversprechen, die Trennung vom totalitären enteigneten Selbst. Die Einsamkeit der Differenz zu erleben bedeutet, sich der Einsicht zu stellen, das eigene Leben im Zweifel auf keine andere Übereinstimmung als der mit sich selbst bauen zu müssen – es aber auch zu können.[3]

---

[3] Havel hat einen Begriff davon, wenn er formuliert: »Das posttotalitäre System führt einen globalen Angriff gegen den Menschen, der ihm gegenübersteht: allein, verlassen und isoliert.« (Havel 1980, S. 59)

Das lebensweltliche Treueversprechen der Dissidenz im Sinne Havels impliziert die entmythologisierende Kritik aller Ideale, in dem Moment, wo sie selber Konformismus erzwingen und sich vom Leben entfernen.

Diese radikale Position des Selbstseins hat ihren entscheidenden Prüfstein an jenem Ideal, das beide: das System gleichermaßen wie die lebensweltlich opponierenden Dissidenten für sich in Anspruch nehmen, das Ideal des Sozialismus. Es ist für alle Dissidenzpositionen von entscheidender Bedeutung, inwieweit sie in der Lage sind, sich der Magie des vom System verwalteten Sprachspiels zu entziehen. Die Magie des Projekts Sozialismus hat Menschen wie Janka immer wieder dazu genötigt, Realität und Wunsch miteinander zu verwechseln. Der *Name* Sozialismus bezeichnet die wohl stärkste politische Kraftlinie des 20. Jahrhunderts. »Einsamkeit der Differenz« als psychische Position beinhaltet die Kraft zur Entmythologisierung von Namen. Havel, der sich lange Zeit als Sozialist bezeichnete und begriff, hinterfragt die Bedeutung des Wortes Sozialismus:

> »Was ist das eigentlich Sozialismus? Bei uns, wo wir von der sozialistischen Eisenbahn, vom sozialistischen Geschäft, von der sozialistischen Mutter oder der sozialistischen Poesie lesen können, bedeutet dieses Wort nichts anderes, als Loyalität zur Regierung.«
>
> Havel 1982, S. 15

Man versteht, dass die radikale Entmythologisierung des Worts zur Einsamkeit des Dissidenten gehört, der doch seine politischen Ziele darein setzt, die persönliche Übereinstimmung als *kollektives Ideal* zu formulieren. Erst mit dem Fall des Sozialismus als verbindliches, d. h. vom System *und* seinen Kritikern geteiltes Ideal ist die Verbindung zur gegebenen politischen Welt des Systems endgültig zerstört.[4] Im Westen hat man das vorschnell mit der Übernahme einer antikommunistischen Position verwechselt, die dem systemischen Antikommunismus des westlichen Bündnisses entsprach – und nicht zuletzt deshalb jedes Dissidententum unterstützt. Für den Dissidenten Havelschen Typs hat der

---

4 Für die Westlinke war es verhängnisvoll, die Rede vom »realexistierenden Sozialismus« zu dulden oder zu adoptieren. Die Äquivokation hat eine unbewusste Loyalitätsbindung geschaffen, deren destruktive Wirkung noch heute verleugnet wird.

Angriff auf das Wort Sozialismus hingegen die primäre Bedeutung, eine untergründige Identifikation mit dem System zu lösen. Vaclav Havel, für den Sozialismus »eher eine menschliche, sittliche, eine Gefühlskategorie« (ebd., S. 16) ist, kleidet diesen Sachverhalt in die lapidare Wendung: »Ein solcher ›Gefühls‹- oder ›sittlicher‹ Sozialist war also auch ich – und ich bin es bis heute, nur mit dem Unterschied, daß ich meine Haltung nicht mehr mit dem Wort bezeichne.« (ebd.)

Im Westen wurde diese Haltung weder bei den Machthabern noch auf Seiten der Linken wirklich verstanden. Die *Entmythologisierung* des Worts, die es erlaubt, sich von ihm zu trennen, ist ein Akt der Autopoiesis, der Trennung von einer falschen Gemeinsamkeit mit dem System. Ein Akt, mit dem fatale Ähnlichkeiten abgeworfen, Vernebelungen durchstoßen werden[5]: Es ist der Versuch, das System in seiner ganzen unauffälligen, alltäglichen Kohäsion abzuwerfen: »Das System klebt mir an der Haut«, sagt György Konrad. »Ich trage den Konfektionsanzug der ostmitteleuropäischen Standardpersönlichkeit.« Dissident werden heißt, diesen Anzug zu wechseln: Keine Konfektion, sondern Maßschneiderei ist angesagt. Es geht darum, sich selbst als *unverwechselbar* zu setzen.

Die Geburt des Dissidenten

Der Versuch, das alltägliche System abzuwerfen, konnte nicht zu allen Zeiten gemacht werden. Dissidenz sensu Havel wurde erst möglich, nachdem das »Projekt Kommunismus«[6] selbst einer Entmythologisierung unterlegen war, die nichts mit seiner Diskreditierung durch »die andere Seite«, der kapitalistischen Welt, zu tun hatte. Jankas Zurückweisung des Dissidentischen ist durchaus Ausdruck einer Generations-

---

5 Havel weist ausdrücklich darauf hin, dass die Aufgabe des Worts »Sozialismus« nicht etwa mit einer radikalen Wandlung seiner Ansichten zu tun habe: »Mir ist nur klargeworden, dass dieses Wort eigentlich gar nichts mehr bedeutet und dass es meine Ansichten eher vernebeln kann als deutlich machen.« (Havel 1982, S. 15)

6 Dieses »Projekt Kommunismus« schließt das Ideal »Sozialismus« immer mit ein. Je nach Sprachspiel ist das eine jeweils Etappe oder Ziel des anderen. Da wir keine politologische Darstellung anstreben, soll die Rede vom »Projekt« lediglich die Vermischung von Realität und Wunsch oder Utopie anzeigen.

erfahrung: Die Erfahrung jener in der Spaltung Eingemauerten, die selbst den Stalinismus noch als Teil des großen Projekts zu rechtfertigen sich gehalten fühlten. Jankas Beschreibung, wie er sich in der Haft die Frage nach dem Zusammenhang seiner persönlichen Existenz mit dem Sozialismus stellt, ist nachgerade herzzerreißend: Wie er die Loyalitätsfrage mit der Frage der Treue gegenüber dem Ideal des Sozialismus verbindet und sich damit immer wieder in für ihn unlösbare Widersprüche verrennt.

Sein Bericht vom qualvollen, als Dialog gestalteten Selbstgespräch in der Einsamkeit der Zelle, in dem er sein Verhältnis zum Sozialismus überprüfte, dokumentiert eine Form der Selbstreflexion, die aller Prädikate des Dissidentischen entbehrte. Man kann ihn als Darstellung der beiden ersten Formen der Einsamkeit lesen, ohne dass es ihm möglich geworden wäre, die dritte jemals für sich zu realisieren.

>>Die Einsamkeit, die unmenschliche Behandlung, die ewige Kälte zwangen mich, ständig darüber nachzudenken ob ich der Partei noch einmal folgen konnte, die mich zu einem so unwürdigen Leben verurteilt hatte. Bis ich darauf Antworten fand, war ein langer Streit mit mir selbst auszutragen. Ich begann, Gott und die Welt zu verfluchen. Nie zuvor war ich so verbittert wie in dieser elenden Zelle, in der ich täglich 24 Stunden über meine Vergangenheit und Zukunft nachdenken mußte. Ich wollte und konnte nicht begreifen, warum sie mich so behandelten. Ich hätte es auch dann nicht begriffen, wenn ich schuldig gewesen wäre. Tausend Fragen drängten sich auf. Das ganze Gebäude meiner so festgefügten Gedankenwelt brach zusammen. Ich stand vor einem wüsten Trümmerhaufen wie nach einem verlorenen Krieg. Aufgeben oder neu beginnen. Das war die Frage. Und sie blieb es bis zum letzten Tag.<<

Janka 1991, S. 406

Das »Neu beginnen« ist durchaus nicht so persönlich gemeint, wie es klingt.

>>Um neu zu beginnen«, schreibt Janka weiter, »muß man das Alte überwinden. Was nicht von selbst stürzt, muß abgetragen werden. Aber mit dem Abtragen ist es ja nicht getan. Man muß auch wissen, worin das Neue besteht, wie es zu machen ist. Heute glaube ich, daß dieses Nachdenken um das Was und Wie mir die Kraft gab, diese Jahre durchzustehen. Was mein Selbstbewußtsein betrifft, sogar gefestigt daraus hervorgegangen zu sein. Wäre es anders gewesen, hätte ich fortgehen müssen, als sich die Gefängnistore wieder öffneten. So wie es viele taten, die Ähnliches oder Schlimmeres erlebten.<<

ebd.

Janka blieb. Er beschreibt die Jahre der Erniedrigung und Einsamkeit als Purgatorium von »Illusionen« und Anfechtungen, doch in den Westen zu gehen. Am Ende kehrt er »geläutert« doch zum Ursprung zurück:

> »Altes Denken, das noch tief verwurzelt war, mußte erst wie Unkraut ausgemerzt werden. Dabei versuchte ich immer wieder, mein sozialistisches Gedankengut nicht aufzugeben. Und aus Furcht vor dieser Gefahr schob ich die Auseinandersetzung mit mir und meiner Partei immer wieder hinaus.«
> ebd., S. 415

Janka beschreibt eine qualvolle Grübelei im Rahmen eines unüberschreitbaren Ideals: eine Selbstreflexion ohne Selbst – und die durch diesen Mangel ewig verschobene Auseinandersetzung mit der Instanz, die die Individuation, die zur Kritik notwendig wäre, systematisch hintertreibt. Er gibt sich in diesen Überlegungen als typischer »Linksoppositioneller« innerhalb des sozialistischen Lagers zu erkennen – und ergänzt damit seine *Ablehnung*, als Dissident eingestuft zu werden, durch das Bekenntnis seiner konstitutionellen *Unfähigkeit*, einer zu werden.

Tatsächlich war Dissidenz in seiner Generation keine gegebene Option. Dissidenz als mögliche Option taucht historisch erst in dem Augenblick auf, als die tödliche »weltgeschichtliche Alternative« zwischen dem »Kommunismus« Stalins und dem von Hitler geprägten »Faschismus« in die Systemkonkurrenz von Stalinismus und Kapitalismus zurückgenommen war. Jankas Generation mag den Stalinismus gehasst haben: ihn vom »Projekt Kommunismus« zu lösen, hat sie nicht vermocht. Insofern blieb die Bindung an die eine Seite der Alternative zwangsläufig bestehen – die Treue zum Ideal koinzidierte mit der Loyalität gegenüber dem System. Für diese Position war die Einsamkeit der Differenz nicht politisch artikulationsfähig. Wenn an dieser Loyalität das »Gebäude der eigenen Gedankenwelt« zusammenbrach, dann war das eine persönliche Niederlage, nicht aber der Gründungsakt einer Existenz, die ihre Identität im Bruch mit dem System hätte behaupten können. Als einzige Alternative blieb, wie es Janka ja auch formuliert, der physische Wechsel der Seiten. Die Angehörigen der Generation, die den Nationalsozialismus als die eine Seite der Welt erlebten (und damit die andere, wie immer sie real aussehen mochte, nahezu automatisch moralisch »sanierten«), hatten keine wirkliche Chance, die Spaltung der Welt noch durch eine innerhalb ihrer eigenen Lebenswelt und politischen Option zu verschärfen. Eine Alternative zur Treue konnte es solange nicht geben, wie jede Alternative als Verrat bestimmt war. Verrat hieß, mit der Sache auch sich selbst zu verlieren. Dieses Selbst jedoch war politisch nicht individualisiert.

Als sich der Systemgegensatz auf den von Kommunismus und Kapitalismus reduzierte, d. h. als an die Stelle einer tödlichen Alternative die einer weltanschaulichen, technischen, ökonomischen, moralischen Konkurrenz trat, konnten sich auch die kritischen Geister innerhalb der Lager neu orientieren. Der 20. Parteitag der KPdSU, mit dem erst die Bezeichnung »Stalinismus« auch im Osten zur Metapher für entgrenzte Gewaltherrschaft wurde, bedeutete einen Schlusspunkt hinter der eschatologischen Weltenkonfrontation. Er war die entscheidende Bresche für eine Distanzierung von einem System, das nun mit der Lüge identifiziert werden konnte, und damit die manichäische Spaltung von wahr und falsch entschieden zur Kritik stellte. Die Systemkonkurrenz des kalten Krieges war etwas anderes als die »welthistorische Alternative« der Stalinzeit. Die Geburt des Dissidenten wurde erst in der poststalinistischen Welt möglich. Nicht nur, wie es prima vista scheint, im Osten. Der 20. Parteitag war ein Musterbeispiel von Aufklärung – ungeachtet der Tatsache, dass er unmittelbar mit dem Selbsterhaltungskalkül der neuen Führung verknüpft war. Die Kritik am Stalinismus hat die Opposition gegen ihn nachträglich legitimiert – und damit zum ersten Mal auf die Tagesordnung der kommunistischen Welt die Möglichkeit einer Opposition gesetzt, die nicht »Agent der anderen Seite« ist.

Dieser zeitlichen Situierung entspricht Vaclav Havels Versuch, das Phänomen der Dissidenz historisch und systematisch zu verorten. Das »Gespenst« des Dissidententums ist ihm zufolge

>»ein natürlicher Ausdruck und eine unvermeidliche Konsequenz der gegenwärtigen historischen Phase des Systems, in dem es umgeht. Es wurde aus seiner gegenwärtigen Situation geboren, denn dieses System basiert seit langem nicht mehr auf reiner und brutaler Machtwillkür (...); andererseits jedoch ist es schon solchermaßen politisch statisch, daß es fast unmöglich scheint, einen Ausdruck des Nonkonformismus auf die Dauer in seine offiziellen Strukturen einzubringen.«

Havel 1980, S. 9

Dissidenz ist demnach ein Phänomen jener »posttotalitären Systeme«[7], die sich nach dem Stalinismus in Osteuropa stabilisiert haben. Es entspringt der Differenz zwischen den Intentionen des Systems und den »Intentionen des Lebens« (ebd., S. 16). Dissidenz ist als Verteidigung dieser Intentionen und damit als »Verteidigung des Menschen« an den Akt der »Überschreitung« gebunden, mit dem sich der Mensch als etwas zu erkennen gibt, das in der Logik des Systems nicht aufgeht. Insofern ist Dissidenz als Akt der Überschreitung der präziseste Ausdruck für die eigentliche Krise: »die Krise der Identität selbst«. (ebd., S. 26) Gerade deshalb, so Havel, sei das Phänomen Dissidenz auch nicht strikt auf den Bereich der poststalinistischen Gesellschaften zu beschränken. »Sind wir nicht eigentlich – auch wenn wir nach den äußerlichen Wertskalen der Zivilisation so tief im Rückstand sind – in Wirklichkeit eine Art Memento für den Westen, indem wir ihm seine latenten Richtungstendenzen enthüllen?« (ebd., S. 26) Dieser universalistische Ansatz unterscheidet Dissidenz grundlegend von Oppositionsbewegungen innerhalb des sozialistischen Lagers wie sie von der Generation Jankas repräsentiert wurde, auch wenn dessen Gedanken in eine ähnliche Richtung gehen.

Janka hatte nie die Chance, Dissident zu werden, weil er die Loyalität gegenüber dem System niemals wirklich aufgeben konnte. Die Weigerung, seine Lebenserinnerungen im Westen zu veröffentlichen und damit dissident zu werden, ist etwas anderes als die bekannte, durch monate- und jahrelange Zermürbung und Folter erzwungene »Schlusserklärung« der als Feinde angeklagten Opfer interner Machterhaltungspraktiken des Stalinismus, die sich angesichts des Todes noch einmal der Sache und der Partei unterwarfen und ihre Schuld eingestanden. Es zeigt aber deutlich die für seine Generation undenkbare Konsequenz, »auf die andere Seite zu wechseln«; in ein Spiel verwickelt zu werden, das den Vorwurf der Untreue zulässt. Er bleibt, wie immer er sich auch bewegt, in der für ihn zerreißenden Loyalitätsbindung.

---

[7] Mit dem Epitheton »posttotalitär« will Havel anzeigen, dass es sich um eine »grundsätzlich andere Art« des Totalitären handelt als in den klassischen Diktaturen.

»Identitätspolitik«

Havels Zug, Treue gegen Loyalität zu setzen – das Selbst und seine Lebenswelt gegen das System, um die »Krise der Identität« überhaupt thematisieren zu können – ist, wie gesagt, im Westen kaum verstanden worden. Vielleicht deshalb, weil sich, gerade auf Seiten der Linken, das Identitätsproblem dramatisch verschoben hatte. 1980, als Havels Überlegungen zum Dissidententum im Westen erschienen, war gerade das wahrscheinlich ödeste Jahrzehnt des 20. Jahrhunderts zu Ende gegangen.[8] In Westdeutschland war es, für die neu konstituierte Linke, die Zeit, in der man gehofft hatte, die Früchte der Revolte der 60er Jahre zu ernten. Stattdessen wurde es das erste »sozialdemokratische« Jahrzehnt: Eine Zeit in der neben überfälligen außenpolitischen Normalisierungsschritten innenpolitische Neuerungen durchgesetzt wurden, mit denen erstmals seit »Blitzkrieg« und »Fräuleinwunder« deutsche Wörter wieder im Original Eingang ins internationale Vokabular fanden: »Le Berufsverbot« stand für die Hilflosigkeit der sozialdemokratischen Regierung, ihr Versprechen nach mehr Demokratie anders als über eine »Parlamentarisierung der Öffentlichkeit« einlösen zu können. Die sozialliberale Koalition war de facto der erste Versuch einer Politik der »neuen Mitte«: Eine Mitte links von der abgewirtschafteten Volkspartei CDU, die die Basis für ein neues, ein sozialdemokratisches »Modell Deutschland« abgeben sollte. Zu diesem Konzept gehörte, die erstmals auf breiter öffentlicher Basis artikulierte, nicht auf Randorganisationen wie die alte bundesrepublikanische KPD oder ihre Neugründung beschränkte Linke zu integrieren – oder radikal abzuspalten. Niemand hätte diese Aufgabe besser, d. h. mit mehr moralisch-politischer Legitimation wahrnehmen können als die SPD des ehedem ultralinken, von den Nazis in die Emigration getriebenen Willy Brandt.

Mit Beginn des sozialdemokratischen Zeitalters stellte sich der westdeutschen Linken die Frage nach dem Status von Opposition neu. War die, bzw. *wie* war die Rebellion der 60er Jahre, die genuin dissidentischen Motiven entsprungen war, fortzusetzen? Die Alternative von Radikalopposition und Teilnahme am Reformmodell sozialdemokratischer Moder-

---

8 Niemand hat das besser kommentiert als eine Kultfigur der 60er Jahre: »Die 70er Jahre«, sagte John Lennon, »waren beschissen«. 1980 wurde er erschossen.

nisierung, das nun zum Staatsinhalt geworden war, war eine gänzlich andere als jene, die sich den Dissidenten im Osten stellte. Die Westler standen nicht in Opposition zu einem System, das ihnen die Bürgerrechte vorenthielt. Aber auch sie hatten durchaus das Gefühl, vom »System« erdrückt oder korrumpiert zu werden. Von einem System, das keineswegs einfach identisch mit der Regierung oder dem Staat war, sondern sich als ein komplexes, überdeterminiertes Gebilde darstellte: ein System, das man, um es zu verstehen, aus der Perspektive der Potentialität zu betrachten hatte. Die Revolte der 68er im Westen hatte sich gegen eine historisch-politische Mischgestalt gerichtet – gegen eine vergangene Diktatur, die sie in Teilen »ungebrochen« fortgesetzt und, was schwerer wog, »in neuer Form« wiederkehren sahen. Das System, das auch den 68ern durchaus »an der Haut klebte«, war nicht die Demokratie der jungen Bundesrepublik, sondern die zur Staatsmacht geronnene, parteienübergreifende konservative Herrschaft, die sich – aus ihrer Perspektive – in entscheidenden Dimensionen *noch nicht* von der NS-Vergangenheit gelöst hatte, aber *schon wieder* mit der Errichtung eines autoritären Staates drohte. Die von der ersten großen Koalition der Republik verabschiedete Notstandsgesetzgebung von 1969 wirkte auf die Linke wie die eiserne Klammer zwischen der NS-Vergangenheit und einer Zukunft, die einen »neuen« – technokratisch verfeinerten und demokratisch verbrämten – »Faschismus« bereithielt. Das System war ein Zeitmoloch, ein vielgestaltiger Wechselbalg, der sich verschiedenen Formen anpassen konnte. Der Regierungswechsel zur sozialliberalen Koalition schien der sicherste Beweis dafür. Was war dem entgegenzusetzen?

Für diejenigen, die am sozialdemokratischen Reformprozess nicht mitwirken wollten, gab es in den 70er Jahren im wesentlichen drei Antworten.

Die erste war »die Partei aufzubauen«. Es gab viele Parteien gleichen Typs, in denen die Größenphantasien der Angst das alte Programm der »welthistorischen Alternative« wiederauflegten – im Miniaturformat, aber mit einer exakten Kopie jener Hoffnungen, Zwänge und Illusionen, die die Generation eines Walter Janka ausgezeichnet hatten: Man stand wieder am Ende einer kurzen demokratischen Episode in Deutschland. Und vor der Tür stand »der Faschismus«.

Die zweite Antwort gab der »bewaffnete Kampf«. Gegen das »Schweinesystem« half nur Terror. Diese – die konsequenteste – Antwort war auch die traumatischste: Sie löste das Problem, das System an der Haut zu spüren damit, die eigene Haut preiszugeben – und, vor allem, die Haut der anderen. Das Ende war zwangsläufig tödlich – so oder so.

Die dritte Antwort war ein vielgestaltiger »revolutionärer Reformismus«, d. h. die Politik meist kleiner und regionaler Gruppen und Organisationen, die für sich gerne das Attribut *undogmatisch* in Anspruch nahmen, sich nicht – wie die beiden ersten Entwürfe – als Gegenmacht missverstanden, aber doch mehr zu sein beanspruchten als »Einpunktbewegungen«: Sie unterschieden sich damit von Bürgerinitiativen, nahmen aber wie diese häufig ihren Ausgangspunkt von *lebensweltlichen* Perspektiven.

Am Ende der 70er hatten sich die beiden ersten Versuche de facto verbraucht, der revolutionäre Reformismus dagegen zu einer Form gefunden, die die westliche Gestalt von Dissidenz zur Kenntlichkeit brachte: Symbolische Politik, d. h. ein politisches Handlungsmuster, das die Frage der Macht ausgeklammert hatte, als Identitätspolitik zu inszenieren.

Die aus dem Osten strömende Botschaft von Dissidenz als Notwehrreaktion des Lebens gegen das System, als Frage der Treue zu sich selbst im Zeichen der Identität, wurde zur Universalie einer systemübergreifenden »Antipolitik«. Mit dieser Inszenierung ging die Substanz *westlicher* Dissidenz verloren. Die siebziger Jahre erscheinen heute wie ein Transformationsprozess, in dem gewaltsam eine kurzfristig aufflackernde legitime Form dissidenten Verhaltens als mögliches Ferment einer »Zivilgesellschaft im Werden« zerrieben wurde. Die 70er Jahre stehen auch für eine seltsame – wenn auch nur sehr partielle – Angleichung der Systeme in West und Ost. Der von Havel als conditio sine qua non für Dissidenz bezeichnete Öffnung des stalinistischen Systems, stand in Ländern wie der Bundesrepublik Deutschland eine »innere Aufrüstung« gegenüber, die zumindest geeignet war, Phantasien von einer Entwicklung zum autoritären Staat Nahrung zu geben.

Es wäre eine grobe Verzeichnung der Realität, dies konvergenztheoretisch zu deuten. Worum es uns geht, ist allein, auf der Grundlage von Havels Überlegungen, den Dissidenzbegriff historisch und »politologisch« wenigstens soweit einzugrenzen, dass es möglich wird, die ihm zuzuordnende psychische Position, die er repräsentiert, zu diskutieren. Und zwar gerade im Hinblick auf die so offensichtlich vermiedene Ost-West-Konstellation, den möglichen Vergleich dissidenter Positionen in Ost und West.

Nach unserem Verständnis entstand die Möglichkeit zu dem, was wir als Dissidenz bezeichnen, *zeitlich* nach der Entstalinisierung, *historisch* mit dem Ende der »welthistorischen Alternative« und *psychologisch* mit dem Bewusstwerden und der praktischen Infragestellung der ihr korrespondierenden Spaltung. Dissidenz als Identitätspolitik, d. h. als Ausdruck eines Treueversprechens zu sich selbst, entstand in der Nachfolge der totalitären Erfahrung des 20. Jahrhunderts. Oder anders und zugespitzt gesagt: Dissidenz als politische Position wird dort möglich, wo sich für anders denkende gegenüber dem System das Problem des *Überlebens* in die Frage nach einer individuell wie kollektiv sinnvollen Form des *Lebens* zurückgenommen hat. Dies gilt, mutatis mutandis, für Ost- *und* Westdeutschland.

Dass Dissidenz als westliche Vokabel für einen Sachverhalt, der die projektive Verlängerung der westlichen *essentials* in anderen politischen Konfigurationen »subversiv« am Werk sieht, bis heute kaum Gegenstand der wissenschaftlichen Diskussion wurde, ist insofern interessant, als *zurückgenommene* Projektionen in der Regel wichtige Einsichten in die Konstitutionslogik der Projektion erlauben. Die Möglichkeit wäre mittlerweile ex objectivo gegeben. Die wenigen politikwissenschaftlichen Ansätze, den Begriff der Dissidenz näher zu bestimmen, kranken indes sämtlich am Totalitarismusproblem. Sie sind, als Versuch, politisches Verhalten, das sich an Begriffen wie »Widerstand« und »Opposition« orientiert, phänomenal weiter aufzuschlüsseln, allesamt implizit oder explizit auf ein historisches Vorbild bezogen: den Nationalsozialismus. Sie transponieren aber die an ihm gewonnenen Einsichten auf die poststalinistischen Systeme. Das hat zum einen kategoriale, zum anderen ethische Implikationen. Der Wunsch, politisches Widerstandsverhalten zu typologisieren, folgt dem Motiv, trennscharfe Kriterien dafür zu gewinnen, wo sich überhaupt legitimerweise von Widerstand und Opposition sprechen lässt, ohne die Begriffe zu ubiquitarisieren. Hannah Arendts Einsicht, dass totale Herrschaft nicht ohne die Unterstützung der von ihr terrorisierten Massen möglich sei, legt den Verdacht nahe, dass ein zu »breiter« Widerstandsbegriff zu einem »Gesellschaftsbild führen [könnte], das auf der einen Seite wenige Herrscher und auf der anderen viele Widerständler findet bzw. das eine Starrheit zeichnet, die der Dynamik zwischen widerständigem und anpassungsbereitem Verhalten nicht gerecht wird.« (Kowalczuk 1995, S. 89) Alle bislang vorgelegten Versuche zur Typologisierung von politischem Widerstandsverhalten leiden an der mangelnden Trennschärfe zwischen »Einstellungen« und manifestem, womöglich an Handlungen messbarem »Verhalten«. Der Dissidenzbegriff, der von seiner theoretischen Anmutungsqualität her gerade geeignet wäre, zu einer Synthese beider beizutragen, kommt so in den klassischen Definitionsversuchen in aller Regel entweder nicht vor – oder er wird als leerer, d. h. eben nicht auf seine Qualitäten befragter Oberbegriff stillschweigend eingeführt. Eine Ausnahme bildet der theoretisch anspruchsvolle Versuch Richard Löwenthals über »Widerstand im totalen Staat«. Löwenthal unterscheidet drei Grundformen des Widerstands« gegen den Nationalsozialismus, den er im Rahmen des Totalitarismusmodells interpretiert: *Politische Opposition* als Ausdruck von »Aktivitäten, die bewußt gegen die nationalsozialistische Parteidiktatur gerichtet waren, ihre Untergrabung und ihren schließlichen Sturz anstrebten und daher notwendig von vornherein illegal waren und dazu konspirativ betrieben werden mußten«; *gesellschaftliche Verweigerung*, die »konkret, praktisch und relativ offen gegen die Eingriffe in das gesellschaftliche Leben und seine Organisationen« gerichtet war; und schließlich *weltanschauliche Dissidenz* als bewusste Ablehnung der »nationalsozialistischen Weltanschauung«. Löwenthal ist sich, als er 1982 im Zusammenhang mit dem Widerstand im Nationalsozialismus von Dissidenz redet, im Klaren darüber, dass er damit einen mittlerweile in ganz anderen politischen Kontexten verorteten Begriff verwendet. Desto hintersinniger ist seine Einschätzung von Dissidenz im NS-Staat:

> »Diese weltanschauliche ›Dissidenz‹, um den heute in anderem Zusammenhang üblichen Ausdruck zu gebrauchen, hat die Aktionen des Regimes zunächst praktisch kaum behindert, doch durch ihre Wirkung auf das Bewußtsein wichtiger Minderheiten die kulturellen Traditionen des früheren Deutschland über die Jahre des Schreckens hinweg zu retten geholfen.«
>
> Löwenthal 1990, S. 14

Löwenthal fasst Dissidenz also letztlich als »geistige Haltung«, öffnet jedoch den Diskurs über Widerstandsformen und Verhalten mit diesem Begriff prinzipiell für »idiosynkratische« Haltungen. Dissidenz enthält bei ihm durchaus ein Moment der existenziellen Weigerung: der Ablehnung aus Ekel. Freilich bleibt auch sein Versuch der Kategorisierung im Rahmen einer Typologie, die ihre impliziten psychologischen Annahmen verschweigt.

Ein wesentliches Problem solcher Typologien ist, dass sie eine Hierarchisierung von Verhaltensweisen implizieren, die meist als eine Art Steigerungslogik imponiert: Die genannten Phänomene werden nicht nur nach kaum befragten Vorstellungen von »Bewusstheit«, »Moral« und »Macht« klassifiziert, sondern auch einem Maßstab der »Reife« unterworfen. Damit ist nicht nur eine Bewertung verbunden, die nicht selten normative Qualität hat, sondern auch die Frage nach den Motiven des Handelns zugunsten seiner Wirkung virtuell eskamotiert. Je detaillierter solche Typisierungen ausfallen, desto zweifelhafter wird ihr deskriptiver Gewinn. Hubertus Knabes zehnstufige Skala umfasst folgende Typen: Resistenz, Partielle Kritik, Sozialen Protest, Passiven Widerstand, Neue Soziale Bewegungen, Politischen Protest, Dissidenz, Politische Opposition, Aktiven Widerstand und Aufstand.[9] Schon prima vista wird deutlich, dass damit heterogene soziologische, historische und psychologische Phänomene benannt sind, die keinerlei kategorialen Zusammenhang haben und sich kaum sinnvoll als Deskriptionsfolie, geschweige denn als Analyseinstrument verwenden lassen.

Angesichts des nachdrücklichen Ordnungswillens, den z. B. Erhard Neubert bei seinen Einordnungsversuchen von Opposition, Widerstand und politischem Widerspruch an den Tag legt, muss es verwundern, dass er bei der Diskussion der entsprechenden Typologie Kowalczuks umstandslos von »politischer Dissidenz« redet, wo dieser »politischen Dissenz« meint. Dies enträt jedoch insofern nicht völlig der Konsequenz, als dieser selbst mehrfach die Terminologie wechselt, ohne auch nur das geringste Zeichen eines Inkonsistenzgefühls zu geben. Offenbar ist in diesem Punkt Christoph Kleßmann rechtzugeben, der Dissidenz in toto als »ein eher diffuses und schwer faßbares Phänomen« einstuft. In gewisser Weise wird damit jedoch die ebenso schwer fassbare Realität des politischen Widerstands bezeichnet, die selbst die designierten Spezialisten zur Erfassung »politisch abweichenden Verhaltens« in Definitionsnöte brachte. Die Einstufungen der verschiedenen Aktivitäten von Personen und Gruppen missliebiger Art durch das *Ministerium für Staatssicherheit* zeigt eine ähnliche Hilflosigkeit wie die wissenschaftlichen Klärungsversuche. Immerhin ist das *Ministerium für Staatssicherheit* der (politik)wissenschaftlichen Diskussion insofern überlegen, als

---

[9] Vgl. dazu Neubert 1998, S. 28.

es die Klassifikation von Dissidenz der Dichotomie von »Einstellungen«
und »Verhalten« entzieht und hellsichtig mit dem Begriff der »Haltung«
eine psychologische Dimension einführt, die ernstzunehmen wäre. Dem
Wörterbuch der Staatssicherheit zufolge sind Dissidenten als »Staatsfeinde« Personen,

> »die in Gruppen oder individuell dem Sozialismus wesensfremde politisch-
> ideologische Haltungen und Anschauungen entwickeln und in ihrem prak-
> tischen Verhalten durch gezieltes Hervorrufen von Ereignissen oder Bedin-
> gungen, die die sozialistische Staats- und Gesellschaftsordnung generell oder
> in einzelnen Seiten gefährden oder schädigen, eine Verwirklichung dieser
> Haltungen und Anschauungen anstreben.«
>
> S. 110, cit. ex: Kowalczuk 1995, S. 93

Die Verbindung mit dem Begriff des Feindes bringt – von der Gegensei-
te her gesehen – etwas von der systemischen Psychologie des Dissi-
denzverhältnisses zum Ausdruck. Denn das Erkenntnisinteresse staatlicher »Aufklärung« spiegelt die gesellschaftliche Realität, gegen die
Dissidenz sich bildete: »Konkrete und gesicherte Erkenntnisse über den
Feind und die auf ihnen beruhenden tiefen Gefühle des Hasses, des
Abscheus, der Abneigung und Unerbittlichkeit gegenüber dem Feind
sind außerordentlich bedeutsame Voraussetzungen für den erfolgreichen Kampf gegen den Feind.« (ebd.) Eine vergleichbare Affektäußerung
staatlicher Stellen wäre in westlichen Gesellschaften schlechterdings
nicht vorstellbar. Darin scheint eine tiefgreifende Differenz der Systeme
auf, die weiter zu bestimmen gerade dann wichtig wird, wenn man den
Versuch macht, den Dissidenzbegriff aus seiner *intersystemischen* Logik zu
lösen und auch auf politische Protestbewegungen im Westen anzuwen-
den. Der Sinn dieses Versuchs liegt darin, die bei de Winter gezeigte
Logik der »politischen Projektion« zurückzunehmen und damit möglicherweise neue Freiheitsgrade in der Beurteilung der *innersystemischen*
Konflikte der Nachkriegszeit zu gewinnen. Das nötigt dazu, gut einge-
führte politische Kategorien neu zu überdenken, etwa den der »Protestbewegung« für die zwischen 1967 und 1969 heftig ausgetragene politische Kontroverse zwischen der (überwiegend) akademischen Jugend
und dem politischen System. Protest mag eine grundrechtlich zuge-
standene Verhaltensweise sein: Ihre Legitimationsgrundlage ist prinzipiell im Außerpolitischen angesiedelt. Protest muss erst politische Arti-
kulationsformen finden. Dissidenz hingegen bekundet eine substan-

zielle Form des Nichteinverstandenseins, die per se politischen Status hat. Aus diesem Grund soll die Protestbewegung von 68 unter den Dissidenzbegriff gestellt werden: nicht, weil sie gegen eine Diktatur gerichtet war, sondern weil sie auf einer Mischung von Aufbegehren und politischer Kritik beruhte, die sich substanziell aus der Reaktion auf eine *untergegangene* Diktatur speiste. Indem wir den Dissidenzbegriff für beide Ereigniszusammenhänge verwenden, wollen wir auf eine Einheit der Erfahrung verweisen, die zumeist übersehen oder nicht thematisiert wird. Erst auf ihr scheint uns die – notwendige – Differenzierung der Vorgänge in Ost und West möglich.

Die unaufhebbare Differenz liegt freilich auf der Hand: Wer im Osten sich widerständig verhielt, ging ein erheblich größeres Risiko ein als diejenigen, die im Westen die Möglichkeiten der parlamentarischen Demokratie nutzten – auch, wenn sie vorhatten oder vorgaben, sie abschaffen zu wollen. Ostdissidenten hatten keinen Schutz, der ihnen aus garantierten Rechten ihrer jeweiligen Regimes erwachsen wäre: ihre »Garantien« waren im Fall einer gewissen Prominenz die westliche (Medien-) Öffentlichkeit und, intern, der Zusammenhang ihrer Gruppe. Ostdissidenten riskierten etwas – mehr jedenfalls als diejenigen, die als Zeichen ihrer radikalen Opposition zum System im Westen nicht nur protestierten, sondern Gesetze brachen. Erst die wirklichen Aussteiger aus dem parlamentarischen Spiel, die Vertreter der terroristischen Linie des bewaffneten Kampfs, setzten sich im Westen ähnlichen Risiken aus wie Systemkritiker im Osten. Hier wurde mit Strafen gedroht, die *das Leben unterbrachen* und eine autonome Gestaltung der Biographie zerstörten. Der Unterschied von Totalitarismus und Demokratie lässt sich, bezogen auf die Artikulation alternativer Politikvorstellungen und Lebensentwürfe auf die einfache Formel bringen, dass man damit im einen Fall bereits jenseits der Grenze stand, die durch Akte staatlicher Verfolgung geschützt werden sollte, während man im zweiten die Elastizität der Grenze austestete. Die Differenz beider Systeme lässt sich anhand der von Carl Schmitt begründeten genuinen politischen Unterscheidung skizzieren: der Freund-Feind-Setzung, gerade im Fall der »innerstaatlichen Feinderklärung«. Ein Staatswesen wie das der DDR, das im konstitutionellen Zwitterbewusstsein eines »sozialistischen Rechtsstaates« *als* »Diktatur des Proletariats« lebte, das zudem noch als »vorgeschobener Posten« in unmittelbarem geographischen Kontakt zum feindlichen System stand, pflegte eine völlig andere Vorstellung »des Feindes in den eigenen Reihen« als die alte Bundesrepublik Deutschland. Die dichotomisierte Struktur des Denkens in Klassen und Lagern trug dazu bei, die Grenze der Selbsterhaltung als Staat, der nicht nur von einzelnen nationalen Gegnern, sondern von einem übermächtigen Kontrahenten im Weltmaßstab bedroht schien, auch innenpolitisch eng zu setzen. Deshalb konnte in der DDR mit immanent guten Gründen jemand auch auf der Ebene des innerstaatlichen Handelns als Feind gesetzt werden, der in der BRD noch lange Zeit unter dem Vorbehalt des Opponenten oder Kritikers stand. Die dem System eigene Paranoia ersetzte gewissermaßen den Aufwand an sozialer Stigmatisierung, der im Westen getroffen werden musste, um Opponenten zu Feinden zu machen.

Der 1972 erschienene Band »Staatsfeinde«, der die »innerstaatliche Feinderklärung in der BRD« mit psychologischen Mitteln analysiert, zeigt (abgesehen davon, dass er sich heute in bestimmten Passagen eher wie ein Manifest des Ausstiegswunsches der Linken, denn als die Verteidigung verfassungsmäßig garantierter Positionen liest) paradigmatisch die *Differenz* in der in beiden Fällen gegebenen Asymmetrie zwischen Mehrheitsgesellschaft/Staat und Opposition. Die Analyse der sozialen Stigmatisierung als Vorform einer *möglichen* Feindsetzung aus der Perspektive ihrer mutmaßlichen Opfer enthält eine virtuelle Umkehrung der Perspektive. Auch wenn es nur in Form einer Publikation geschieht: Es gibt die prinzipielle Möglichkeit einer »Gegenerklärung«, d. h. das klassische Mittel des Politischen gilt nicht nur für die eine der konfligierenden Parteien. Auch wenn die realen Machtmittel die Asymmetrie aufrechterhalten, die Möglichkeit, den Staat »zum Feind zu erklären«, d. h. ihn öffentlich mit einer Analyse zu konfrontieren, die ihm sein politisches Verhalten spiegelt, bedeutet, ihm das Monopol des Politischen streitig zu machen. Diese Möglichkeit spielt eine entscheidende Rolle für die Frage nach dem Zusammenhang von Abweichung und politischem Widerstand. Der Dissidenzbegriff bietet sich dafür an, ihn jenseits politologischer Verkürzungen zu denken, weil er als einziger der Widerstandsbegriffe geeignet scheint, das Kontinuum von Realität und Phantasie zu bezeichnen, in dem sich Biographie und Geschichte überschneiden und überlagern: Das Kontinuum von Gegenentwürfen, Träumereien, Verletzungen samt dem Versuch ihrer Kompensation und Größenphantasien auf der einen und rationaler Analyse, Denken in

Kategorien von Macht und Chance, Vorstellungen von Organisation und Disziplin auf der anderen Seite, das sich den Namen Alternative gibt. Dissidenz scheint uns der einzige Terminus, der in der Tat die Stigmata von Krankheit und Ausschluss mit den Qualitäten von Anderssein als politischem Entwurf verknüpft. Versteht man den Terminus »Syndrom« im Wortsinne: als »das, was zusammenläuft«, dann wäre Dissidenz getrost als Syndrom zu bezeichnen. In Dissidenz verschränken sich psychologische, soziale, politische, historische Tendenzen in einer Form, die bei aller Differenz, etwa zwischen der alten BRD und der DDR die *Einheit des Utopischen* als politischem Handlungsgrund kenntlich werden lässt. Dissidenz ist ein Syndrom aus den intimsten und irrationalsten wie den rationalsten, auf Öffentlichkeit drängenden Regungen, zu denen Menschen fähig sind: ein Wechselbalg von Pathologie und Interesse, Wunsch und Kalkül. Das mag im Prinzip für alle Politik gelten. Im Fall der Dissidenz ist es jedoch an die Fähigkeit des »Nein-sagen-Könnens« gebunden, in dem Klaus Heinrich die essentielle Bestimmung des Menschen sieht und René Spitz den Beginn jeder Individuation. Es ist diese Mischung, die den Dissidenzbegriff interessant macht: das Zusammengehen von Phänomenen, die üblicherweise in verschiedenen wissenschaftlichen Sparten abgehandelt werden.

Mit gutem Recht wehrt sich jeder politische Mensch dagegen, seine rationalen Optionen psychologisch ausgedeutet zu sehen. Politik und Psychologie sind nicht ineinander überführbar. Aber kein politisches Handeln ist auf das Netz von Zwängen reduzierbar, das sich erst aus der Logik des Politischen ergibt. Will man den Typus »politisches Handeln« nicht a priori auf den Modus der Uneigentlichkeit selbsterzeugter Prozesslogik einschränken, d. h. den – je nach politischem System – typischen Modus der Vertretung von Interessen, muss man die Elemente in den Blick nehmen, die *vor* diesem Feld liegen. Psychoanalytisch gesprochen hieße das, den *Wunsch* zu verstehen und zu analysieren, der hinter dem Handeln steht. Das ist am Normalfall des politischen Handelns als »zweckrationalem« kaum einzuholen. Max Webers »Politik als Beruf« kann man als die konzise Beschreibung der Zwänge des Politischen lesen, die sich *jenseits* der Entscheidung, überhaupt dieses Feld zu betreten, entfalten. Der Normalfall politischen Handelns in Demokratien folgt einer Logik, die die Imperative des Feldes retrospektiv auf ihre Motivation bezieht. Dissidenz bezeichnet die Ausnahme. Dissidentes

Handeln ist nicht zweckrational, sondern im Kern idiosynkratisch, so sehr es auch an rationale Entwürfe anknüpft. Der Typus des Dissidenten ist insofern tatsächlich eine Art Archetyp: der Neinsager, der sich nicht als Idealist missversteht, sondern einen Antrieb gelten läßt, der jenseits aller Politik ihr eigentliches Movens ist: Etwas nicht ertragen zu können. Dieses gesinnungsethische Motiv bildet den Urkomplex des Dissidenten. Max Weber hat es auf die Formel gebracht: »Der Gesinnungsethiker erträgt die ethische Irrationalität der Welt nicht.« (Weber 1958, S. 553) Das deckt die psychische Grundlage von Dissidenz keineswegs ab, ist aber ein erster Fingerzeig auf die »dissidente Position«. Die Gründe für das dissidente »Nichtertragenkönnen« mögen historisch und national unterschiedlich sein, sie sind jedoch nie vom Typus einer gebrochenen kollektiven Größenphantasie. Dissidenz geht nicht von Akten aus wie dem Versuch, eine »nationale Schmach« wieder gutzumachen (wie vormals eine Generation nach Versailles) oder eine unterstellte Gemeinschaftssubstanz zu exponieren, sondern vom Motiv, etwas von der Würde des Einzelnen wiederherzustellen, die durch das Handeln des politischen Kollektivs entstellt wurde. Das schließt – damit das nicht missverstanden wird – nahezu keine Idiotie einer *erfolgreichen* Dissidentenbewegung aus; aber es schließt, und darauf kommt es uns an, ein Verhältnis ein: Dissidenz als Artikulation von Außenseitertum. Das wirft erneut die Frage nach der Stigmatisierung auf. Außenseiter werden gemeinhin in »existentielle« und »intentionale« unterschieden: bei näherer Betrachtung erweist sich die Intentionalität meist als Sublimationsform der existentiellen. Dissidenz steht in einem engen Verhältnis zur Phantasie des »Ausgeschlossenseins«. Damit ist etwas über ihr politisches Schicksal ausgesagt: sie hat per se keine Fähigkeit zur Mehrheit. Sie ist deshalb im traditionellen Sinne eigentlich nicht politikfähig. Dissidente Bewegungen können den Anstoß zur Instaurierung einer bestimmten Politik geben, die am Ende mehrheitsfähig wird: Wenn sie die Macht erlangen, haben sie einen Qualitätswandel hinter sich, der ihnen das ursprüngliche Prädikat notwendigerweise raubt. Das heißt nicht unbedingt, dass sie mit diesem Formenwandel nun fundamental andere inhaltliche Positionen verträten. Aber es bedeutet, dass sie, Hegelisch gesprochen, eine andere »Stellung zur Objektivität« angenommen haben. Diesen Übergang zu begreifen, ist den wenigsten oppositionellen Bewegungen, die die Macht ergreifen konnten, gelungen. Die Posi-

tion Dissidenz ist eine Identifikation mit den »Verlierern im Weltpro-
zess«, den historisch ausgeschlossenen Möglichkeiten, dem Negativen,
das sich nicht bündig in eine »Position« umsetzen lässt. Dissidenz ist
eine Position, die *negativ* auf die Macht zielt und im Moment des
Kontakts mit ihr »verbrennt«. Jedenfalls in den meisten Fällen. Deshalb
sind diejenigen, die im Ruf des Dissidenten stehen, im Übergang zur
Macht leicht verloren: sie verlieren oder spalten die Gruppe, die für sie
essentiell war und ist. Dissidenz ist als Quelle von Politik weit von einer
positivierbaren politischen Haltung entfernt. Dissidenz ist ein Projek-
tionsverhalten von Angst: die umgewendete Paranoia der Macht.

Eben aus diesem Grunde macht der Versuch, Dissidenz über die
Beschreibung und Analyse von Einzelfällen hinaus, als Syndrom zu
fassen, mehr als lediglich akademischen oder klassifikatorischen Sinn:
Er läuft letztlich darauf hinaus, das Veränderungspotential von Gesellschaften besser zu verstehen. Das Studium dissidenter Biographien
gibt Aufschluss über die Binnenperspektive des zentralen gesellschaftlichen Regulationsmechanismus von Einschluss und (Selbst-)Aus-
schluss – auch in der genetischen Perspektive der Erneuerungsfähigkeit
von Gesellschaften. Eine der zentralen Erkenntnisse von Kulturanth-
ropologie und Psychoanalyse besagt, dass das wesentliche Erneuer-
ungspotential »heißer« Kulturen in der psychosozialen Übergangspe-
riode der Adoleszenz liegt. Die Art, wie die kulturerneuernden Impulse der Adoleszenz von der Gesellschaft aufgenommen und sozial reguliert werden, ist von entscheidender Bedeutung für ihre Reproduktion:
sowohl in materieller Hinsicht als auch im Hinblick auf die Gestaltung
»gesellschaftlichen Sinns«. Die Grundlegung dissidenter Positionen
erfolgt – das haben unsere Befragungen eindrucksvoll gezeigt – in der
Adoleszenz. Diesen Tatbestand ins Auge zu fassen bedeutet nicht, das
Phänomen Dissidenz ließe sich gleichsam entwicklungspsychologisch
einholen und genetisch auf ein »Stadium« reduzieren. Sowenig etwa,
nach einem gängigen Deutungsschema, die westdeutsche Protestbewegung von 68 auf einen Generationenkonflikt reduziert werden
kann, so deutlich ist heute, wie sehr er von einer generationenge-
schichtlichen Logik bestimmt war, die psychologische Interpretationen
notwendig machen. Ähnlich beim Dissidenzphänomen. Dissidenz als
psychische Position begreifen zu wollen, heißt etwas über die kulturellen Bedingungen in Erfahrung bringen zu wollen, unter denen sich

gesellschaftlicher Wandel vollzieht. Vergleicht man in diesem Punkt die beiden ehemaligen deutschen Teilstaaten, fällt eine Differenz auf, die sich in Analogie zu jener von »heißen« und »kalten« Kulturen bringen läßt. Die paranoische Behandlung von Dissidenz im Osten ist Ausdruck einer »kalten« *politischen* Kultur, die ein zunehmendes Auseinanderdriften zentraler gesellschaftlicher Bereiche beschleunigte. Die Unfähigkeit einer Erneuerung der politischen Sphäre bewirkte eine nahezu vollständige Auslagerung der kreativen Potenzen des adoleszenten Erneuerungspotentials in den kulturellen Sektor. Der Riss zwischen dem »kalten« politischen und dem »heißen«, dynamischen kulturellen Sektor hat für den von T. G. Ash »Refolution« genannten Prozess einer Mischung von Reform und Revolution am Ende der alten DDR-Gesellschaft eine wichtige Rolle gespielt. Die Frage, was das für die *politische* Artikulation einer gesellschaftlichen Alternative ohne das gesamtdeutsche Paradigma und den eingeschlagenen Weg des Anschlusses an die westliche Demokratie bedeutet hätte, könnte hypothetischer nicht sein. Die Vermutung indes, dass die erstaunliche kulturelle Phantasie *keine* Entsprechung auf der Ebene politischen Handelns gefunden hätte, ist nicht von der Hand zu weisen. Sie spiegelt sich unter den Bedingungen der neuen, angeblich zusammenwachsenden Republik in der Tatsache, dass auch hier der politische Erfahrungsschatz von Dissidenz – und damit die in Deutschland rare Erfahrung von radikaler gesellschaftlicher Umgestaltung – weitgehend verlorengegangen scheint.

Literatur

de Winter, Leon (1994): Hoffmans Hunger. Zürich (Diogenes).
Foucault, Michel (o. J.): Von der Freundschaft als Lebensweise. M. Foucault im Gespräch. Berlin (Merve).
Havel, Vaclav (1980): Versuch, in der Wahrheit zu leben. Reinbek (Rowohlt).
Havel, Vaclav (1982): Fernverhör. Reinbek (Rowohlt).
Hegel, G. W. F. (1970): Enzyklopädie der philosophischen Wissenschaften. Gesammelte Werke Bd. 10. Frankfurt/Main (Suhrkamp).
Janka, Walter (1991): Spuren eines Lebens. Berlin (Rowohlt).
Kowalczuk, Ilko-Sascha (1995): Von der Freiheit, Ich zu sagen. Widerständiges Verhalten in der DDR. In: Poppe, Eckert, Kowalczuk (Hg.): Zwischen Selbstbehauptung und Anpassung. Berlin (Ch. Links).

Löwenthal, Richard, von zur Mühlen, Patrik (Hg.) (1990): Widerstand und Verweigerung in Deutschland 1933 bis 1945. Bonn (Dietz Nachfolger).
Meyers Großes Universallexikon (1981): 15 Bände, Bd. 3. Mannheim/Wien/Zürich (Meyers Lexikon).
Neubert, Erhart (1998): Geschichte der Opposition in der DDR 1949-1989. Berlin (Ch. Links).
Pschyrembel (1968): Klinisches Wörterbuch, 251. Aufl. Berlin/New York (deGruyter).
Weber, Max (1958): Politik als Beruf. In: Derselbe: Politische Schriften. Tübingen (Mohr). S. 505–560.

Grenzgänger
Die Ost-Westler als Schlüsselgruppe

Rudi Dutschke: Auftritt eines Dissidenten

1957 verweigert in Brandenburg ein 17-Jähriger aus christlichen Motiven den Wehrdienst und wird von seiner Schulleitung gemaßregelt: Ein Verfahren gegen ihn wird inszeniert. Vor versammelter Schule wird er mit den politisch und moralisch aufgeladenen Vorwürfen seiner Erzieher konfrontiert, sich dem Friedensdienst entziehen zu wollen. Der renitente Schüler nimmt es jedoch, zu deren Erstaunen, nicht als Strafe, sondern als Chance:

> »Es war für mich«, sagt er später, »die erste Möglichkeit, vor Hunderten von Schülerinnen und Schülern wirklich öffentlich sprechen zu können. Ich setzte mich vom Standpunkt des christlichen Sozialisten mit den Vorgängen innerhalb und außerhalb der Oberschule auseinander. Wie durcheinander auch immer, an erstmaligem breiten Beifall auf der ›politischen Szene‹ mangelte es nicht. Aber meine bewiesene Fähigkeit zur Rhetorik und Argumentation sollte mir schlecht bekommen.«
>
> Dutschke 1996, S. 28

Diese Szene sollte seinen weiteren Lebensweg nachhaltig bestimmen. Er selbst schildert sie als Initialszene seines politisch artikulierten Nonkonformismus. In der Folge musste er nach Westberlin ausweichen, um sein Wahlstudium absolvieren zu können, das ihm als Strafe für sein Verhalten in der DDR verboten worden war. Die Weigerung, für wahr erkannte Prinzipien dem persönlichen »Fortkommen« zu opfern, zeigt eine, seinen weiteren Lebensweg kennzeichnende adoleszente Kompromisslosigkeit. Und sie zeigt eine Struktur, die für viele dissidente Biographien typisch ist: Der Entscheidung gegen eine gesellschaftliche Obligation ist die Gleichzeitigkeit von Sieg und Niederlage eingeschrieben; der verweigerten Anerkennung des Systems steht die desto nachhaltiger erworbene Zuneigung seiner Lebenswelt gegenüber. Wichtig ist der Beifall der Erreichbaren, nicht die Akzeptanz der Machthaber, auch wenn sie im Konfliktfall mit realen Benachteiligungen und Sanktionen drohen können. Die Initialszene des Dissidenten ist von der Konfrontation einer lebensweltlich begründeten Prinzipientreue mit der Macht des Systems getragen.

Dass der 17-Jährige seine Überzeugung gegenüber den Schulautoritäten behaupten konnte, war ihm nicht zuletzt deshalb möglich, weil seine grundlegenden christlichen Überzeugungen im Einklang mit den Werten des Elternhauses standen. Das protestantische »Hier stehe ich – ich kann nicht anders« fand nicht nur den Beifall seiner *peergroup*, sondern auch den der Eltern; obwohl er damit ihre in ihn gesetzten Aufstiegshoffnungen gefährdete. Der renitente Christ sollte der erste Studierte der Familie werden. Diese Koinzidenz von peergroup und Familie hinsichtlich nonkonformistischer Haltungen gegenüber staatlichen Verhaltensgeboten ist eine typische Besonderheit von Adoleszenzverläufen in der DDR. Der adoleszente Protest war hier primär nicht gegen die Familie gerichtet, sondern gegen den Staat. In ihm kam etwas zusammen, was in adoleszenten Konfliktsituationen im Westen normalerweise scharf getrennt ist. Der junge Nonkonformist konnte seinen Protest auch im Namen seiner Familie vortragen:

»Die soziale Frage und die Glaubensfrage waren«, so erinnert er sich, »lutherisch verknotet. Da dennoch weder zu Hause noch in der Gemeinde der Name des Sozialismus eine Schande war, kam er mir in der Oberschule trotz fanatischer Leichtathletiktreiberei immer näher.« (ebd., S. 20)

Die Familie ist hier, anders als im Westen, der Ort, an dem sich Widersprüchliches begegnen kann. Die Wahrscheinlichkeit, dass Christentum und Sozialismus sich als einander ausschließende Alternativen gestellt hätten, wäre im Westen hoch gewesen. Die Wendung mit der Familie, die für beide Dimensionen steht, gegen den Staat, ist eine, die erheblich häufiger in der ehemaligen DDR als in der BRD vorkam.[1] Was aus der Mischung entstand, war eine kompromisslose Gesinnungsethik mit existenzialistischen Zügen. Genau diese Position war in der DDR jedoch *vom Staat* besetzt. Der gesinnungsethische Antifaschismus war sosehr Staatsräson wie die protestantische Ethik

---

[1] Wenn hier der Ausnahmefall eintrat, dann war er eine bevorzugte familiale Bedingung der Möglichkeit zu terroristischem Handeln. Das weltberühmte »deutsche Pfarrhaus« als Sozialisationsort eines bestimmten Typus der Innerlichkeit erwies sich nach dem Zivilisationsbruch auch als Ausgangsbasis für einen gesinnungsethischen Rigorismus, der in Verbindung mit »staatskritischem« linken Gedankengut gewalttätige Formen gesellschaftlichen Engagements favorisierte. Vgl. dazu: G. Schmidtchen (1981): Terroristische Karrieren.

Privatsache. Sich im Zweifelsfall gegen den Staat und für die Familie zu entscheiden, war Ausdruck einer doppelten Gesinnungsmoral, die von dem einen nicht lassen und das andere nicht verraten wollte. Das Dissidenzschema des jungen Brandenburgers war eine Erweiterung des lebensweltlichen »Anti«, das er prinzipiell mit den Eltern teilte. Er war, in entscheidenden Punkten, auch *ihr* Sprecher, weil er die Identifikation mit ihrer politischen und sozialen Haltung nie radikal auflösen musste.

Es kam jedoch etwas Entscheidendes hinzu. Indem er mit dieser Haltung – wenn auch ungewollt – an die Öffentlichkeit trat, und diese für sich umzudefinieren verstand – sie nicht als Ort der Schande und Bloßstellung empfand, sondern als Ort der Selbstdarstellung und -behauptung entdeckte, vollzog er den entscheidenden Schritt vom familiär gedeckten *anti* zur manifesten Dissidenz. Die Entdeckung der Öffentlichkeit als Spielraum ist der kulturelle Schritt über die Familie hinaus, durch die sich dem westlichen Adoleszenzschema angenähert wird. Diese Entdeckung wird ihn in der Folge konsequenterweise auch in den Westen zwingen, wodurch allerdings eine andere »westliche« Adoleszenzbedingung getilgt wurde. Mit der Übersiedlung in den Westen entfiel der sonst unausweichliche Konflikt über Fragen des »Lebensstils«, der Gestaltung des persönlichen Raums *gegen* die Familie, das lebensweltliche Problem der Differenz der Generationen. Mit anderen Worten: Der jugendliche Rebell musste nie »unartig« werden. Rudi Dutschke blieb zeitlebens ein braver Sohn.

In ihrer Biographie schildert Gretchen Dutschke, wie der erste Besuch der Eltern Dutschke in Westberlin ablief – und damit, welche Dimension von häuslichem Konflikt Rudi Dutschke durch seinen Wechsel nach Westberlin erspart blieb:

> »Vati Dutschke war 65 und durfte in den Westen reisen. Mutti Dutschke durfte es, weil sie wegen Krankheit Frührentnerin geworden war. Sie kamen, um zu sehen, wie der geliebte Sohn in ehelicher Normalität lebte. Wir wollten diese Tage möglichst reibungslos überstehen. So setzte bei uns eine bis dahin nicht erlebte gemeinsame Putzwut ein. Wir wuschen alles Geschirr ab, wischten Staub, staubsaugten, putzten die Fenster, schrubbten den Fußboden, wuschen die Wäsche. So hatte die Wohnung noch nie geglänzt. Rudi ließ sich die Haare schneiden und rasierte sich.
> Während ich voller vager Vorahnungen zu Hause wartete, holte Rudi seine Eltern an der Grenze ab. Als sie da waren, boten wir ihnen Kuchen und Kaffee

an. Doch schon während ich den Kaffeetisch deckte, begann Mutti Dutsch-
ke, die Wohnung zu untersuchen. In der Küche hatten wir Handtücher aus
Frottee. ›Das geht nicht‹, klagte Mutti. ›In der Küche müssen die Tücher aus
Leinen sein. Nur im Bad dürfen sie aus Frottee sein.‹ Im Wohnzimmer frag-
te sie, wo die Vorhänge seien. Das begriff ich nicht. Ich hatte Gardinen
genäht, und sie hingen so, wie sie hängen sollten; dachte ich jedenfalls.
›Weiße Vorhänge‹, sagte sie, ›du mußt weiße Vorhänge haben und Gardinen.‹
Die Zeitungen an den Wänden gefielen ihr ganz und gar nicht. Rudi bat:
›Komm setz dich, Mutti, der Kaffee ist fertig.‹ Die Ruhe dauerte nicht lang.
Sobald sie den Kaffee getrunken und den Kuchen gegessen hatte, stand sie
auf und ging nochmal durch die Wohnung. Vati fand Rudis Haarschnitt viel
zu lang. Rudi protestierte und beteuerte, er sei gerade beim Friseur gewesen,
aber Vati lachte spöttisch und sagte, man dürfe niemanden für ein solch
mangelhaftes Schneiden bezahlen. Als die Meckereien nicht aufhörten, war
ich mit meinen Nerven am Ende. Ich lief aus dem Zimmer und knallte die
Tür so fest zu, daß die ganze Wohnung erzitterte. Ich nahm meine Flöte und
spielte wild los. Aber ich hörte doch, wie Mutti Rudi aufforderte: ›Warum
erlaubst du deiner Frau, sich so zu verhalten? Tue doch was!‹ Rudi sagte
nichts. Dann schimpfte sie: ›Du bist ein Waschlappen.‹«

ebd. S. 94f.

Um es pointierend zuzuspitzen: Rudi Dutschke wurde der exemplari-
sche Rebell der westdeutschen Nachkriegsgesellschaft, weil er seine
adoleszente Rebellion mit der Familie gegen die Kultur beginnen und
sie, von jener getrennt, in einer anderen beschließen konnte. Als er von
Ost nach West wechselte, brachte er eine doppelte Fremdheit gegenüber den neuen Verhältnissen mit, die ihm – wenigstens für eine Zeit –
Blicke und Schritte ermöglichte, die anderen nicht möglich waren.

    Das Dissidenzschema vieler politischer Nonkonformisten in der
DDR gleicht, erstaunlich generationsresistent[2], dem Dutschkes: die
Familie wird als eine anti-totalitäre Enklave gegen das System erfahren.
Das wurde im Westen durch die Frage nach der Beteiligung und Rolle
der Eltern im Nationalsozialismus unmöglich gemacht, die im Osten
gleichsam schon »systematisch« geklärt war: Der typische Zweifel der
Parallelgeneration der Achtundsechziger im Westen an der eigenen

---

2 Annabelle Lutz, die in ihrer Arbeit über »Dissidenten und Bürgerbewegung«
großen Wert auf die Unterschiedlichkeit der verschiedenen »Widerstandsgenerationen« legt, hält bei ihrem Versuch, dissidente »Grundhaltungen« zu
beschreiben, fest: »Die Generationenzugehörigkeit war für die Untersuchung
der Widerstandsmotive in der DDR nicht mehr relevant.« (Lutz 1999, S. 126).

Familie war in der DDR durch den kollektiven Antifaschismus folgenreich unterbunden.[3]

Was nicht heisst, dass die Rolle der Eltern gänzlich unbefragt blieb. Jedoch machte die enge, mit ihnen geteilte »Schutzgemeinschaft« gerade in politischen Krisen- und Ausnahmesituationen die *Ohnmacht* der Eltern deutlich. Wurde von der aufbegehrenden Generation der 68er im Westen das Schweigen ihrer Eltern über den Nationalsozialismus als einschneidender sozialisatorischer Mangel empfunden, so war das Pendant dazu im Osten die *Ahnungslosigkeit* und die *Angst* der Eltern. Die Differenz liegt auf der Hand: Waren die westlichen Phantasien über die (schuldigen) Eltern »mörderisch«, so boten sie doch Raum für Größenphantasien, die mit Macht zu tun hatten. Die entsprechenden Phantasien in der DDR trafen dagegen auf Eltern, die im Zweifel nur ihre Ohnmacht demonstrieren konnten. In einer autobiographischen Notiz stellt Dutschke diesen Zusammenhang von Politik, Familie und Ohnmacht anhand der ersten einschneidenden politischen Erfahrung als zentrale Mangelerfahrung dar. Es geht um den, für alle Angehörigen seiner Generation wichtigen Einschnitt des 17. Juni 1953:

> »Die Eigenartigkeit des 17. Juni 1953 wurde uns am frühen Morgen um 6:30 ›deutlich gemacht‹, als unsere Eltern meine Brüder und mich weckten. Vater und Mutter waren äußerst unruhig, sprachen immer wieder auf uns ein, auf keinen Fall dorthin zu gehen oder stehenzubleiben, wo viele Menschen zusammengekommen seien, miteinander sprechen usw. Wir sollten der bevorstehenden Arbeit und Schule unverändert nachgehen und pünktlich nach Hause kommen, d. h. nach Beendigung der Tätigkeit in der Fabrik, in der Landwirtschaft und in der Schule.
> Was war los? Warum diese Aufregung? Wir hörten unseren Sender, den der DDR, dieser sprach von ›Provokationen des westdeutschen Revanchismus im Bündnis mit dem US-Imperialismus‹. Das war mir ein ziemliches Rätsel, meinen älteren Brüdern, zwischen 15 und 19 Jahre alt, gleichermaßen. Vater und Mutter wollten es uns nicht erklären oder konnten es nicht. Wir hörten

---

[3] Es ist in diesem Zusammenhang interessant, dass Dutschke einen »Familienroman« hatte, der eher dem westlichen Schema entspricht: »Die Schande [der Nazizeit, d. A.] war unermeßlich groß« schreibt Gretchen Dutschke über Rudis Blick auf die deutsche Vergangenheit. »Um sich davon distanzieren zu können, bildete er sich ein, daß er ein Jude sei, den die Dutschkes bei sich versteckt hätten.« Dutschke 1996, S. 21) Diese Selbststilisierung als Opfer hängt auch mit dem Problem des Umgangs mit Schuld und Scham zusammen, auf das wir später näher eingehen. Vgl. Kapitel 7.

den ›RIAS‹, dieser sprach vom ›Kampf um Freiheit‹ am meisten, wies aber auch auf nicht erfüllte Lohn-Forderungen der Arbeiter hin. Das klang für unsere jungen Köpfe einsichtiger, besonders für die meiner Brüder. (...) Unsere Schule lief am 17. Juni so ab wie jeden Tag, über die sich weiter entwickelnden Unruhen in den Fabriken Ost-Berlins und in vielen Städten der DDR erfuhr ich nichts (!) in der Schule, das erfolgte erst gegen Abend, im besonderen, aber nicht nur, über die West-Sender. Die Familie schimpfte gegen die eigene Regierung, über die westliche, und wußte nicht wirklich die Lage einzuschätzen. Die Erschießungen von Arbeitern empörten und verunsicherten uns, es war aber nicht ein Klassenbewußtsein, sondern ein christlich-allgemeines mit all seinen Schwierigkeiten.

Am 18. Juni erfolgten für uns am frühen Morgen erneut die Anweisungen durch die Familie, mit etwas verändertem Blick ging ich kurz vor 8 Uhr mit meinem Freund K(laus), Sohn eines Bau-Arbeiters, wieder wie am Tage vorher in die Volksschule der Kleinstadt (...).

K. erzählte, daß sein Vater in Ost-Berlin arbeitete, nicht nach Hause gekommen war, die Mama sehr unruhig sei. Ich betete in mich hinein, K. hörte so etwas nicht gerne, obwohl er mit mir zusammen in den Kirchenunterricht ging.   Auffallend nach der erweiterten Nervosität in unseren Familien war für uns das veränderte Klima in den Straßen auf dem Wege zum Unterricht. (...) Soldaten der Roten Armee beherrschten an diesem 18. Juni die Ecken und Übergänge der Straßen, die Gewehre in Kampfbereitschaft.   Als K. und ich ihnen auf dem Wege zur Schule begegneten, ihnen ein nicht ganz ehrliches ›mo gelam‹ zuriefen, blieben die Gesichter der Soldaten hart und verwiesen uns sprachlos auf die Litfaßsäule: Die Zusammenballung von mehr als zwei Personen in den Straßen wird aufgelöst; wer nach 20 Uhr auf der Straße angetroffen wird, hat mit Verhaftung und direkter Verurteilung zu rechnen u. a. m. stand dort, die Unruhe der Eltern wurde verständlicher, aber es war damit für uns keine Aufklärung erfolgt.   Als wir schließlich die Schule erreichten, verklärte sich unsere gesammelte junge Erfahrung: Die Lehrer und Lehrerinnen ließen den Unterricht bei uns so ablaufen, als ob die gesellschaftlichen Verkehrsformen jenes Tages, die Prozesse der Übergänge etc. die gleichen wie vorher in der ›normalen Lage‹ der Stadt gewesen wären. (...) Aufklärung und eine Form der Information, die die Lage unserem Alter entsprechend für uns erkennbar gemacht hätte, erreichten uns nicht. Wir kehrten nach Hause zurück, ohne verstanden zu haben – unserem Alter gemäß.«

ebd., S. 22ff.

In einer prekären politischen Krisensituation so drastisch ohne Antworten der Eltern und Lehrer zu bleiben, das ist die zentrale Erfahrung der ost-westlichen Grenzgänger, zu denen Dutschke ebenso gehört wie sein Freund Bernd Rabehl. Sie sind die Söhne von Eltern, die über den akuten gesellschaftlichen Konflikt entweder zu*wenig wissen* oder die sich wegen immer schon mangelnder Gefolgschaft als verdächtige Vertreter einer konkurrierenden Weltanschauung sehen, weil sie unter den Drohungen der Diktatur gegen potentielle christliche Regimegegner ihre Kinder mit ihren Urteilen in Gefahr zu bringen fürchten. Damit ist ihren Nachkommen die Aufgabe übertragen, durch den Erwerb von Wissen und politischer Urteilskraft das Gewirr aus offizieller Lüge, Schweigen und Angst zu durchdringen. Dazu müssen sie über die Grenze gehen, die Nachrichten im Westen mit denen im Osten vergleichen, die Lügen und Wahrheiten beider Seiten entziffern und sich ein eigenes Urteil bilden. Bemerkenswert, dass Dutschke in der Nachträglichkeit dieser Notiz erkennt, wie sehr Kinder, denen Autoritäten Antworten vorenthalten bleiben, die eigenen, unabhängig von den Alten erworbenen Einblicke und Einsichten idealisieren. In diesem Sinne wurden »Aufklärung« und »Selbstaufklärung« Zauberworte in der Protestbewegung. Sie begründeten ein kollektives politisches Selbstqualifikationsprogramm, das ganz aus dem Geist adoleszenter Autarkie erdacht schien, auch wenn es den jüngeren Protestlern von ihren erfahreneren älteren Brüdern in aller erzieherischen Strenge auferlegt wurde.

Dutschke – in seiner Familie der jüngere Bruder – war in dieser Erzieherrolle glaubwürdiger als andere. Seine »östlich« geprägten Größenphantasien wurden im Westen als Bescheidenheit missverstanden, die besondere Intonation seines Wahrheitspathos hatte bei aller brennenden Aktualität etwas Altmodisches. Das wurde augenfällig dort, wo er sich als bekanntester »Studentenführer« auch mit Fragen exponierte, für die es damals nur wenig Resonanz gab: Fragen nach den Herrschaftspraktiken des Stalinismus, der Behandlung der Menschenrechte in seinem Machtbereich und vor allem nach der deutschen Einheit.

Klaus Hartung: Mangel und Fülle

»Aber mein Leben hat nicht in einer Lokalität angefangen«, schreibt Klaus Hartung im Jahre 1978, »sondern in einer geschichtlichen Situation. Die Geschichtsleere der 50er Jahre verlassend, habe ich mit der antiautoritären Rebellion zu leben angefangen.« (Hartung 1978, S. 174)

Zur Erinnerung an 1968, das Jahr, das für einen dissidenten Aufbruch im Westen steht, gehört bei ehemaligen Protagonisten die Phantasie, damals aus einem dumpfen, traumlosen Schlaf jäh erwacht zu sein: aus einem Zustand depressiver Zeitlosigkeit, ohne geschichtliche Perspektiven für Zukunft und Vergangenheit.

> »Wie (...) sehr sich auch mein Leben zurückblickend in einander widerstreitende Bestandteile aufzulösen scheint«, heißt es bei Hartung weiter, »so bleibt doch diese Gewißheit, daß ich ohne die antiautoritäre Bewegung mir mein Leben buchstäblich nicht vorstellen konnte, will sagen, daß mir sehr genau noch vor Augen steht, wie ich in dieser ›Vorzeit‹ existierte, derart, daß nicht mal der Existenzialismus Sinn versprach. Die Gesellschaft der 50er Jahre erschien mir wie ein geschichtsloses Feld, vollgestopft mit einer endlosen Szenerie von Überlebensproblemen. Aber diese Gewißheit von der entscheidenden Bedeutung der Studentenbewegung verunsichert mich eher. Ich habe nicht das Gefühl, Kraft aus der Kindheit gezogen zu haben. Benjamin bemerkt einmal, daß derjenige, der nie von zuhause weggelaufen sei, schwer nur mit sich selbst eins sein kann. Ich bin nie weggelaufen, ich habe mich nie zuhause gefühlt. (...)
> Unsere Kindheit war nicht die Basis unserer Subjektivität. Unsere Bedürfnisse lagen nicht in unseren Bedürfnissen, sofern diese einer Sphäre entsprangen, die wir nicht nur verlassen mußten, sondern auch zu vermeiden hatten. Wer im Namen der Selbstverwirklichung, der Bedürfnisse, der individuellen Fähigkeiten die ›entfremdete politische Arbeit‹ kritisierte, verriet all dies; denn wir mußten unsere Realität von Grund auf neu konstruieren. Es gab keine Anknüpfungspunkte, keine utopische Formel, keine Verwirklichung von Träumen, denn was träumten wir schon – wir als früh gealterte Realitätstechniker? Wir mußten unsere Feinde erfinden, um sie zu sehen; wir mußten den Klassenkampf spielen, um die Klassen sichtbar zu machen. Wir waren nicht richtig bei uns selbst, als wir uns selbst zu bewegen anfingen. – Was hier paradox geschildert wird, ist die einfache Konsequenz in einem Deutschland, das von der Geschichte so leergeräumt war wie die Gasöfen nach dem Kriege.«

Hartung 1987, S. 186f.

Von welchen 50er Jahren, möchte man fragen, spricht der 1941 geborene Hartung hier eigentlich, der 14-jährig mit seinen Eltern die DDR verlassen hat? Er macht keinen Unterschied zwischen Ost und West, behandelt die beiden deutschen Teilstaaten dieser Zeit als kulturelle Einheit, als deutsch-deutsches Mangelkontinuum, das sich erst mit dem 68er Eintritt in die Geschichte differenziert hat. Aus dem Rückblick nach zehn Jahren erscheint die Protestbewegung als Versuch ihrer Protagonisten, sich eine Vorstellung von sich selbst zu verschaffen: eine Selbstrepräsentanz als handelnde und denkende Wesen, die mit einer dürftigen »Realitätstechnik« zuwege gebracht werden musste.

Die Gewissheit, dass das eigene Leben erst mit der Protestbewegung begonnen hat, ist von einem schmerzlichen Gefühl mangelnder biographischer Kohärenz begleitet. Es fehlt dem erwachsenen Protestbewegten, den Hartung beschreibt, ein Gefühl des inneren Zusammenhangs mit dem Kind, das er einmal war, mit den kindlichen Bedürfnissen, mit der elterlichen Sphäre, die er verlassen und meiden zu müssen meinte. Die deshalb gerade nahe liegenden (Identitäts-) Fragen: Wer war ich als Kind, und wer bin ich heute, wer waren und sind meine Eltern, können nur in verschobener Gestalt, als Frage nach dem Subjekt gestellt werden, das sich durch den Protest selbst erschaffen hat: Wer sind wir? »Wir waren nicht richtig bei uns selbst, als wir uns selbst zu bewegen anfingen.« Wer sind wir jetzt?

In dem zitierten Aufsatz bemüht sich Hartung um zeitliche Situierung und politische Konturierung des eigenen Handelns, dessen autopoietische Konstruktionslogik er herausarbeitet. Die Notwendigkeit, die (eigene) Realität und deren Strukturen von Grund auf neu zu entwerfen, ohne Traditionen und geschichtliche Anknüpfungspunkte, ohne eigene Träume und Perspektiven, ist einer doppelten »Geschichtsleere« geschuldet, die durch die Vernichtungspolitik der Nazis und deren nachträgliche Beseitigung aus dem öffentlichen Bewusstsein entstanden ist. 1968 ist ein Reorientierungsversuch in einer von geschichtlichen Bedeutungen entleerten Situation, eine Art Wiedergeburt durch Politik, die als Modus der intellektuellen, affektiven und buchstäblich motorischen Bewegung den »Stillstand der Geschichte« überwinden soll. Damit ist der Protest auch als Identitätspolitik bestimmt: als kollektiver Resymbolisierungsakt in einer Übergangszeit, die dem Zusammenbruch aller öffentlichen Bedeutungen folgte, getragen von einer Gruppe, die diesen Übergang zum lebensgeschichtlichen Bruch mit ihrer Herkunft und den Wurzeln ihrer Kindheit umgestaltet hat. Ihrer revolutionären Identifizierung folgend, hat sie die eigene Biographie der familiären Bedeutungen entkleidet, die sie als Relikte einer destruktiven Vorgeschichte zurückweisen zu müssen meinte. Damit erschien jede Rückwendung zum abgeschnittenen individuellen oder kollektiven Vorleben als Verrat an der politischen und moralischen Substanz des Protests, als demütigende Offenlegung seiner unreinen Herkunft aus Motiven des privaten Unglücks oder des kollektiven Mangels.

Dass Hartung diese Dimension des Protests schon 1978 benennen kann, ist ungewöhnlich und mag mit seiner doppelten Herkunft zu tun haben. Als »Abhauer« aus der DDR wird er zum Ost-Westler, der schon in den frühen Jahren der Adoleszenz einen tiefen lebensgeschichtlichen Bruch, den Verlust der Herkunftsgesellschaft, zu verarbeiten hatte und der deshalb nicht davor zurückschreckt, dem desillusionierenden Abbruch des Projekts 68 nachzugehen, der von vielen als Wiederkehr des Mangels erlebt wurde.

Von der Traumlosigkeit, die Hartung anspricht, ist 10 Jahre später nicht mehr die Rede. Im Gegenteil blühen in den 88er Jubiläumsbetrachtungen die Analogien und Metaphoriken von Traum, Mythos und Symbol. Ob es um den »Zauber des großen Augenblicks«, um den »internationalen Traum« von 1968 geht oder um die Protestbewegung als »Wirklichkeit eines Traums«, um den »Mythos der sexuellen Revolution« oder den »Mythos des Antifaschismus«: Die nachträgliche Selbstreflexion kreist um Konstruktionen einer vorgeschichtlichen Schöpfung, die die Bedeutung der Revolte als Resymbolisierungsakt inszenieren, ohne dessen Motive zu benennen. Hartung dagegen zeigt diesen Vorgang noch in statu nascendi: in seiner Beziehung zu vielfältigen Erfahrungen des sozialen Mangels, den die Revolte aus der Welt zu schaffen versuchte. Danach wird der Mangel nicht selten von der Fülle der »Früchte der Revolte« verdeckt.

Die affektive Verfassung, aus der der Protest sich entwickelte, beschreibt Klaus Hartung im Forschungsinterview als das »Gefühl, mit dem Rücken zur Wand zu stehen«, auch in dem Sinne, dass »in unserer Generation ... eigentlich schon alles entschieden« ist: denn »sie«, gemeint sind die Nazis, »haben schon wieder alles in der Hand«. In diesem Sinne bezeichnet die Diagnose der »formierten Gesellschaft« das Gefühl einer klaustrophobischen Situierung im gesellschaftlichen Raum, in dem es keine »demokratischen« Spielräume und oppositionellen Bewegungsmöglichkeiten gibt. Wie sich in der biographischen Erzählung die Vorstellung der »ideologisch geschlossenen Räume« der DDR und der des CDU-Staats letztlich als Ausdruck des depressiven Lebensgefühls von Familien herausstellt, die allein mit Überlebensproblemen und Existenzsicherung befasst sind, zeigt der folgende Gesprächsauszug:

»Und was mich aber grundsätzlich dann immer mehr so auf Abstand hielt, war diese Kultur der Selbstisolation, auch der Lebensängstlichkeit, also dieser mangelnde Lebensmut, dieses Aufpassen. (...) Wir haben zum Beispiel nie

jemanden zum Essen eingeladen. Dieser Mangel, dieser Mangel an sozialem Leben und diese – nicht im einfachen Sinne – Sparsamkeitskultur, sondern dieses, das Beste für bessere Gelegenheiten aufheben, das war so die Kultur meiner Familie. Und das hatte ich richtig gehasst. (...)

Dieser negative Begriff von Zukunft, der hat mich dann im Grunde bei der DDR, also im letzten Jahr, merkte ich, wie da bei mir die Abwehr wuchs, weil die Zukunft verschlossen war. Das war alles klar, ich konnte nur diese Schiene nehmen (...) und dieses Gefühl, dass überhaupt da nichts offen ist, dass dir alle Horizonte schon verstellt sind. (...) Ich hatte nicht das Gefühl, dass ich da irgendwie scheitere, aber dass alles fest und zu ist, dass man keine Chance hat. Und das hat sich auch im Westen fortgesetzt. Die wollten nicht – mein Vater wollte nicht, dass ich studiere und riet mir immer die sogenannte gehobene mittlere Beamtenlaufbahn, das Wort hab ich nie vergessen. (...) Und da wusste ich ziemlich genau, dass es nicht zu mir passt. Und die mussten erst auf Druck meines Klassenlehrers, da tauchte plötzlich die Frau des Klassenlehrers auf und sagte ›was bilden Sie sich ein, dass Sie den Jungen nicht studieren lassen wollen‹? Hat sie zutiefst eingeschüchtert. (...)

Und dann kam eben 68, und dann war der Bruch da. Aber der Bruch war ... also politisch war er auch schon vorher da, das weiß ich noch, das war im letzten oder im vorletzten Jahr in der Schule, da begann ich, mich politisch zu interessieren. (...) Und mit 68, das fing ja hier in Berlin vorher an, also genau genommen hatten wir keine 68er Revolte in Deutschland, sondern 'ne 67er, das war der Höhepunkt, und dann änderte sich bei mir im Studium alles, da war für ... da hatte ich überhaupt keinen Kontakt mehr für (...). Also das fing schon sehr früh an. Also hier in Berlin begannen besonders die ersten Auseinandersetzungen schon so 64/65, und irgendwann fuhr ich dann nicht mehr nach Hause und (...). Ja, meine Mutter hat immer wieder geschrieben, und ich hab dann auch nicht geantwortet. Aber nicht Mal (...) also gar nicht mal als Geste, sondern es war, als ob ich sie irgendwie auf 'ner Zeitinsel zurückgelassen hatte, und ich wollte einfach keine Beziehung mehr. Und ich wollte nicht diese lebensfeindliche Welt, nicht, also es war ja auch ganz elementar keine Kommunikation möglich.«

Es gibt wenig Verbindendes. Die Eltern bleiben auf einer Zeitinsel zurück, in einer von Kargheit und Geiz regierten Welt, in der lustvolle Gemeinschaftssituationen unterbunden oder auf seltene Gelegenheiten verschoben werden, die dann kläglich missglücken. Ob aus einem der

Lebensnot geschuldeten Sicherheitsbedürfnis, aus mangelnder Einfüh-lung, aus Geiz oder Neid, der Vater vermag sich mit den intellektuellen Fähigkeiten seines Sohnes nicht zu identifizieren. Gefühle sozialen Mangels machen die Familie zu einer ängstlich geschlossenen Welt, in der insbesondere die ihr angehörigen Adoleszenten die eigenen Entwick-lungsmöglichkeiten als blockiert und Verbindungen nach draußen eher behindert als begünstigt empfinden.

Klaus Hartung, der die Grenze als 14-Jähriger mit den Eltern über-schritten hat, ist kein braver Sohn geblieben wie Dutschke. Er hat die wesentlichen Jahre der Adoleszenz im Westen verbracht und sich wie die altersgleichen jungen Westler von den Eltern losgesagt, um an der Schaf-fung eines Gegenentwurfs zu ihrem beschränkten Leben mitzuwirken. Seine Grenzgängerschaft manifestiert sich jedoch in der Distanz gegen-über dem kollektiven Prozess: in seiner Fähigkeit, die Dynamik und die Motive des Protests bis heute klarer als andere zu benennen.

Bernd Rabehl: Weltrevolution aus »Unsicherheit«

Bernd Rabehl, ein weiterer prominenter Ost-Westler eröffnet das Forschungsinterview mit der Beschreibung eines Spaltungsvorgangs:

*»**Interviewer**: Ich wollte Sie als erstes fragen, wie das Politische in Ihr Leben getreten ist?*
***B. R.**: Wie das Politische in mein Leben getreten ist? Dadurch, dass ich aus dem Osten komme. Damit war ich ja automatisch politisiert. Die östliche Gesellschaft war eine durch und durch politisierte Gesellschaft, weil sie ja versuchte, gerade die junge Generation für sich zu gewinnen. Die Alten waren ja sowieso abgeschrieben, aber der Jugend galt die ganze Aufmerksamkeit. Und ich gehöre zu der Generation, die in diese antifaschistische Grundschule gekommen ist, '45 gleich. Und dann in die Oberschule. Und dann habe ich auch noch angefangen, dort zu studieren, an der Humboldt-Universität (...). Ja. Und so bin ich den ganzen Schwankungen der Politik ausgesetzt gewesen. Und die hatte immer ein Schwergewicht, die Jugend zu gewinnen. Was ihnen ja auch in den Sechzigern, in den späten Sechzigern gelungen ist (...).*
Ich bin 1960 weggegangen. Das hing auch mit der ganzen DDR-Situation und auch der Familiensituation zusammen. Mit der DDR-Situation ist, dass man

sich einerseits politisch engagierte und zum Teil auch identifizierte mit dem System, aber auch auf der anderen Seite auch die Mängel, die Schwächen wusste. Und wir haben ja sozusagen, meine Generation hat ja durchgemacht den 17. Juni 1953. Relativ bewusst und auch sehr den 20. Parteitag der KPDSU und Ereignisse von 1956 in Ungarn und Polen. Und da gab es sozusagen überall so eine Doppelmoral. Einerseits durchaus für die DDR, andererseits dagegen. Und in der Familie bei uns war es genau so. Meine Eltern waren geschieden. Mein Vater lebte im Westen und meine Mutter lebte im Osten . Mein Vater lebte in Helmstedt, und meine Mutter und ich lebten in Rathenow, (...) die haben sich schon '44 getrennt. Und dadurch war sozusagen auch familiär auch eine doppelte Orientierung. Meine Schwester lebte im Westen und ich lebte bei meiner Mutter. Und so kam diese Spaltung. Im Kopf auch und dann, ich bin dann. Es ist fast eine ähnliche Geschichte wie bei Dutschke. Es gab dann Probleme an der Schule, in der Abiturklasse.«

Die Spaltung der Welt in eine westliche und eine östliche Hemisphäre lässt in Rabehls Leben nahezu nichts Privates unberührt. Die Trennung der beiden deutschen Teilstaaten verdoppelt die Scheidung der Eltern, insofern auch die Familie in ein West- und ein Ostsegment aufgespalten wird, deren jeweilige Mitglieder bald kaum noch miteinander kommunizieren können. Dass den jungen Intellektuellen, für die diese Spaltungserfahrung zur leidvollen »Spaltung im Kopf« wurde, von der Geschichte gleichsam eine riesige Synthetisierungsaufgabe auferlegt wurde, zeigt bereits die beeindruckend symmetrische Struktur von Bernd Rabehls Interview. Es beginnt mit der deutschen Teilung und der Scheidung der Eltern, und es endet mit einer späten Familiengründung im Ausland, wenige Jahre vor der deutschen Wiedervereinigung, mit der eine Rückkehr nach Deutschland und ein abrundender Abschluss der akademischen Karriere verbunden ist. Der initialen Spaltung der Welt, der öffentlichen wie der privaten, folgt eine späte Zusammenfügung der getrennten Teilstücke in allen zentralen Lebensbereichen. Dazwischen liegt, als Ausdruck der gespaltenen Welt, die Dissidenz. Sie beginnt als adoleszenter Protest gegen die Perspektivlosigkeit der DDR-Gesellschaft:

»Na, es lief in der DDR so, man kriegt schon als Schüler eine Kader-Akte. Und die Kader-Akte begleitete einen das ganze Leben. Und in dieser Kader-Akte stand nun ein Stück Aufmüpfigkeit, also man wusste wahrscheinlich, dass ich

immer noch im Westen zu den Jazzkonzerten gefahren bin (...). Und dann hatte ich einen Aufsatz geschrieben, in der zwölften Klasse konnten wir frei entwickeln. Wir hatten so eine alte Deutschlehrerin, die schon längst pensioniert war, aber immer noch Deutschunterricht gab, da man einen Lehrermangel damals hatte. Und da habe ich was über den Tod geschrieben. Wahrscheinlich beeinflusst von der Westlektüre (...) oder irgendwas. Und der Tod sächselte. Das war so eigentlich in dieser romantischen Erzählung der einzige Hinweis. Sie fragte mich, warum sächselt denn der Tod? Und da sagte ich, damit meine ich Walter Ulbricht. Sagte sie, bist du wahnsinnig geworden? Warum schreibst du denn so was. Sie hat mir den zurückgegeben und damit hätte sich alles verlaufen, aber ich habe den wieder eingereicht. Stur. Und dann, da die SED um die Jugend kämpfte und damals auch eine Menge Jugendforum gemacht wurde, um die Jugend für sich zu gewinnen, hat der Direktor eine öffentliche Lesung veranlaßt, also eine schulöffentliche. Da waren dann die elfte und zwölfte Klasse zusammen, und da wurde dann darüber diskutiert. Da wurde dann nochmal die Frage gestellt, wer der Tod sei. Und dann sagte ich, es sei die DDR. Ich gebe der DDR keinerlei Zukunft. Und dann war natürlich, da gab es dann ein Riesenhallo.«

In Rabehls Erzählung ist etwas von dem lebenslangen Bemühen aufbewahrt, die westlichen und die östlichen Teilstücke des eigenen Lebens zusammenzuhalten. Als adoleszenter Grenzgänger – so jedenfalls die nachträgliche Konstruktion – hat er die zunehmende Diskrepanz der beiden politischen Hemisphären in ein innerliches Ergänzungsverhältnis verwandelt, das die westlichen Werte von Renitenz, Wachheit und Modernität in die heimatlich-kleinstädtische DDR-Gemeinschaft einzufügen versucht. Dass diese Synthesis missriet, schien daraufhin zu deuten, dass die Bedeutungen am Ganzen haften und die Spaltung hatte nicht überleben können. So empfand er nicht nur die DDR als ein bedeutungslos gewordenes Teil- und Reststück eines verlorenen Ganzen, das es zu verlassen galt, sondern auch der Westen Deutschlands erwies sich in seiner komplementären Begrenztheit dem Abhauer als unzugänglich.

Der junge Rabehl möchte vom DDR-Staat, der um die Jugend kämpft, mit seiner »westlichen« Aufmüpfigkeit angenommen werden. Wenn ihm stattdessen anstelle des Studiums der Geschichtswissenschaft, das er gern begonnen hätte, zunächst eine Bewährung in der Produktion und dann ein Landwirtschaftstudium auferlegt wird, so bestätigt sich für ihn noch einmal die Zukunftslosigkeit im Symbolischen, die für ihn Folge der doppelten Spaltungserfahrung seiner Frühzeit ist. Ulbricht, »der sächselnde Tod«, ist der höchste Repräsentant eines Regimes, das den aufstrebenden Adoleszenten eine Perspektive versprochen, aber aus Machtmotiven den Tod aller möglichen adoleszenten Bedeutungen verordnet hatte. Insofern erlebt er nicht erst die Reaktion auf seinen Aufsatz als Zurückweisung, als Bruch eines Versprechens, das ihm als aufstrebendem FdJler vom SED-Staat einmal gegeben und durch eine finanzielle Unterstützung bekräftigt worden war. Der Fehler liegt bereits im Ursprung der DDR – in der Spaltung, aus der sie entsteht.

Konfrontiert mit diesem defizienten Ursprung, der sich in einem gebrochenen Versprechen fortsetzt, entschließt er sich, in den Westen zu gehen. Dort steht er plötzlich allein vor der Aufgabe, eine Vorstellung von seinem Leben zu entwickeln. Er gerät in Panik und beschließt, Betriebswirtschaftslehre zu studieren, um, entsprechend seinem Bild des Westens, schnell zu Geld zu kommen. In einem Café trifft er, Lenin lesend, einen anderen Ostflüchtling, Rudi Dutschke. In ihren Diskussionen tritt an die Stelle der alten Perspektivlosigkeit der DDR-Existenz und der schwierigen Neuorientierung im »fremden« Westen, den die beiden jungen DDR-Kritiker durchaus mit dem bösen Blick der DDR-Propaganda betrachten, ein Drittes. Eine revolutionäre Perspektive, die – als Folge der kolonialen Revolutionen – die westliche wie die östliche Großmacht wanken und zerfallen sieht, so dass »neue Potenzen« frei-werden, die von »neuen revolutionären Avantgarden« zur Entfaltung gebracht werden sollen.

Wie bewegend damals dieses revolutionstheoretische Reframing einer unklaren und bedeutungsarmen Situation gewesen sein muss, teilt sich der Interviewerin noch in einem fast 35 Jahre später stattfindenden Gespräch mit Bernd Rabehl mit:

»**Interviewer**: *Also, was jetzt Dutschke und Sie angeht, da hat das ja doch eine ziemliche Perspektive, wenn man sagt, in Deutschland, Ost und West, da stoßen eigentlich die Welten zusammen (…). Und daraus entsteht so eine Idee, an einem wichtigen welthistorischen Punkt zu sein. Das leuchtet mir sehr ein, so wie Sie das eben beschrieben haben.*
B. R.: *Ja, und wir waren beide überzeugt, dass also die Sowjetunion und die DDR keinerlei Zukunft birgt, und wir waren inzwischen auch überzeugt, dass*

die westliche Gesellschaft keinerlei Zukunft birgt. Und aus diesem doppelten Widerspruch sahen wir eine revolutionäre Möglichkeit aufblitzen.
Interviewer: *Ich sah die eben auch aufblitzen.«*

Was im Gespräch so frappierend lebendig wird, ist die durchschlagende Wirkung der revolutionären Bedeutungsrestitution: Gib mir einen symbolischen Ort zwischen West und Ost, und ich hebe die Welt aus den Angeln. Die Überwindung ihres mangelnden Dazugehörens durch die revolutionäre Selbstverortung, mit der Dutschke und Rabehl auf die Öde zweier Nachkriegswelten reagieren, trifft eben auch ein Kardinalproblem ihrer westlichen Fans, denen es ebenfalls im Symbolischen an einer Existenzgrundlage gebricht. Rabehl fasst dieses symbolische Defizit als existenzielle »Unsicherheit«:

»Na dieses ganze Revoltieren war letzten Endes doch ein Revoltieren, weil wir auch psychisch gar nicht in der Lage waren, uns dieser Gesellschaft anzupassen. Das hing zusammen mit der Flucht vom Osten in den Westen, das hing zusammen mit dieser fremden Gesellschaft, das hing zusammen mit unserer undefinierten Rolle, oder mit meiner undefinierten Rolle, das hing zusammen mit der Unklarheit der Zukunft und so war das auch eine Rebellion gegen die Unsicherheit. Die Unsicherheit war auch ein Ausdruck der Rebellion. Und ich habe das auch bei vielen anderen beobachtet, die ähnlich agiert haben. Natürlich hatten wir immer einen ideologischen Überbau, der das alles erklärt hatte, auch legitimiert hat. Es war sehr viel Unsicherheit dabei. Und diese Unsicherheit war in den siebziger Jahren plötzlich weg. Also, plötzlich weg heißt, war teilweise reflektiert, aber teilweise sich 'ne bestimmte Rolle gefunden hatte und ich wusste, was ich machen wollte. Das war vorher alles unklar. Wir haben uns ja selbst in die berufsrevolutionäre Rolle gedrängt, obwohl keiner von uns Berufsrevolutionär werden wollte. Das wurde dann nochmal besonders klar, als es um die Illegalität, um RAF und 2. Juni ging, wo dann doch viele entscheiden mussten, wo ich mich entscheiden musste, es nicht zu machen. Das wollte ich nicht. Und die schwere Verwundung von Dutschke hat mir auch gezeigt, dass wir nicht nur mit spielen, sozusagen spielerisch umgehen, mit Situationen oder Problemen, sondern auch spielerisch umgegangen sind mit unserem Leben. Und das wird plötzlich ziemlich eindeutig, und an dem Punkt bin ich ganz eindeutig und mache diesen Schritt in den Untergrund nicht, ganz bewusst nicht. Also nicht Berufsrevolutionär werden!«

Scheinbar ohne Aussicht auf Beruf und soziale Situierung in der fremden Gesellschaft, finden die beiden jungen Ost-Westler in den Annalen des Marxismus und der Arbeiterbewegung für sich eine passende Rollendefinition: die des Berufsrevolutionärs. In der Nachträglichkeit bedienen sie sich ihres DDR-Erbes, das sie als nunmehr individuellen Besitz nach allen Richtungen auszuschöpfen versuchen. Als antikommunistische Berufsrevolutionäre geht es ihnen nicht um die Dogmatik, sondern um das Bedeutungsreservoir der marxistischen Überlieferung, das sie zur Überwindung der symbolischen Mangelzustände des gespaltenen Landes benutzen. Es geht um Selbstverortung, Heimat, verfügbare Bedeutungen. Dass die Protestbewegung gleichsam im Fluge all das schaffen zu können schien, dann aber den geschaffenen Besitz selbst wieder zerstört hat, kommt für den jungen Rabehl einem Trauma gleich:

»B. R.: Ja, das kann man sicherlich primär psychologisch erklären, nicht, dass diese Rebellion zu viel selbst aufgerissen hat, bei einem selbst auch. Also, sozusagen, die Umwertung der Werte ist nicht so einfach psychologisch nachzuvollziehen, weshalb diese Unsicherheit dazu geführt hat, wieder auf Sicherheit zu setzen. Es wurde ja viel von den alten, konservativen Herren vom Glauben gesprochen, da ist viel dran. Auch bei den Linken galt es sozusagen, die Weltanschauung ist ein Glauben, ist eine Alltagsreligion, die sozusagen den alltäglichen Ablauf reguliert. Nicht, denn eine solche Ideologie stellt einen Freundeskreis her, stellt eine Organisation her, stellt ein Verbindungsnetz her, stellt eine Familie oder eine Gemeinschaft her, und die will man behalten, die will man haben, da will man sich drin bewegen. Und deshalb ist man dafür und nicht aus irgendwelchen reflektorischen Gründen oder kritischen Gründen. Und das schlägt gerade in dieser Auflösungsphase, so '68 und '70 sehr stark ein. Wie gesagt, ich mache da nicht mit, weil ich eben aus der DDR komme. Vielleicht, ich habe den Marxismus, Leninismus schon, wie gesagt, als Oberschüler kritisiert, also es war mir klar, dass das eine Ideologie ist, die überhaupt nichts mit der Aufklärung zu tun hatte, also die Legitimation zwischen Macht und Herrschaft und eigentlich auch ein Glaubensartikel war. Wenn man mitmachen wollte, musste man die Sprüche runterleiern, dann hat man auch Karriere machen können, aber wenn man es nicht gemacht hat, war man, gehörte man zur Feindfigur, also die eine klare Freund-, Feindtrennung gezogen hat, und ich empfand diese Ideologie als sehr autoritär und also auch sehr

persönlichkeitszerstörend, weil ich habe deshalb gerade Sartre und Camus gelesen in der DDR, um sozusagen eine andere Perspektive zu haben und auch selbst mich zu schützen. Und plötzlich taucht da so 10 oder 12 Jahre später, tauchte das alles wieder auf, und da habe ich mich verweigert. Da habe ich nicht mitgemacht.

Interviewer: *Wie kamen Sie auf Sartre und Camus?*

B. R.: *Das war, weil sie mich – nicht zuletzt wegen meiner Haare – als Existentialisten beschimpften oder ich auf dem Wege dahin sei, es war sozusagen die existentialistische Literatur für mich bedeutsam, wobei ich die reduzierte auf Camus und Sartre, weil das sozusagen die Gegner und die Feinde waren, in der damaligen DDR, und deshalb habe ich das gekauft (...).*

Interviewer: *Und das mit dem Tod, der sächselt?*

B. R.: *Es war, ich hatte schon die Gesellschaft der DDR im Auge. Es war die Beschreibung des Herbstes, eigentlich, eine sehr sentimentale, romantische Geschichte, die ich sozusagen in den Schlusspassagen politisiert habe und deutlich gemacht habe, die DDR hat keine Zukunft und sie drückt mein damaliges Gefühl aus, also, man wollte mich nicht haben, man wollte mich nicht zum Studium gehen lassen, ich sollte mich bewähren, mir gefielen sozusagen die kommunistischen Lehrer nicht, weil das in meinen Augen Opportunisten waren, ich hatte auch Bekannte in der Straße, das waren alte Nazis und die waren jetzt zu den Kommunisten gegangen und die hasste ich besonders, also wegen dieses typisch deutschen Opportunismus. Und deshalb diese Herbststimmung. In diesem Land gibt es keine Zukunft. Und um sozusagen noch einen drauf zu setzen, taucht dann auch der Tod persönlich auf und der sächselt. Und weil Walter Ulbricht sozusagen der Generalsekretär und Stellvertretende Ministerpräsident der DDR eben die entscheidende Figur war, war klar, wen ich meinte, dass er gemeint war. Und dies war eine Gefühlssache, es war nicht weiter reflektiert und nicht durchdacht. Aber es drückte sozusagen mein Gefühl aus, und jetzt holte mich meine DDR-Vergangenheit im Westen wieder ein. Die Freunde gingen also in diese Organisationen, bildeten diese Organisationen, das war jetzt das Schlimme, und verhielten sich dann auch, sie mieden ja die ehemaligen Genossen und Freunde, das waren nachher die Feinde, trotzkistisch, kleinbürgerliche Feinde, oder weiß der Teufel, wie die sie genannt haben, und das war eine Phase, weil ich ja doch intensive Freundschaften hatte, wo ich plötzlich sozusagen, wo sich zeigte, dass das 12-jährige Engagement eigentlich nichts gebracht hat.*

Interviewer: *Die Welt zerbrach doch eigentlich?*

B. R.: *Die Welt zerbrach. Die einzigen, die zu mir hielten, das war die verhass-
te Familie (...) und die Beziehungen, die aufgebaut waren, außer die zu Rudi,
gab es nicht mehr. Rudi war aber schwer verwundet und nicht ansprechbar. Er
war wohl damals gerade in England, ich habe ihn später erst dort besucht. Da
gab es sozusagen keinerlei Freundschaften mehr. Und das empfand ich als sehr
bitter, denn ich wurde aus einer Wohngemeinschaft rausgeschmissen, habe mir
dann in Kreuzberg eine Wohnung gesucht (...) und überlegte, was ich machte. Ich war ja zwei oder drei Jahre Berufsrevolutionär, zwar mehr wider Willen,
aber ich war einer, ob ich nun wieder anschließe an die Universität, ob ich da
einen Abschluss mache oder ob ich einen Bockwurststand eröffne, oder ob ich
Taxifahrer werde, oder was ich denn nun eigentlich mache. Es war wieder das
gleiche Gefühl, als ich angekommen war.«*

»Man wollte mich nicht haben«: Das ist das Gefühl, aus dem Rabehls
Dissidenz in der DDR entsteht. Und das Schlimme ist: Er wird dieser
Macht, die ihn nicht haben will, die seine Mitschüler zu Generälen der
Volksarmee, seine Mitstudenten zu Oberbürgermeistern gemacht hat,
immer wieder begegnen. Hatte er sich in der DDR als Außenseiter gefühlt,
so wird er in den Jahren 69/70, als viele seiner Mitstreiter kommunistische
oder terroristische Gruppen gründen, wieder zum Außenseiter, der sich
gegen den Gruppendruck stellt. Er vollzieht einen zweiten lebensgeschichtlichen Bruch, den er als sozialen Tod erlebt. In seiner Verlassenheit
tritt ihm sowohl die verbindende, gemeinschaftskonstitutive Qualität der
marxistischen Überlieferung vor Augen, als auch ihre Verwendbarkeit für
die Legitimation von Macht und Herrschaft, die durchaus mit dem
Wunsch verknüpft sein kann, mühsam hergestellte Gemeinschaften, auch
wenn sie prekären Dynamiken folgen, vor der Zerstörung zu retten. Mit
dem Ende von »68« zerbricht die Synthese des »östlichen« und des »westlichen« Protests, um die Dutschke und Rabehl gekämpft hatten. Die Differenzen treten hervor, die jungen Ost-Westler finden sich zwischen den
Welten – der eigentlichen Heimat der Grenzgänger – wieder.

Die östliche Adoleszenz war *keine* Kulturrevolution, sondern in
wesentlichen Zügen »antitotalitär«; die westliche ein Aufbegehren gegen
die Herkunft, aber deshalb nicht notwendig politisch. Sie wurde es in
dem Maße, wie die Herkunft als »mörderische« Erbschaft verstanden
wurde. Nonkonforme Westler stammten (in der Phantasie, manchmal
auch in der Realität) von Mörderbanden ab. Ostler von potentiellen

Opfern – auch des neuen Regimes. Die Perspektive einer Familiarisierung des Widerstands musste psychologisch andere Ergebnisse zeitigen als der Protest gegen eine »repressive Familie«, die zudem noch die Ungerechtigkeit des Staates verkörperte. Auf diesem Hintergrund auch noch »die Seiten zu wechseln«, d. h. von Ost nach West zu gehen, enthielt eine ziemliche Zumutung – und ungeahnte Chancen:

> »Auf dieses westliche Leben«, sagt Bernd Rabehl, »waren wir nicht vorbereitet, wir hatten sehr viel Angst und waren unserer alten Gesellschaft gegenüber auch noch mit Schuldgefühlen beladen. Warum sind wir weggegangen? Warum haben wir es nicht mehr ausgehalten? Das mußten wir theoretisch aufarbeiten. Dann waren wir betroffen von der Oberflächlichkeit und von der Brutalität der Konkurrenzkämpfe der Leistungsgesellschaft, von der Entfremdung, von der Sturheit der Menschen hier. Wir hatten Zweifel, ob wir uns hier durchschlagen könnten.«
>
> Rabehl, cit. ex: Chaussy 1983, S. 32

Leute wie Dutschke und Rabehl blieben im Westen tatsächlich »fremd im eigenen Land« – oder besser: Dieser Westen *war* nie ihr eigenes Land. Sie kamen mit dem fremden, dem ethnologischen Blick und dem seltsam doppelsinnigen Trotz:

> »Wir gehörten zu den sogenannten ›Oststudenten‹, die das Abitur in West-Berlin nachmachen mußten, weil das DDR-Abitur nicht anerkannt wurde. Wir hatten sehr viel Zeit. Da haben wir uns kennengelernt in einem Café am Steinplatz. Er las damals Lenin, ich Camus, und ich konnte nicht verstehen, wie jemand, der aus der DDR kommt, jetzt noch Lenin liest. Ich haute ihn an und fragte: ›Warum liest Du das Zeug, das brauchen wir doch jetzt nicht mehr.‹ Da meinte er, in der DDR hätte er das nie gelesen, sondern er wolle wirklich wissen, was dieser Lenin geschrieben hat, was überhaupt Marxismus-Leninismus heißt. So haben wir uns angefreundet.«
>
> ebd., S. 31

Das aus freier Entscheidung zu machen, was einem vorher von der offiziellen Kultur verordnet worden war: das bedeutet eine andere Art des Protests – und der Treue – als sich dem neuen Konformismus anzuvertrauen.

Sich durch seine eigene Wahl fremd zu fühlen ist der Normalzustand adoleszenter Selbstinszenierung. Die Ostler der Generation, die im Westen den politischen Status quo attackierten, gingen von einer anderen Fremdheit aus. Sie waren vielleicht diejenigen, die die Spielräume der

Demokratie am entschiedensten nutzten. Ihre vorgängige Dissidenz-erfahrung war fundamentalistisch, familiaristisch und von einem großen Ernst getragen, weil sie bereits mit realen Nachteilen für ihre Haltung konfrontiert worden waren. Die DDR hatte in diesem Sinne keine Spielräume. Mit dieser Einstellung war in einer Gesellschaft, die einigen Spielraum anbot, ziemlich viel Land zu gewinnen. Aber gleichwohl ist für Bernd Rabehl, anders als für Dutschke vielleicht, Dissidenz eine Grenzgängerei geblieben: ein Festgehaltensein an einer Grenze, die mit Spaltungs- und Entwurzelungserfahrungen verbunden ist. Dissidenz, die die Spaltung erfolglos zu überwinden suchte, ist selbst zum Ausdruck der Spaltung geworden und endet entsprechend mit der Rückkehr nach Hause. Rabehls aktuelle nationale Wendung, die der deutschen Wiedervereinigung folgt, erweist sich als Rückkehr, deren zentrales Motiv – ihre Utopie – immer schon vorhanden gewesen ist. Das damals verdeckte Kernmotiv von 1968 war für ihn und Dutschke auf die Revolte in beiden deutschen Teilstaaten gerichtet, die auf dem Umweg über die dynamisierenden Wirkungen des antikolonialen Internationalismus die Teilung Deutschlands überwinden sollte. (Vgl. Kraushaar 2000.)

Postskriptum

Die Kehrseite der nicht gegen die Familie gerichteten Rebellion fängt sich anekdotisch in Dutschkes Erinnerung an die erste Begegnung mit seinem aus dem Krieg heimkommenden Vater:

»Ich traf meinen [Vater] Ende 1943, war mir seiner natürlich nicht bewußt, schließlich trieb er sich, oder mußte sich treiben lassen, irgendwo herum. Jedenfalls war ich in den Armen der Mutter, da stand ein Besucher plötzlich neben uns, lachte und wollte mich ›so mir nichts, dir nichts‹ in die Arme nehmen, jedenfalls bekam er von mir einen echten Backenschlag, war so eine automatische Re-Aktion. Offensichtlich hatte die Mutter mir als dem jüngsten besonders beigebracht, mich von den Gefangenen, die in jeder Woche in die Gärten unserer Straße kamen, um Bodenarbeit zu machen, nicht tragen zu lassen, keinen intensiveren Kontakt zu haben. Anders ist mein Schlag gegen den Vater, den Fremden, schwerlich zu erklären. Seine Re-Aktion war seiner Lebens- und Daseinsgeschichte gemäß: Nun nahm er mich erst recht, drehte mich, und die Begrüßung erfolgte durch nicht zu vergessende Hiebe auf den Arsch. Damit halt die ›Kräfteverhältnisse‹ wiederhergestellt waren.«

Dutschke 1996, S. 19

Wer daraus eine Kriegsödipusgeschichte machen will, möge es tun. Wichtig erscheint, dass die Erinnerung des 38-jährigen eine Kongruenz und Stimmigkeit der wechselseitigen »Gewaltakte« herausstellt, die ein »doppeltes Recht« unterstellt: Die Re-Aktion des Kindes ist so legitim wie die des Vaters – was nichts an den Kräfteverhältnissen ändert. Die nachkonstruierte »Urszene« des Protests enthält die Phantasie, die sich in der adoleszenten Verweigerung wiederholt: Recht haben, aber den Nachteil in Kauf nehmen zu müssen – die Kräfteverhältnisse sind eben gegen einen. Und immer ist es ein »Contra«, ein »Anti« auf Vorgegebenes. Im Falle der Vater-Sohn-Konfrontation findet sogar – und das ist typisch für den Blick auf die Verhältnisse – auf beiden Seiten eine »Re-Aktion« statt: Beide reagieren auf die ihnen von den Verhältnissen aufgezwungene Fremdheit, die sie voneinander getrennt hat, wo sie doch zusammengehören. Beide reagieren auf die zerreißende Macht der Geschichte: der *deutschen* Geschichte der Macht, des Krieges und der Zerstörung, die nicht nur Vater und Sohn voneinander getrennt und entfremdet hat.

Ist es nicht beschämend, wenn einen der eigene Vater nicht erkennt, der den Sohn doch ins Leben einführen und als Träger und Garant der Bedeutungen leiten können sollte? Protest ist das Bindungsverhalten der verkannten Söhne, die als (fast) Erwachsene noch einmal den strafenden Vater hervorlocken müssen, um ihn daran zu erinnern, dass nur in einer radikal umgestalteten Welt ein menschliches Verhältnis beider, ein wechselseitiges Wiedererkennen in Gleichberechtigung möglich ist.

Literatur

Chaussy, Ulrich (1983): Die drei Leben des Rudi Dutschke. Darmstadt/Neuwied (Fischer).

Dutschke, Gretchen, (1996): Wir hatten ein barbarisches, schönes Leben – Rudi Dutschke. Köln (Kiepenheuer & Witsch).

Hartung, Klaus (1978): Über die langandauernde Jugend im linken Getto. Lebensalter und Politik – Aus der Sicht eines 38jährigen. In: Kursbuch 49. Berlin (Rotbuch), S. 174–188.

Kraushaar, Wolfgang (2000): Die neue Unbefangenheit. Zum Neonationalismus ehemaliger 68er. In: Derselbe: 1968 als Mythos, Chiffre und Zäsur. Hamburg (Hamburger Edition). S.172–196.

Lutz, Annabelle (1999): Dissidenten und Bürgerbewegung. Ein Vergleich zwischen DDR und Tschechoslowakei. Frankfurt/Main (Campus).

Schmidtchen, G. (1981): Terroristische Karrieren. In: Jäger, H., Schmidtchen, G., Süllwold, L. (1981): Analysen zum Terrorismus 2. Lebenslaufanalysen. Opladen (Westdeutscher Verlag).

Grenzüberschreitungen als Initialszenen des Protests

Tödliche Trennung

Wie auch immer die westliche Revolte als resymbolisierende Praxis misslungen sein mag: als Überschreitung der Grenzen einer geschlossenen Welt eröffnet sie Möglichkeiten, die junge Dissidenten auf der anderen Seite der deutsch-deutschen Grenze nur unter hohen Risiken – wenn überhaupt – für sich gewinnen können. An dieser Grenze sterben, wie in Thomas Braschs gleichnamiger Erzählung, »vor den Vätern die Söhne«. Sie sterben an einem Mangel intergenerationeller Bedeutungen, der sie zur Grenzüberschreitung zwingt. Im Gespräch eines alten Spanienkämpfers mit Robert, einem jungen Mann auf dem Wege zur Republikflucht, wird dieser Mangel – an Realität, an Bedeutungen, Handlungsmöglichkeiten Träumen – greifbar:

> »Warte, rief der Alte. Es ist meine Schuld. Ich wollte dir etwas anderes sagen. Ich war in Spanien. Wir haben gekämpft und wir wußten wofür. Ich habe die Fliegen auf den Gesichtern der Toten gesehen. Ich war ein junger Mann. Aber sie haben uns fertig gemacht. Als es keinen Sinn mehr hatte, sind wir über die Grenze gegangen. Es war nicht einfach, doch als es nicht weiterging, mußten wir über die Grenze.
> Gut, sagte Robert und setzte sich wieder in den Sessel, spielen wir es zuende. Ihr mußtet also über die Grenze und ihr seid gegangen. Über welche Grenze kann ich gehen, wenn es keinen Sinn mehr hat? Wie meinst du das. Stell dich nicht dümmer, als du bist, sagte Robert und sah den Alten gerade an. Das gehört doch zu diesem Gesellschaftsspiel. Du hattest deinen Text, jetzt habe ich meinen, und der heißt, ich kann nicht machen, was du konntest. Schließlich habt ihr um die schönen Häuser auch noch eine Mauer gebaut.«
>
> Brasch 1977, S. 18

Grenzüberschreitung ist der vielleicht grundlegendste Modus der Resymbolisierung. Wenn man mit dem Sinn des eigenen Handelns am Ende ist, kann man versuchen, über eine Grenze zu gehen, um den verschlossenen Raum der Zukunft neu zu öffnen und zu strukturieren. Das genau schien der jungen Generation der DDR verwehrt. Die Sätze, mit denen sich der Alte in der Erzählung an den Jungen wendet, haben wenig

Kommata, keine Fragezeichen, sie sind kaum gegliedert und intoniert. Seine Fragen sind eigentlich keine. Er will von ihm nichts wissen, obwohl der Kontakt zu dem Jungen für ihn, den Sterbenden, lebenswichtig und vielleicht das letzte Bedeutungsvolle vor seinem (und wie sich rausstellt, auch vor dessen) Tode ist. Für ihn als Angehörigen der DDR-Gründergeneration scheint die Mauer als Symbol und Realität eines geschlossenen symbolischen Raums kein Problem zu sein. Er kann sie gleichsam als letzte Barrikade in seinem lebenslangen Klassenkampf sehen und sich sagen: »Die DDR, das bin ich«. Gleichwohl ist auch er mit seinen Bedeutungen am Ende; die Einmauerung hat sie von lebendigen Entwicklungsprozessen abgeschnitten:

> »Der Alte öffnete die Augen. Manchmal denkt man, es ist einem egal, sagte er leise. Es gibt nichts mehr, was einen freut. Die Freunde sind tot oder kennen dich nicht mehr. Es könnte einem egal sein, aber plötzlich hat man Angst. Manchmal denke ich, es wäre besser, wenn ich in Spanien gefallen wäre. Aber ich werde hier sterben, im Bett, neben einem Plattenspieler. Robert stand auf und legte den Tonarm wieder auf die Platte.
> In Spanien stands um unsere Sache schlecht, sang die Stimme wieder. Wir haben nichts gemeinsam, sagte der Alte.«
>
> ebd., S. 19

»Doch«, entgegnet ihm der Junge, im Bewusstsein des Risikos der Grenzüberschreitung, die er vorhat: »Wir haben beide Angst vor den Fliegen im Gesicht«.

In der Erzählung ist die DDR ein Mausoleum der Bedeutungen, die aus der Geschichte der Arbeiterbewegung übriggeblieben sind. Auch die westliche Protestbewegung hat das Bedeutungsreservoir der Arbeiterbewegung auszuschöpfen versucht und auf seine Identitätsstiftungs-Kapazität geprüft. Die Moral des Klassenkampfs, die Organisationsfrage, also die Frage der Rolle der Partei und die antifaschistischen Pflichten der Revolutionäre standen bei etlichen Westlern hoch im Kurs. Aber ihre »kommunistischen« Inszenierungen waren Gegenentwürfe zur antikommunistischen Gründungsideologie der BRD, während die Staatsideologie der DDR sich nur wenig für die adoleszente Kritik der jungen Ostler eignete. Für Adoleszente wie den Helden von Braschs Erzählung ist die Trennung von den DDR-Vätern und ihrer Gesellschaft tödlich; sie scheint, wie der Vorspann des Romans zeigt, nur um den Preis der Selbstzerstörung möglich:

»Zuerst spürte ich seinen Kopf, der stark auf meine Blase drückte, und einige Minuten später den Schwanz, der in meinem Mund wedelte. Ich wollte nicht darüber nachdenken, wie der Wolf in mich hineingekommen war und warum er verkehrt lag. Ich stieg in die Straßenbahn 63 und fuhr zum Krankenhaus Friedrichshain. Die blonde Pförtnerin wies mir sofort den Weg in den Operationssaal. Ich legte mich auf ein Holzbrett und wartete auf den Arzt. Der Arzt schnitt mir den Bauch bis zum Halse hin auf und sah auf den Wolf. Der Wolf lag sehr ruhig. Wenn wir den Wolf aus Ihnen herausnehmen, werden Sie sterben, sagte der Arzt.«

ebd., S. 7

Brasch hat damit eines jener zerstörerischen Introjekte beschrieben, dem viele 68er in West und Ost gerade in dem Augenblick begegnet sind, als sie begannen, sich von der Welt ihrer Väter – wie sie meinten: endgültig – zu trennen. Dem Wunsch, das Monstrum im eigenen Innern – homo homini lupus – loszuwerden, es auszustoßen, stehen die Ausstoßungspraktiken der Alten gegenüber. Sie sind es, die die braven Söhne an der Grenze postieren, damit sie auf die abtrünnigen schießen.

Auf welche Weise die Söhne für diese Aufgabe erzogen werden, untersucht Jürgen Fuchs in dem dokumentarischen Roman »Fassonschnitt«, der seine Grundausbildung bei der NVA beschreibt. Wie auch immer sich das Verhältnis von Dokumentation und Intuition im Schreibprozess für den Autor gestaltet haben mag: seine Erzählung hat ein realistisches Pathos. Sie zeigt, wie sich im Sozialisationsprozess der Rekruten Prozesse der Integration und Desidentifikation, der Abweichung und Re-Identifikation verschränken, überschneiden und konterkarieren. Der Text, der die Widmung »meinem Vater« trägt und mit einem Besuch des Vaters des Helden in der Kaserne endet, vollzieht eine komplexe symbolische Transaktion, die die Imago der Väter von der der Repräsentanten des DDR-Staates trennt und differenziert. Als das Ich des Romans die Aufgabe bekommt, seinen Kameraden Auszüge aus einem Roman über die Heldentaten der Roten Armee vorzulesen, ergeben sich in der Rekruten-Gruppe Schwierigkeiten, die eigenen Väter in der DDR-offiziellen Geschichtskonstruktion zu situieren:

»Was Bauer meint, weiß ich: Wir sind die Söhne des Feindes. Alles ist doppelt verrückt und verdreht: gegen Hitler und für Stalin, obwohl er im Buch gar nicht vorkommt. (...) Ist es das? Der eigene Vater war ein Deutscher, auf den geschossen wurde. Und der auf andere schoß. Der die falsche Uniform trug mit einem Funkgerät auf dem Rücken. Volltreffer, aus! Sollen wir uns freuen, wenn unsere Väter von diesem Kommandeur und seinen Soldaten getötet werden? Tod dem Faschismus, Scheißhitler, Scheißkrieg, ja, aber was ist mit unseren Vätern?«

Fuchs 1989, S. 294

Die Beziehung der DDR-Söhne zu ihren Vätern wird zum Kristallisationsfeld einer Menge von Fragen, in denen sich eine Vielzahl von Differenzierungen andeutet, für die es zur gleichen Zeit im Westen keinen Raum gab:

> »Gibt es Unterschiede zwischen Buchenwald und dem Lager, das Solschenizyn beschreibt? (...) Und jetzt ist der Arbeiterjunge als Bundeswehrsoldat der Feind? Drüben gibt es doch auch Gewerkschaften und Friedenskämpfer, Sozialdemokraten saßen in KZs, auch in Buchenwald, was ist denn mit ihren Söhnen? (...)
> Ich bin der Sohn, ein Nachgeborener, der froh ist, daß sein Vater noch lebt, daß er nicht in Sperren und Minen liegenblieb. Wäre der Panzer sein ehernes Grab geworden, gäbe es mich nicht. Er trug die Wehrmachtsuniform, er verweigerte nicht (wie der Sohn!), er hoffte auf einen Sieg. Aber ich bin froh, daß er lebt und daß er den Offizier Solschenizyn nicht erschossen hat. Hat er geschossen? Diese Frage muß ich aushalten, dieses Töten, dieses Verbrechen. Wenn ich an die Grenze komme, werde ich schießen? Ist das etwas ganz anderes? Und wenn nicht? Ich bin froh, daß mein Vater lebt, daß er den Krieg überstanden hat. Ich will ihn nicht hassen, ich will nicht ›Faschist‹ sagen.«

ebd., S. 273f.

Auch hier kommt eine Grenze ins Spiel, eine Grenzziehung gegenüber der Parallelgeneration im Westen. Die Dynamik der westlichen Skandalisierungspraxis verstärkte gerade die gegenläufige Entwicklung, die die Differenz von familiärer und gesellschaftlicher Vaterrepräsentanz untergrub. Denn schwierige oder bedrohliche Kindheits-Erfahrungen mit den Vätern wurden im Sinne des später erworbenen (leider bescheidenen) Wissens über den Faschismus neu gedeutet und bildeten auf diese Weise eine Art implizites Modell des Nationalsozialismus. An wen auch immer die Faschismus-Vorwürfe der 60er und 70er Jahre gerichtet wurden: der eigene Vater war gleichsam immer mitgemeint. Die daraus entstehende allseits verwendbare super-dämonische Projektionsgestalt des Nazi-Bösen in Vergangenheit und Gegenwart bedeutete für die Entwicklung der politischen Rationalität der Protestbewegung eine schwere Fracht, die ihren ohnehin fragilen Realismus immer wieder beeinträchtigte.

Renate T.: Dissidenz als innere Grenzüberschreitung

Renate T.s Dissidenz hat ihren Ursprung – jedenfalls im Mikrokosmos des Interviews – an einer Grenze in einem Wald, an *der* Grenze, die die beiden deutschen Teilstaaten voneinander trennt:

»*Wir wohnten am Wald, und in diesem Wald war die Grenze. Und ich sah die Leuchtkugeln. Und wir hörten die Schüsse und das Hundebellen, und dieser Wald war auch richtig angstbesetzt. Also wir liebten diesen Wald natürlich. Am Waldrand haben wir Fußball gespielt, wir haben Pilze gesucht, wir sind viel spazierengegangen. Aber irgendwo war dieser Wald, wurde dieser Wald gefährlich. Nämlich, da gab es eine Chaussee, und ab da saßen dann die Grenzer mit ihren Hunden im Gebüsch, und da wurde geschossen. Und da hieß es immer: nicht weitergehen, und: nicht zu tief in den Wald hinein. Dann gab es da eine Russenübung, eine sogenannte Russenübung, das war ein Übungsplatz für die Russen. Da haben wir gerne gespielt, sind die Eskaladierwände hochgeklettert. Und da haben wir auch mit den Soldaten Kontakt gehabt und haben die ersten russischen Worte gelernt. Ich habe keine Abwehr gehabt gegen die Russen, ganz im Gegenteil. Das lag daran, dass meine Mutter (...) nach Kriegsende für die Russen gearbeitet hat, in der Kirche (...). Und sie hat eigentlich gute Erfahrungen gemacht, jedenfalls vorwiegend. Und hat versucht, uns von vornherein eine positive Haltung zu vermitteln, zu diesen russischen Besatzungssoldaten. Sie hat uns zum Beispiel immer ein russisches Kinderlied, Schlaflied, vorgesungen, und ich habe eigentlich auch gerne Russisch gelernt, zunächst. Viel später hat sie mir dann erzählt, dass sie viel Angst hatte (...). Als die Russen auf Berlin zu marschierten, musste sie fliehen. Und sie ist nur mit einem Kleid auf dem Leibe dann bis Magdeburg irgendwie vor den Russen geflohen. Und unterwegs haben die sie wohl eingeholt. Und sie war also schon völlig am Ende, k.o. und voller Angst und sah ganz heruntergekommen aus. Und sie flüchtete sich zu einer Bauersfrau. Und dann kamen die Russen. Und die Bäurin war sehr klug und die sagte: ›Also, pass auf, Mädchen, setz dich hier hin und nimm die Kartoffelschüssel auf die Knie‹ – so zerzaust, dreckig, heruntergekommen, wie sie aussah –, ›mach deinen Mund auf und lass die Zunge heraushängen und lalle.‹ Und als die Russen kamen und sagten: ›Hier, da Frau, Frau.‹, da sagte die Bauersfrau: ›Die ist dumm.‹ Und da haben sie sie in Ruhe gelassen. Diese Geschichte hat sie dann sehr viel später erzählt.*«

Die Erzählung von der Grenze beginnt in einem Märchenwald mit allerdings sehr realen Schüssen, und sie mündet in die Geschichte von der Flucht der Mutter im Jahre 1945, die in Vergewaltigung und Tod hätte enden können, stattdessen aber, wiederum einer Märchenszene ähnlich, ein gutes Ende findet. Mit dieser Grenze, die bald durch die Mauer geschlossen wird, bleiben Flucht und Gewalt, Tod und Verlust verbunden, aber auch – später – etwas Rettendes: die dissidente Grenzüberschreitung derer, die im Lande bleiben, sich nicht zur Flucht treiben lassen. Die Eltern der besten Freundin, die im August '61 gerade im Westen sind, kommen nicht zurück. Sie blieb, bis sie nach langer Zeit zu den Eltern ausreisen darf, bei den Großeltern:

»*Und dann war sie weg. Und das war ein Abschied, der mich ganz fürchterlich nachhaltig traurig gemacht hat. Ich habe ihr noch geschrieben, (...) aber die Briefe kamen immer zurück, und ich konnte es nicht akzeptieren, dass die Verbindung abgeschnitten war, völlig abgeschnitten.*«

Dann gab es immer wieder Fluchtgeschichten, von Tunneln, die statt hinter der Grenze in Ostberliner Kellern endeten, von denunzierten Grenzgängern und Verhaftungen. Und es gab unter den Kindern ein Spiel, ein Grenzspiel:

»*(...) wir spielten also auch sehr viel Grenze. Das war eigentlich wirklich unser Hauptspiel, kann ich mich erinnern. Und zwar bestand es darin, dass man versuchen musste, eine Grenze zu überschreiten: wir waren die Schmuggler und wollten Flugblätter über die Grenze schmuggeln, und die Flugblätter waren Blätter vom Baum oder Strauch. Und die mussten wir verstecken, so dass die Grenzsoldaten das nicht finden, wenn wir kontrolliert wurden. Und wir mussten versuchen, an den Grenzsoldaten vorbei irgendeinen Weg zu finden. Und meiner Erinnerung nach waren die Grenzsoldaten die Bösen und die Schmuggler immer die Guten. Aber diese ganzen Dinge, die mit Grenze zu tun hatten, waren immer mit Angst verbunden.*«

Die Szenerie von Grenze, Angst und Spiel setzt sich fort in einen Brief an die Volkskammer, den die 15-Jährige Renate mit zwei Klassenkameraden verfasst. Er enthält drei Fragen, von denen sich mindestens eine mit Grenzproblemen beschäftigt: warum »die Kontakte zwischen Deutschen in Ost und West so erschwert werden«, wenn es doch eines Tages, wie es heißt, eine Wiedervereinigung geben soll. Eine der Klassenkameradinnen, denen dieser Brief gezeigt wird, erzählt es ihrem Vater, einem SED-Parteifunktionär, der das »an die große Glocke hängt«. Schuldirektion, Parteileitung und Stadtschulrat inszenieren daraufhin »ein fürchterliches Theater«:

»*Und ich erinnere mich, der Klassenlehrer wurde natürlich sofort hinzitiert, und er rannte dann noch am Abend zu meinem Vater, um ihm zu sagen, was die Tochter da verbrochen habe. Und ich horchte an der Tür und kann mich also noch erinnern an die Reaktion meines Vaters, der dann sagte: ›Aber nun regen Sie sich doch nicht so auf, das sind doch noch Kinder. Das kann nicht so schlimm sein.‹ Also, der hat das nicht so als ernste Drohung des Staates akzeptieren können. Aber der Klassenlehrer war sehr aufgeregt und alle anderen auch. Ja, und dann zog sich das eine ganze Weile hin, und ich kann mich an mehrere Aussprachen erinnern, wo ich mich dann auch wirklich in einen Streik begab, und alles so dann in diesen Aussprachen aus mir rauskam, wie zum Beispiel: ›Und überhaupt, fast alle sehen Westfernsehen, und alle tun so, als ob wir das nicht täten.‹ Und ich wusste ja nun auch von den Lehrern, weil die Kinder der Lehrer oft auch auf unsere Schule gingen, wusste ich das überall, einschließlich des Direktors, Westfernsehen geguckt wurde. Und das führte ich nun alles ins Feld (…). Und als wir hörten, dass Achim nun von der Schule fliegen sollte, da haben wir erst in der Klasse gesagt: ›Also das kann nicht sein, das können wir nicht akzeptieren. Also, dann gehen wir alle, aus Protest.‹ So war erstmal unsere Absprache, die dann aber sehr schnell durchbrochen wurde, erstmal durch einige, dann durch immer mehr, die dann mit ihren Eltern sprachen. Und die Eltern sagten wahrscheinlich: ›Verbau dir doch nicht deinen ganzen Weg.‹ (…) Und als die entscheidende Sitzung war (…) und man uns die Maßnahme erläuterte, da hatte ich eigentlich immer noch erwartet in meiner Naivität, dass von der Klasse ein Widerspruch kommt. Und ich meldete mich da und sagte: ›Also, ich versteh das nicht, und ich finde das nicht richtig‹ oder wie auch immer man das so in diesem Alter formuliert. Und dann machte ich einen großen Fehler. Ich hatte, mein Klassenlehrer wohnt nicht weit von uns entfernt, mit ihm manchmal einen gemeinsamen Nachhauseweg und kriegte mit, dass der Klassenlehrer auch zwei Meinungen hatte. Eine offizielle und eine, die er mir anvertraute. Und das begriff ich nicht. Ich begriff, also er hielt mich für reifer und verständiger und vernünftiger, als ich wirklich war.*

Er hielt mich für vernünftig genug, um mir vertrauen zu können. Und er erwartete ein Verständnis dafür, dass er eben diese beiden Meinungen haben musste, während ich das nicht verstand und auf dieser Versammlung sagte: ›Aber Herr Dr. Schmidt, Sie sind doch auch dagegen. Ich weiß das, Sie sind doch auch dagegen, dass der Achim von der Schule fliegt.‹ Ich weiß noch, dass er knallrot anlief und mit seiner Hand fürchterlich auf den Tisch haute mehrmals, also richtig hysterisch, und rief: ›Ich lasse mir den Glauben an diesen Staat nicht nehmen.‹ Oder sowas ähnlich Blödes. Aber angesichts seiner Bedrängnis, weil er da jetzt Angst kriegte, dass ich da so was sage – daraufhin fing ich an zu heulen und rannte raus. Und da war die Sache für mich erledigt.«

Aus dem Fragespiel wird unvermittelt Ernst, der allerdings – paradox – als großes hysterisches Theater in Szene gesetzt wird, sodass die 15-Jährige Protagonistin bis kurz vor Schluss darauf wartet, dass endlich jemand, wie vorher der Vater, dem ganzen Spuk ein Ende setzt. Als das nicht geschieht, unternimmt sie selbst einen verzweifelten Versuch zur Entwirrung, sagt, was sie selbst »wirklich« denkt, damit die anderen endlich aus ihrem seltsamen Schlaf erwachen und dasselbe tun. Wenn die meisten Anwesenden »eigentlich« ihrer Meinung waren, *warum spielten sie das irre Doppelspiel dann mit*? Die Folge ihrer Intervention ist jedoch, dass sich alles nur weiter verdreht: Wahrheit scheint sich in Verrat zu verwandeln, Naivität in Lüge und die Lügner präsentieren sich als Treueste der Treuen.

Inszeniert wird eine Macht, die sich von den Adoleszenten nicht befragen lassen will, die Realitätsprüfung als Regelverstoß und Verstoß gegen die guten Sitten ahndet und die, unabhängig vom Leistungsvermögen der Schüler, festlegen will, wem das Abitur zusteht und wem nicht. Es ist eine Macht, die, ausgestattet mit einer nicht hinterfragbaren moralischen Rechtfertigung, Grenzen verletzt und willkürlich setzt, und Unterschiede, wenn es ihr passt, bedenkenlos aushebelt. Wo sie die Realitäten nach ihren Zwecken leugnet und umdeutet, bleibt den Machtlosen nur die Verwirrung. In dieser Verwirrung ist das Doppelspiel eine Art zweideutiger Ordnungsstiftung. Es basiert auf der Etablierung einer Grenze, die das – angeblich unteilbare – Individuum, in zwei Hälften zerteilt: eine private und eine öffentliche.

Um in einer Situation unklarer Grenzen und Differenzen das bedrohte Realitätsgefühl wiederherzustellen und zugleich, ganz praktisch und realistisch, dem ausgeschlossenen Mitschüler-Mitspieler zu schützen, hat die 15-Jährige Protagonistin eine Vertrauensgrenze verletzt, indem sie den Lehrer als Privatmann gegen den Lehrer als Machtakteur ins Feld führt. Aber während der Lehrer die Krisensituation mit theatralischen (Macht-)Mitteln löst, zerbricht etwas in seiner jugendlichen Kritikerin. Etwas ist künftig für sie »erledigt«.

Sie hat die der DDR-Staatsgrenze entsprechenden inneren Grenzzie-hungen überschritten. Sie wird »Staatsfeindin« werden, das Spiel der Dissidenz spielen, und solange es geht, niemals der Grenze zwischen Spiel und Ernst, Leben und Tod sicher sein. Immer wieder wird sie darauf warten, dass es gelingt, das Machttheater zu beenden.

Die »Unsicherheit« in der Dissidenz kommt aus der Verstrickung in dieses Machttheater. Die Auseinandersetzung um die Grenzen des Erlaubten, der zähe Widerstand gegen die »autoritären Zumutungen«, ist das nicht auch, als würde man an der Grenze zwischen Jugend und Erwachsenenalter festgehalten und an dieser Grenze, gebannt in die Dynamik jugendlichen Protests, alt und älter, aber nicht eigentlich erwachsen werden? Im Interview verwahrt sich Renate T. gegen eine nachträgliche Idealisierung der Dissidenz:

»Und vielleicht muss ich auch noch dazu sagen, dass ich mir die ganze Zeit über auch nicht so sicher war, wie richtig das ist und auch immer mal das Gefühl hatte, eigentlich komme ich mit dem Leben nicht so ganz klar, weil so wie wir gelebt und gewohnt haben, hatte ich da schon auch manchmal das Gefühl, dass das auch ein bisschen ein Stück eigenes Versagen ist, nicht nur der hehre Anspruch, etwas dagegen zu setzen, sondern es war immer auch mit der Unsicherheit verbunden, ob das alles einen Sinn hat, ob das nicht nur eine Kaschierung der eigenen Unfähigkeit ist. Und ich bin mir überhaupt nicht sicher, wenn zum Beispiel ich durch irgendeinen Zufall einen andern Weg hätte einschlagen können, also beispielsweise mein Studium hätte zu Ende gemacht und ein gutes Angebot gehabt hätte, was mich gefesselt hätte, interessiert hätte, dann wäre ich wahrscheinlich sehr viel vorsichtiger gewesen und hätte mich möglicherweise überhaupt nicht darauf eingelassen. (...)
Also beispielsweise kommt ja immer mal wieder die Frage: ›Wo gab es diesen Moment, wo du dich für die Opposition entschieden hast?‹ Den Moment hat's nie gegeben, weil das alles so fließend war, immer so mit der ganzen Unsicherheit und Ambivalenz, die in unserem Prozess drin ist, mit Rückschlägen und Selbstzweifeln.«

Bernd Rabehls Herbstaufsatz und Renate T.s Brief an die Volkskammer
sind adoleszente (Re-)Symbolisierungsversuche, die von staatsoffiziellen
Verboten und Sanktionen durchkreuzt werden, die die neuen Bedeutungen abweisen und zerstören wollen. Während Renate T.s Reflexionen über
die dissidente »Unsicherheit« sehr genau die (lebenslange) Fragilität und
Zerstörbarkeit der dissidenten Gegenbedeutungen im autoritären Staats-
sozialismus zeigen, kann Rabehl im Westen durchaus gegen den dissidenten Gruppenkonsens verstoßen und aussteigen, ohne zum Verräter an
der eigenen Identität zu werden. Darin deutet sich eine wichtige Differenz
westlicher und östlicher Dissidenz an. Dem lebenslänglichen Joch des
dissidenten Treueversprechens, das einige der wichtigen Gestalten des
oppositionellen Feldes der Ex-DDR in den Jahren nach 1989 abschütteln,
um sich in den westlichen Mehrheitsparteien einen Platz jenseits der dissidenten Peripherie zu suchen, war im Westen leichter zu entkommen. Aber
auch die Protagonisten des westlichen Protests haben ihr Wendehalspro-
blem. Rabehl wird mittlerweile zu den Wendehälsen gerechnet.

Dieter M.: Die Mauer als Westgrenze

Dieter M. ist einer der ganz wenigen Westler, die sich mit der unbewussten Bedeutung der innerdeutschen Grenze auseinandergesetzt haben. Er
beschreibt, wie er als junger Student von Westdeutschland an die
F. U. Berlin ging:

*»Ja, und ich habe jetzt vor kurzem eigentlich noch einmal darüber nachgedacht
und dabei ist mir aufgefallen, dass für mich damals – und ich glaube, es gab viele,
denen das so ging: es lag zwischen da, wo wir aufgewachsen waren und Berlin,
lag eine tiefe, tiefe Schlucht, das war die DDR, über die man nicht so leicht weg
konnte. Das heißt, wenn man in Berlin war, war man wirklich ganz wo anders.
Da konnte einem sozusagen die Vergangenheit, diese eigene Kindheit und Jugend
da in der eigenen Familie, die war wirklich durch einen Abgrund getrennt. (...)
Ja, Berlin war wirklich wie eine Insel in einem riesigen Ozean«*

Eine Insel ohne Militärdienst, in der es von jungen Leuten wimmelte, die
der Bundeswehr entgehen wollten, eine Insel, in der das Studium einen
»Linkstouch« hatte und die Universität eine »oppositionelle Atmosphäre«. Die DDR – ein schützender Graben, eine *Grenze*, die Dieter M. als

Sohn eines ranghohen Nazis von den Gefahren seiner Herkunft trennt. Genau das erhofft er sich von der – aus der Ex-DDR stammenden – Interviewerin: dass sie wie ein Graben das Unerträgliche seiner Herkunft aufnimmt, ohne daran zu rühren; aber dass sie gerade dadurch eine Grenze zu ziehen vermag, die auch ihn selbst vor der Aktualisierung des Grauenvollen im Forschungsinterview schützt. Denn insbesondere im letzten Gesprächsabschnitt macht der Befragte noch einmal klar, in welche psychische Situation er nach dem Fall der Mauer geraten ist. Er hat die Perspektivverschiebungen nach 1989 als katastrophischen Verlust seiner Situierung im politischen Feld erlebt, als eine Entwertung all dessen, was er und andere zuvor gedacht hatten.

»*D. M.: Ich habe eine ganze Weile so ein bitteres Gefühl gehabt gegenüber denen, die durch den Zusammenbruch der DDR und des Staatskapitalismus sich so auf die Brust geschlagen haben und entweder gerufen haben: was haben wir alles für böse Sachen vertreten, die Linken, Peter Schneider und vielleicht Klaus Hartung auch.*
Interviewer: Der auch?
D. M.: Ja, der ist, von dem habe ich gehört, dass er selbst in der Zeit inzwischen als Rechter gilt.
Interviewer: Ich weiß überhaupt nicht.
D. M.: Er ist kein Rechtsradikaler, auf keinen Fall, aber er ist so ein Konservativer geworden, habe ich den Eindruck. Es fing eben auch mit '89 an, das hat mich sehr geärgert und verbittert mich auch sehr.«

Auf der Ebene der unbewussten Phantasie ist mit dem Zusammenbrechen der DDR eine innere Barriere gegen das NS-Erbe gefallen, so dass Zentralgestalten der alten Linken gewissermaßen auf die andere Seite driften und mit ihren Kritiken die alten Identitätsbestandteile zertrümmern.

Die Überschreitung der innerdeutschen Grenze ist für Dieter M. eine Initialszene des Protests, den er als Grenzziehung gegenüber der eigenen Herkunft versteht. Entsprechend präsentiert er sich im Interview gleich eingangs als Träger eines doppelt schwierigen Erbes: als Sohn eines hochrangigen Nazis, der aktiv und in verantwortlicher Position an der Vernichtungspolitik beteiligt war und als Bruder eines der Euthanasie zum Opfer gefallenen – möglicherweise mongoloiden – Geschwisters. Damit macht er deutlich, dass er auch von dem Gespräch eine Bestätigung dieser Grenzziehung erwartet. Über die 68er Auseinandersetzung mit der NS-Vergangenheit sagt er:

»**D. M.**: *Ich meine, was für diese ganze politische Bewegung für mich, glaube ich, trotz allem wichtig war, also, trotz alledem, sage ich, weil inzwischen das berechtigterweise auch relativiert wird, also das ist dieser familiär-politische Hintergrund, ist die Herkunft aus so einer Familie, in der der Nationalsozialismus und die Verbrechen so eine große Rolle gespielt haben. (...) Und dass ich aber auch sehe, wie einerseits diese Bewegung sozusagen diese verdrängte und totgeschwiegene Vergangenheit in dieser Auseinandersetzung da mit auf die Tagesordnung gestellt hat, wie es aber auch in weiten Teilen eine Art war, damit umzugehen, die gleichzeitig eine andere Form von Verdrängung zweiter Ordnung hergestellt hat.*
Interviewer: *Also was nicht wirklich individuell beguckt wurde, es geht mich ganz persönlich an, was ganz persönlich mit mir passiert.*«

Gerade weil die innerdeutsche Grenze verschwunden ist, darf die »Verdrängung zweiter Ordnung« nicht infragegestellt werden. Nach dem Motto: Wir haben uns bemüht, aber wir waren dem schwerwiegenden Thema nicht gewachsen und das muss so bleiben.

Kurt S. und Rüdiger M.: Initialien des Protests: Einstieg, Ausstieg und Aufstieg

Kurt S. und Rüdiger M. gehörten in den 70er Jahren zur gleichen antiautoritären Szene einer mittleren westdeutschen Stadt, der 1943 geborene Kurt S. als sogenannter »Altgenosse«, der 1967 in den dortigen SDS eingetreten war, während der vier Jahre jüngere Rüdiger M. erst Anfang der 70er Jahre aus einer der Metropolen des Protests dorthin kam, um sein Studium abzuschließen. Beide entstammen dem niederen Kleinbürgertum und waren ausgerüstet mit einem Bildungs- und Aufstiegsauftrag der Eltern, insbesondere der Mutter. Beide haben Schwestern, auf die sich keine vergleichbaren elterlichen Erwartungen richteten und die deshalb nur die Volksschule besuchten.

Kurt S.s erste Begegnung mit der Protestbewegung findet auf der berühmten hannoverschen Delegiertenkonferenz des SDS im Juni 1967 statt. Er kam damals direkt aus der Kaserne, die er einige Wochen später, nach 3-monatigem eingeschränkten »Dienst« endgültig verlassen sollte, nachdem seine Widerspruchsklage gegen die zweimalige Ablehnung seiner Kriegsdienstverweigerung erfolgreich gewesen war. Er beginnt das Interview mit den Sätzen:

»Tja, wo einsteigen? Da fang ich doch mal '67 an. Wenn man anfangen will, geht man gleich zurück in die Bedingungen dieses Anfangs. Ich war 1967 im Juni (...) bei der Bundeswehr, ... in M. und habe da den Tod von Benno Ohnesorg erfahren. (...)

Und dann hat mich das in dieser Bundeswehrsituation getroffen, wo ich ja eh' etwas ein Außenseiterdasein führte, mit eigentlich ganz netten Erfahrungen – ich lag, wie alt war ich da, 24 – auf einem Zimmer, ich weiß nicht, sechs Personen möglicherweise, das waren alles 18-, vielleicht 19-Jährige, die zeitgerecht gezogen worden waren, überwiegend Volksschüler nach Abschluss einer Lehre aus dem Rheinland. Und irgendwie hatten wir'n ganz gutes Verhältnis zueinander gefunden. Die sind einige Male faktisch – formell war es sicherlich schlecht nachweisbar – kollektiv bestraft worden wegen meiner Unbotmäßigkeit. Dann wurde es um zwei bis drei Stunden später als sonst, am Freitagnachmittag noch mal ein Nachappell wegen irgendwelcher nicht gut gezupfter Betten gemacht oder sowas Ähnliches. Und ich hatte denn so'n leichtes Schamgefühl die ganze Zeit gegenüber diesen Jungs, die noch fünf, sechs, sieben Stunden nach Hause fahren mussten und dann erkennbar, um mir eins auszuwischen, musste die ganze Stube auf einmal dableiben. Und ich hatte mit denen dann auch unter der Verdonnerung strengsten Stillschweigens Hilfe vereinbart, ich war ja, wie gesagt, vom Waffendienst befreit, aber die kriegten bestimmte Sachen, die sie irgendwie lernen mussten, nicht so recht hin und da half ich ihnen, (lacht) mit 'nem kleinen Horchposten an der Tür, irgendwie Waffen auseinandernehmen und Bezeichnung der Teile. Das durfte keiner wissen, das hätte meine Chancen im Widerspruchsverfahren nicht gerade verbessert. O.K., denn kriegte ich das mit, und es gab so 'ne Grundempörung, die auf einmal sehr bestärkt wurde von, nicht grade von denen, ich glaube, die teilten irgendwie aus Freundlichkeit mir gegenüber die Empörung gegenüber der Ordnungsmacht, während aber einige andere es eigentlich richtig fanden, dass die Polizei so eingeschritten ist, ›selber schuld‹ usw., und das hat mich denn irgendwie noch mal 'n bisschen bestärkt darin, dass ich mich wenigstens dazu irgendwie verhalten musste und habe dann mitbekommen, dass dieser Kongreß in Hannover war, '67 – 10 Tage oder sowas Ähnliches nach dem Tod von Benno Ohnesorg, in der Stadion-Sport-halle, an einem Freitagabend, wenn ich das noch richtig in Erinnerung habe. Und bin dann dort hingegangen und stellte später fest, dass ein mir aufge-fallener, hagerer, nachdenklicher, großer Mann, den ich auch an einer bestimmten Verletzung an der Lippe erkannt hatte, auf dem Parkplatz, ich wusste nicht, wer das war, mir fiel nur auf, er grübelte in sich irgendwie, ging auch auf ein Auto offensichtlich zu, stockte aber bei dem Hingehen zu dem Auto, um diesen Ort zu verlassen, kehrte wieder um und ging fast mit mir wieder in diese Halle zurück. Also der Kongress war im Gange, ich kam ja aus M. und kam irgendwie nicht zeitgerecht zu dieser ganzen Geschichte, und später meldete sich diese Person dann noch mal zu Wort und erhob diesen berühmten Vorwurf, also es war, den Namen hab' ich denn irgendwie gehört, ohne damit recht was anfangen zu können, es war Jürgen Habermas. Das war meine erste Begegnung mit dem, was später ganz wichtig geworden ist – Protestbewegung. (...) Und ich bin dann im September wohl das erste Mal hingegangen. Ich hatte mich irgendwie erkundigt, wo denn diese Gruppe Sozi-alistischer Deutscher Studentenbund, die es ja auch in X. gab, das hab' ich irgendwie mitbekommen, tagen würde. Das war auf der Rückseite eines Fabrikgebäudes in einer Kneipe. Und da bin ich denn zu einer SDS-Versamm-lung gegangen, Mittwochabend, etwas später, nach dem Abendgymnasium, und hab' mich da hingesetzt, hab' mir das alles angehört und habe dann anschließend denen, die den Vorsitz dort führten, Ernst Z., weiß ich noch ganz genau, und noch ein anderer, den ich später in Paris mal wieder getroffen hab', da hab' ich jetzt im Moment den Namen nicht parat: ›Entschuldigen Sie bitte, ich bin noch nicht Student, hoffe aber, es demnächst auch mal zu sein, ich würde gerne, geht das überhaupt?‹ ›Na, komm halt mal mit, wir gehen jetzt in die Kneipe.‹ Und das war im September '67. Und dann hat sich das irgendwie relativ schnell entwickelt, trotz der Tatsache, dass ich formell kein Student war; es war so skurril, von heute aus. Mein erster Kontakt, der hat sich relativ schnell entwickelt. Und dann lernte ich A. kennen und denn machten wir so im September/Oktober '67 irgendwie so auf dem Marktplatz einen Stand gegen den Vietnamkrieg. Und ich weiß, ich hatte damals einen kleinen Käfer, A. hatte noch kein Auto, und ich holte ihn denn ab mit irgend-welchen Sachen – einem kleinen Klapptisch, der aus seiner Wohnung mitge-nommen worden ist, ein bisschen Bindedraht war wahrscheinlich von A. peni-bel schon vorher besorgt worden, (...) und er schrieb noch schnell, ›komm, wir müssen da jetzt hin‹, mit einem Filzstift auf ein Plakat, ›Sieg im Volkskrieg‹:

so ganz kalkuliert waren die Gewissensgründe nur, um der Bundeswehr zu entgehen, dann doch nicht; ich war schon irgendwie nicht unüberzeugt von dem, was ich so gegen die Armee sagte, also ganz richtig, ganz wohl hab' ich mich dabei nicht gefühlt, dass ich nun, aber ich dachte, naja, Gott (...).«

Kurt S. beschreibt einen mehrfachen Anfang: der von ihm gewählte Gesprächseinstieg, der seine erste Begegnung mit der Protestbewegung beschreibt, bezeichnet zugleich den Beginn eines in eigene Regie genommenen Bildungsprozesses, der in einen bemerkenswerten gesellschaftlichen Aufstieg münden wird.

Kurt S.s Initialszene folgt nicht seinem ersten Blick auf die damals dominierenden SDS-Protagonisten. Seine Erinnerung hält den Augenblick des inneren Zwiespalts fest, in dem der ihm damals unbekannte Jürgen Habermas, der das Tagungsgebäude bereits verlassen hatte, auf dem Parkplatz mit sich kämpft und sich schließlich entscheidet, zurückzukehren, um, wie man weiß, seinen Linksfaschismus-Vorwurf gegen Dutschke zu formulieren. Warum aber gerät Habermas in die Initialszene und nicht Dutschke oder Krahl, die damals gleichermaßen im Zentrum der Aufmerksamkeit standen? Und warum erscheint Habermas in dem Augenblick, als er aus der Sicht der damals Rebellierenden seine Position als Mentor der Protestbewegung aufzugeben und ins »feindliche« bürgerliche Lager zu wechseln schien? In Kurt S.s Eintrittsszene ist der Widerschein eines wie auch immer relativierten Ausstiegs, eines dezidierten Perspektivenwechsels aufbewahrt: das Bild eines Einzelnen, einer bürgerlichen Honoratiorengestalt, die mit sich ringt und sich für eine Stellungnahme gegen die Mehrheit entscheidet. Ist es Zufall, dass Kurt S. am Ende der initialen Sequenz, als er die erste – gegen den Vietnamkrieg gerichtete – SDS-Aktion beschreibt, die er gemeinsam mit einem der »führenden« Genossen gestaltet hat, selbst in einen Zwiespalt gerät? War es nicht für ihn persönlich ein gewisser Widersinn, als gerade anerkannter Wehrdienstverweigerer für den »Sieg im Volkskrieg« öffentlich einzutreten?

Anders Rüdiger M., der sich freiwillig für zwei Jahre – von 1966 bis '68 – zur Bundeswehr verpflichtete. Auch er hätte sich gern dem Wehrdienst entzogen, konnte sich aber nicht vorstellen, alternativ dazu, sein Elternhaus zu verlassen und nach West-Berlin zu gehen. Als Wochenendgast zu Hause beginnt er jedoch, gegen das despotische Regime seiner Mutter zu rebellieren, die wie früher seinen Tagesablauf zu bestimmen beanspruchte. Nachdem er 1968 sein Studium der Sozialwissenschaften aufgenommen hat, beginnt seine Politisierung:

»*R. M.: Im Sommersemester in A., da war gleich zu Beginn die letzte große Notstandsdemonstration in A. auf dem Universitätsgelände. Da kann ich mich erinnern, da habe ich gesagt, da gehe ich hin und gucke mal und das gab den nächsten großen Krach mit meiner Mutter, weil Politik sei ein schmutziges Geschäft, die Mächtigen würden sowieso machen, also was man wollte, was sie wollten und der kleine Mann, die kleine Frau könne nichts machen, im übrigen würde man auch nicht demonstrieren gehen. Ja, das war dann so die Mischung aus Neugierde, vermute ich mal, weil sowas hatte ich noch nicht gesehen. Ich war noch nie demonstrieren gewesen. (...) Und dann Durchsetzung also einer gewissen Selbständigkeit über die Lebensführung gegenüber meiner Mutter. Das war immer einer dieser Konfliktpunkte, seit ich von der Bundeswehr wieder da war; da hatte man sich ja so ein bisschen angewöhnt, selbstständig darüber zu bestimmen, wieviel man trinkt, wann man ins Bett geht und wann man morgens aufsteht. Das gab dann den ersten Knatsch sofort, also als beim ersten Abend ich mit meinen alten Klassenkameraden weg war und nicht so wiederkam, wie sie sich das gedacht hatte. Es war dann immer das obligatorische Bild, sie lag da, eingeschlafen, das Licht, Nachttischlicht an, das habe ich dann ausgeknipst und am nächsten Morgen gab es dann also den Terz. Das ist, da diese weiteren Entscheidungen sind schon, vermute ich, darin eingebunden, also dass das eine Sogwirkung gab, die von den politischen Ereignissen ausging, also von dem, was ich da wahrgenommen habe, und auf der anderen Seite aber auch diese innere Dynamik, also der Befreiung. (...) Und es gab einen Menschen, der mich ungeheuer beeindruckt hat und nur deshalb, weil er in dem Seminar Politikwissenschaft bei Herrn K., dieser K., der noch später also zum Bund Freiheit der Wissenschaft gehörte und jetzt also auch da zu dieser neuen Diskussion gekommen ist, in dieser Historikerdebatte und die Folgen. Da hat der einfach widersprochen und auswendig eine Feuerbachthese zitiert.*
Interviewer: Vermutlich die elfte?
R. M.: Ja, ich glaube. Also ah, das hat mich beeindruckt, also weil der hatte so lange Haare, einen Bart und diese Trotzkibrille an und konnte, wagte es also einem Professor, damals Assistent zu widersprechen und konnte fluently hintereinander reden, ne. Ah, und da ich nicht wusste, wieviel Feuerbachthesen es gab, war ich auch beeindruckt. (gemeinsames Lachen) (...) Was mir unklar

ist, das muss eine Intention gewesen sein, die sich eher an diesem antiautoritären Gestus festgemacht hat, zu sagen, also denen, in Anführungszeichen, ›will ich folgen‹, weil es war ja für mich eine Situation, ah, in der ich also weiterhin Orientierung suchte.«

Für Rüdiger M. setzt sich seine Revolte gegen die Willkür der Mutter, die er immer wieder in Termini des Kampfes und kämpferischen Metaphern beschreibt[1], gleichsam nahtlos in den »politischen Kampf« fort. Der familiäre und der öffentlich-politische Konflikt kommen für ihn insofern zur Deckung, als es in beiden um dasselbe geht: darum, sprachfähig zu werden, den elterlichen wie den universitären Autoritäten begründet widersprechen zu können, dagegenzuhalten in einer elaborierten Form der Rede, die bis dahin eher ein Zeichen bürgerlicher Macht zu sein schien. Rüdiger M.s Faszination richtet sich auf diese intellektuelle Gestalt des Antiautoritären. Aber er fragt sich heute auch, was aus seiner Bewunderung damals geworden wäre, hätte er die Anzahl (und den Inhalt) der Feuerbachthesen gekannt. Insofern trägt er in seine initiale Eintrittssequenz ein Element der Entzauberung und der späteren Enttäuschung ein. Was bleibt, wenn man die Geheimtexte nachgelesen hat und das Idiom beherrscht?

Als sich seine Mutter, konfrontiert mit der magischen (anti-familiären) Gegen-Macht des Politischen, in einem ebenso fundamentalen wie kreatürlichen Sinn geschlagen gibt, ist dieser Kampf für Rüdiger M. erledigt:

»Und dann kam meine Mutter runter, weißhaarig und als alte Frau, quasi schlagartig, also von einer Woche auf die andere, (...). Ja, und dann habe ich gesagt, also ich höre jetzt auf zu kämpfen, also das hat, ah das ist ah aber so.«

Anders als Rüdiger M. hat Kurt S. seine »Unbotmäßigkeit« kaum je gegen seine Mutter richten müssen, weil sie sich nicht »gemein machte« mit der nicht abreißenden Serie von Vorwürfen, die von Lehrern, Schulleitern und Vorgesetzten gegen ihn erhoben wurden, und zu Tadeln, Schulverweisen und anderen Sanktionen führten. Sie kosteten ihn, zunächst einmal, das Abitur, das er als Mittzwanziger an der Abendschule nach-

---

1 Er spricht von »Kampfklima« in der Familie, von dem, was »Kampfgegenstand« wurde und vom »Kampf um die Nachtminuten«.

holte. »Meine Mutter«, sagt Kurt S., »hat immer zu mir gestanden«. Für ihn ist evident, dass ihre Unterstützung ihn davor bewahrt hat, die Kraftfahrzeugmechaniker-Lehre, die er nach seinem Schulrausschmiss begann, abzubrechen. Und er legt den Gedanken nahe, dass sie ihm auf dieser inneren affektiven Basis vielleicht auch die Möglichkeit eröffnet hat, bei seinem Eintritt in die neue Welt des SDS einige »private« Motive mitzunehmen, die vor dem neuen Radikalismus nur schwer bestehen konnten. So treten für ihn einen Augenblick lang die eigenen nicht nur pragmatischen und legitimatorischen Wehrdienstverweigerungs-Motive mit den Parolen des SDS-Kaders in Konflikt, der öffentlich für den »Sieg im Volkskrieg« des Vietkong eintritt. Entscheidend ist, dass Kurt S., der bald darauf eine sicherere Überzeugung von der welthistorischen Notwendigkeit der Befreiungsbewegungen der Dritten Welt gewonnen hat, diesem Augenblick des Zwiespalts Raum gegeben hat und dadurch eine Grundlage weiterer Entwicklungsprozesse gewinnen konnte. Denn sein damaliger Zwiespalt setzt sich in einer unauffälligen Weise fort: zunächst in eine Szenerie, die den Ausstieg anderer beschreibt, dem – wenig später im Interview – die Schilderung eines eigenen Austritts folgen wird.

»Der berühmte Frankfurter Genosse Hans-Jürgen Krahl tauchte in X auf, (...) und ich sah ihn zum ersten Mal, er wurde von A. als ja, Krahl-Dutschke, das wusste ich noch nicht so ganz genau, vorgestellt, Genosse vom Bundesvorstand. Wir hatten immer damals so kleine zehnminütige thematische Einleitungen, einer von uns stellte ein Buch, was wichtig war, was man lesen, gelesen haben mußte, vor. W. L. referierte zehn Minuten über Geschichte und Klassenbewusstsein von Lukacs. Mmh, dann sagte Hans-Jürgen Krahl, ich will da mal was zu sagen und extemporierte nach meiner Erinnerung 'ne Dreiviertelstunde, vielleicht waren es auch nur 20 Minuten. Ich habe nicht viel davon so verstehen können, wie es vielleicht dem Vortrag angemessen gewesen wäre, war aber völlig fasziniert. W. L., der damals Mathematik studierte, brachte zwei seiner Kommilitonen zu dieser Sitzung mit, die auch dachten, sie möchten im SDS vielleicht mittun. Die sind aufgrund dieses Erlebnisses nie mehr wiedergekommen. Wir waren alle wirklich inklusive A. und auch E. Z., also der erfahreneren Genossen aus meinen Augen sehr erfahrenen Genossen irgendwie kleine Jungen und Schüler geworden, und diese Autoritätsstruktur, die sich dort für jemanden, der mit 'ner gewissen Distanz von außen das beobachtet hat, ohne Frage feststellen ließ, und von diesen beiden genauso festgestellt wurde, hat die

veranlasst: ›Nee also, was das denn immer sein mag, antiautoritäre Revolte, aber die sind's nicht.‹ Und ich war völlig gebannt und hatte gar kein Sensorium dafür, dass sich vielleicht in der Art und Weise, wie wir nun auf einmal alle staunende Offene-Münder-Jungs waren, ich insbesondere auch, dass sich da möglicherweise auch autoritäre Strukturen hinter vermuten ließen, die die beiden bemerkt haben. Da hab' ich häufig drüber nachgedacht – ich befürchte nun nicht, ich befürchte nun leider doch, dass die (lacht) wahrscheinlich ein ganz wunderbar gesittetes, in Teilen vielleicht sogar biederes Leben haben, beide geführt haben – ich weiß gar nichts mehr von denen, ich hab gar kein Bild mehr, aber irgendwie haben mir diese beiden imponiert. Ich weiß nicht, hab' jetzt vielleicht auch schon zehn Jahre nicht mehr dran gedacht, aber ich weiß, dass ich da immer mal wieder zu irgendwelchen zufälligen Zeitpunkten oder wenn man auf einmal über alte Zeiten in einer Runde nachdenkt, dass mir diese Szene immer wieder in Erinnerung geblieben ist, und immer wieder habe ich eine mich nie verlassende Hochachtung und richtigen Respekt vor diesen beiden, vor diesen beiden: ›Nee danke, also das ist es nun doch nicht.‹«

Die beiden nach SDS-internen Kriterien verächtlich ahnungslosen Mathematikstudenten werden für Kurt S. zu Verkörperungen einer Unabhängigkeit, die ihm selbst damals, wie er spürte, gerade etwas abhanden kam. Sie aber hatten sich in seinen Augen von dem narzisstisch-homoerotischen Charisma und Charme Hans-Jürgen Krahls nicht blenden lassen, waren standhaft geblieben; ähnlich wie er selbst einige Jahre später – wie er bald darauf erzählt – mit einer formvollendeten »Erklärung« nach Art der Alten aus einer kleinen regionalen Nachfolgeorganisation des SDS ausgetreten war:

»K. S.: (...) weiß ich nicht ganz genau, wie gesagt, ich hab' irgendwann mal 'ne richtige, ganz spontane Erklärung abgegeben und hab' meinen Austritt erklärt. Natürlich auch mit politischen Erklärungen, aber ich stand da voll hinter, das waren keine, keine angelernten Sätze oder so (...).
Interviewer: Also es kam dir so als spontane Geschichte.
K. S.: Ja, ja, ja. Und denn weiß ich noch genau, wie ich, wie ich richtig, richtig stolz war, auch ein bisschen glücklich, dass A. sagte, das ist eine unglaubliche Überzeugung gewesen, er hätte sich gefreut, er hätte das so vortragen können. Da fühlte ich mich auf einmal geehrt dadurch, dass A. das sagte (lacht).«

Diesen Austritt, der sich gegen Gruppenzerwürfnisse und kollektiven Realitätsverlust richtete, kann Kurt S. ebensowenig zeitlich lokalisieren wie andere ihm folgende politische Ereignisse, z. B. die spätere Gründung einer politischen Organisation:

»Also, ja, ja, das war '73, also ich hab' das irgendwie immer nicht genau erinnern können, aber ich merkte genau, wie mir auf einmal – und das ist ja auch ein untrügliches Zeichen, wenn du dich zwar an die Zeitmarkierungen erinnerst, die für diese Phase von '67 bis '69 wichtig waren, das Spätere aber vergisst – alles danach verschwimmt, da hab' ich keine klare Zeitstruktur mehr, aber '74 ist mir einleuchtend, es war ja um die Jahreswende, ne?«

In Kurt S.s Rückblick wird die Zeit gegen Ende der 60er und zu Beginn der 70er Jahre konturlos. Der Konturverlust ist verbunden mit einem Zeitensprung, der ihm Versuche, das Bewegungspotential von '68 organisatorisch zu aktualisieren, wie das Erinnern von »alten Opas« erscheinen lässt, die sich ihrer »Jugendzeit« zuwenden. Er bezeichnet damit das damals für ihn fühlbare Veralten der eigenen Politikvorstellungen wie den kollektiven Zeit- und Realitätsverlust.[2] Als einer der ganz wenigen hat Klaus Hartung in dem bereits zitierten Artikel diesen Erfahrungsverlust schon 1978 beschrieben:

> »Bei der Anstrengung, Fixpunkte zu finden (...), habe ich feststellen müssen, daß es Passagen meiner Vergangenheit gibt, die mir einfach nicht mehr lebendig werden. Auch sind zum Beispiel die Jahre 1973/74 völlig leer und sehr weit entfernt (angesehen von der Geburt des Kindes) im Unterschied zu den vorherliegenden Jahren.«
>
> Hartung 1978, S. 186

In dieser Zeit des Stillstands und des melancholischen Verlusts gab es vielleicht keine bessere oder jedenfalls sicherere Basis für individuelle Reorientierungsprozesse als eine – mit den Eltern geteilte – Aufstiegshoffnung. In der Unbekümmertheit, mit der Kurt S. zentrale Überzeugungen der »Kampfzeit« relativieren und die für ihn wichtigen Beziehungen zu einigen alten Genossen gleichwohl aufrechterhalten kann, mag vielleicht etwas von dem glücklichen Teilnehmenkönnen seiner

---

2 In der Tat wurde Kurt S. in dieser Organisation eine Art antiautoritäre Honoratiorengestalt.

Mutter, ihrer affektiven Bindung an den Sohn aufbewahrt sein, die gleichsam ohne Überzeugungen auskommen konnte.

Eine solche Distanzierung von den Gruppenzwängen des Protests hat Rüdiger M. für sich verworfen. Seine Relativierung zentraler Postulate der Protestbewegung, aus der er niemals ausgestiegen ist, verbirgt sich hinter einer Selbstkritik. Er verwirft die damals bindenden elitären intellektuellen Leistungsanforderungen, ebenso wie die Leistungsimperative seiner Mutter, indem er sich selbst der »Faulheit« zeiht:

»*R. M.: Es war einmal ein schlaues Kerlchen, dem fielen bestimmte Dinge leicht; dann hat es sich einmal ein bisschen angestrengt und sich dann wieder in seine Faulheit, Faulhaut (lacht), zurückgezogen, unterhalb eventuell seines intellektuellen Potentials. Und dafür findet dieses Kerlchen dann die eine oder andere geschickte Rationalisierung. (...) Und das gehört mit zu dieser Einschätzung, dass es mir selber nicht gelungen ist, die notwendige innere Konsistenz zu erarbeiten, um in den Terms of Wissenschaft zu denken und zu handeln. Es bleibt ein großer Rest von nicht glauben und dann kann ich sagen, also ich glaube nicht daran; das ist dann die Rationalisierung dafür, sich nicht damit auseinandersetzen zu müssen. Und da wiederum denke ich, bleibt ebenfalls ein Rest von Bitterkeit oder Härte dabei zurück.*
Interviewer: Mhm, das hängt ja sicherlich auch mit unserer Geschichte zusammen, also das war doch auch immer irgendwie ein Topos, dass man auf der einen Seite natürlich Wissenschaft hoch geschätzt hat und betrieben hat und auf der anderen Seite sie doch auch immer gering geschätzt hat. Also erstmal war das sowieso ›bürgerliche‹ Wissenschaft, nicht wahr, aber auch im Grunde doch nur so ein irgendwie vielleicht ein ganz nützliches Mittel, um was anderes zu machen, nämlich politische Praxis. Wir haben das ja doch irgendwie sehr, sehr stark, glaube ich verinnerlicht, diese Ambivalenz gegenüber Wissenschaft.«

In gewisser Hinsicht teilt Kurt S., der mit den Mitteln der Sozialwissenschaft Karriere machen konnte, Rüdiger M.s Enttäuschung ihr gegenüber oder zumindest seine ambivalente Wertschätzung. Aber er konnte die Wissenschaft für sich als Quelle der Anerkennung wie der materiellen Reproduktion benutzen. Vielleicht ist einer der einschneidendsten Unterschiede zwischen der östlichen und der westlichen Dissidenz der Ausschluss von Aufstiegsphantasien für die Opponenten des realen

Sozialismus. Zwar war auch im Westen für viele der Weg in die Revolte mit Vorstellungen von Karriereverzicht oder sogar Opferung eigener egoistisch-»bürgerlicher« Zukunftspläne verbunden. Gleichwohl gehörte zur Protestbewegung immer die Vorstellung eines – mit der Herstellung von Öffentlichkeit verbundenen – kollektiven Bildungs- und Selbstqualifikationsprozesses, der sich jedenfalls für ihre aus dem Proletariat stammenden Vertreter auch in Aufstiegsvorstellungen übersetzen ließ.

Literatur
Brasch, Thomas (1977): Vor den Vätern die Söhne. Berlin (Rotbuch).
Fuchs, Jürgen (1989): Fassonschnitt. Reinbek (Rowohlt).
Hartung, Klaus (1978): Über die langandauernde Jugend im Linken Getto. Lebensalter und Politik – Aus der Sicht eines 38jährigen. In: Kursbuch 49. Berlin (Rotbuch).

Ost-West-Phantasien

»Das Gespräch war gut« schrieb wenige Tage nach dem Interview Hermann v. P. an den Interviewer, »auch für mich klärend, und doch bin ich leer. Denn ich habe mich verausgabt und bekam (noch) nichts. Also: Bitte bald das abgeschriebene Interview; damit ich was in Händen habe. Und das nächste Gespräch (...) gibt's Geld für mich, dann fühle ich mich weniger leer. Freudsche Erklärungen muß ich Dir nicht geben. Wer bekommt schon gratis den Kurz-Schluß von Vater-Leer-Stelle und Herzstillstand? (Das habe ich wirklich erstmals so formuliert oder gefühlt).«

Nehmen wir es ruhig genau: Formuliert oder gefühlt? Wie leicht können zwischen Formulierung und Gefühl Welten liegen. Etwas vom Zweifel angekränkelt scheint auch die Antwort des Interviewers, der sich in seiner Antwort Gedanken über die »Tauschlogik« von Gefühlen macht:

»Unser Interview wird gerade transkribiert. Ich schicke es Dir zu, sobald es fertig ist. (...) Ich verstehe, glaube ich, sehr gut, daß Du, etwas in Händen haben willst: Es ist wirklich schwierig, über sich ohne Gegengabe zu reden. Ich hoffe nur, Dein Gefühl der Leere resultiert nicht daraus, daß Dir ein Gegenüber gefehlt hat; das wäre dann nämlich mein Fehler. Ich kann nur sagen, daß mich das Gespräch (...) sehr bewegt hat. Es ist schon etwas Besonderes, wenn man (...) ein so intensives Gespräch führt. Gleichwohl erklärt das die Leere nicht. Wenn Du meinst, es wäre sinnvoll, können wir sie gerne mit Geld zu stopfen versuchen. Mein schmales Forschungsbudget sieht das zwar nicht vor, und ich habe noch nie für ein Interview gezahlt, aber darum geht es ja nicht. Du hast schon recht: ›Wer bekommt schon gratis den Kurzschluß von Vater-Leer-Stelle und Herzstillstand?‹ Niemand. Die Frage ist eher: Was wäre das angemessene finanzielle Äquivalent?«

Hermann v. P. ist einer derjenigen unserer Gesprächspartner, bei denen die Beziehung zum Vater eine zentrale Rolle spielt. Bei kaum jemandem jedoch ist sie auch so massiv und zentral im Interview gegenwärtig wie bei ihm. Das ist auf den ersten Blick erstaunlich, denn Hermann v. P.s Vater ist nicht nur seit langem tot, sondern seine Beziehung zu ihm ist von allem Anfang an eine beinahe fiktionale. Im Interview erzählt er, als

91

einzige *wirkliche* Erinnerung an den von der Mutter zeitlebens idealisierten und heroisierten Vater, von einem Abend im Herbst 1943. Der
Vater war auf Urlaub, der 6-jährige Hermann durfte als ältester Sohn bei
den Erwachsenen im »festlichen Wohnzimmer« sitzen. Er erinnert den
Vater in Uniform. Es gab Besuch von Verwandten – und eine Szene.
Hermann v. P. schildert sie umwegig, mit Sinn für die Dramaturgie retar-
dierender Effekte, indem er die szenische Beschreibung unterbricht und
mit einer neuen, späteren Szene verbindet: »Und ich habe, '49 muss das
gewesen sein, meine Mutter gefragt, warum haben du und der Vater
damals geheult?«

Er erzählt mithin die eigentliche Erinnerung gleich zweifach gebrochen: durch den Affekt, den Schrecken der Mutter, als er sie nach Jahren
mit dieser Szene konfrontiert – und mit Blick auf den Interviewer:

»*Und da sagte sie:* ›*Woher weißt du das?*‹ *Ich sagte, ich war doch dabei. Woher*
weißt du das? Ja, ich war dabei, euch liefen die Tränen hier so raus. Und da
hat mein Onkel Peter, der 1945 (…) von den Nazis ermordet wurde, als
Widerstandskämpfer, da hat der meinem Vater und meiner Mutter erzählt,
dass der Krieg verloren ist. (…) Und da haben sie geheult, als Nazis. Das waren
Mitläufer.«

Hermann v. P. hat seine Frage nach der »Urszene«, der ersten und einzigen Erinnerung an den Vater, an die Mutter gerichtet, als er sie erneut
beim Weinen ertappt hatte: »Eingeschlossen in dieses feierliche Zimmer«
habe sie die Urteilsverkündung der Nürnberger Prozesse im Radio gehört.
Anders als in der Szene, die die Eltern als – trauriges – Paar zeigt, war
Hermann diesmal ausgeschlossen. Er hat das Weinen als Heimlichkeit
hinter verschlossener Tür vermerkt. Als die Mutter mit Tränen in den
Augen heraustrat, hat er das – so seine Erinnerung – mit der anderen
Szene verbunden: »Das habe ich«, sagt er, »dann gleich *im Bündel* gefragt.«

Für Hermann v. P. ist diese doppelte Erinnerung mit einer Phantasie
verknüpft, die er streng von der Klarheit seines Gedächtnisbildes
gesondert wissen will:

»*Da weiß ich nicht, wie sich da jetzt Erinnerung verschiebt. Also, das was ich*
bisher erzählt habe, das weiß ich, so war es auch. Aber ich weiß nicht, ob sie
mir in dem Zusammenhang irgendwas über Hermann Göring erzählt hat.«

Hermann Göring ist für Herrn v. P. aus zwei Gründen wichtig: Zum einen, weil er von den führenden Nazis »der einzige [war], der gesagt hat, wieso soll ich eigentlich abschwirren: ›Ich habe es getan‹« und damit so etwas wie Verantwortung für sein Handeln übernommen habe. Zum anderen, weil er den selben Vornamen trägt. Auch Hermanns Bruder teilt den – freilich ubiquitären – Vornamen mit einem prominenten Nazi-Führer. Für Hermann v. P. ist diese Koinzidenz Grund für ausgiebige Spekulationen: »Ich konnte leider, weil meine Mutter ziemlich früh gestorben ist, ich konnte leider nicht mehr recherchieren, was ich gerne getan hätte, ob es wirklich einen ursächlichen Zusammenhang gibt, warum ich Hermann und mein Bruder Joseph heißt.« Die Verknüpfung dieser Phantasie mit der Realität der beiden Szenen, in denen die Mutter, bzw. sie zusammen mit dem Vater weinte, bezeichnet Hermann v. P. als sein »Damaskuserlebnis«: »Das Elternheulen war ja auch nicht so gewöhnlich, 'ne? Das ging aber noch nicht so tief.« *Tief* ging, so suggeriert er, erst die nachträgliche *politische* Aufladung der Szene durch die Erklärung der Mutter. Und erst die komplettierende Phantasie der »Namensverwandtschaft« individuiert den Schrecken und übersetzt wiederum das Politische ins Persönliche zurück. So will es jedenfalls Hermann v. P. glauben machen. Zweifel an der Stichhaltigkeit seiner Konstruktion hinsichtlich des wirklichen Zusammenhangs von Erleben, Erinnern und Symbolisierung sind erlaubt. Unübersehbar sind auch hier, wie nahezu regelhaft bei frühen Vaterverlusten[1] Größen- und Opferphantasien im Spiel: Hermann v. P. als »Kind« des Hauptkriegsverbrechers – des einzigen, der sich gestellt hat. Der eigene Vater hingegen scheint sich in Luft aufgelöst zu haben – auch im Erinnerungsbild Hermanns: Die einzige verbliebene Szene, die ihn als weinenden Helden vor der unausweichlichen Niederlage zeigt, ist wie aus einem Film herausgeschnitten. Alles vor und nach ihr scheint, so sagt er selbst, wie gelöscht.

Dabei ist der Vater für Hermann zeitlebens *die* Überfigur geblieben, und sein Fehlen hat schwerwiegender in sein Leben eingegriffen als bei anderen. Als Ältester hat Hermann frühzeitig dessen Rolle wenigstens teilweise übernehmen müssen:

»*Es wurde von dem Vater ein ungeheurer, das soll so ein toller Mann gewesen sein, ein ungeheurer Mythos verbreitet von meiner Mutter wie von meiner*

---

[1] Vgl. Kapitel »Vaterlosigkeit in Ost und West«.

Oma. Gleichzeitig wurde auf mich aufgedrückt: Du bist der Älteste, du bist der Stammhalter, du hast jetzt praktisch die Vaterposition. Das wußte ich nicht mit zwölf oder mit sechs. Aber es war so.«

Es ist die – nach 1945 in Deutschland tausendfach neu aufgelegte – Geschichte der überforderten Söhne, die als Ersatzpartner der Mütter ins Erwachsensein regelrecht verstoßen wurden.

Hermann v. P. leitet aus dieser Position sein gebrochenes Verhältnis zur Macht ab:

»Ich habe mich eindeutig, das weiß ich jetzt, an der Vaterposition nicht abgearbeitet. Habe deshalb überhaupt kein Bedürfnis, keine Lust, noch nicht einmal das Können von Macht. Ich weiß gar nicht, wie das geht. Also ich habe, ich habe in der Eloquenz ein bissel Macht, manchmal. Aber was die normalen Machtspiele sind, ich kann es nicht.«

Tatsache ist, dass Hermann »ab dem 14. Lebensjahr«, die Rolle des familiären Oberhaupts in vieler Hinsicht zu spielen hatte. Seitdem hat er sich um die Abrechnung für seine freiberuflich tätige Mutter gekümmert. Das Geld ist knapp und die Finanzen spielen in dieser Zeit eine Rolle, die unmittelbar mit Hermanns Problem, den Vater nie wirklich erlebt zu haben, zusammenhängt. Nach der Währungsreform versucht die Mutter »meinen Vater eidesstattlich für tot zu erklären, damit sie an die (...) Lebensversicherung und an die Pension, oder was immer, ran kam.« Dieser Plan aber sei immer wieder durch Personen, die Hermann v. P. als »Hoffnungsmacher« bezeichnet, erschwert und durchkreuzt worden. Leute, die behaupteten, den Vater noch nach dem Kriege gesehen zu haben. An diesem Punkt des Gesprächs überrascht Hermann v. P. den Interviewer, der versucht, sich den Effekt vorzustellen, den die Aufrechterhaltung der Legende, der Vater lebe noch, auf Hinterbliebene haben muss, die längst jede Hoffnung aufgegeben haben und nun versuchen, aus dem Verlust wenigstens eine Verbesserung der ökonomischen Situation zu erzielen, mit einem Geständnis. »Und dann schloss ich mich dem an. Ich bin heimgekommen und hab' gesagt: Ich hab' heut den Vater in der Stadt gesehen!«

Für Hermann v. P., der die Absenz des Vaters für seinen »Machtdefekt« verantwortlich macht, wird die Phantasie, den Vater unter den Lebenden entdeckt zu haben, zum Macht*mittel*. Mit dem Phantasiebild des lebenden Vaters kann er Macht über die Mutter ausüben. Solange *er*, Hermann, den Vater »leben lässt«, kann *sie* ihn nicht sterben lassen. Und für seinen Tod kein Geld bekommen. Auf die Frage, wie er dazu kam, seinen Vater gesehen und erkannt haben zu wollen, den er praktisch nur von Fotos kannte, zuckt er mit den Achseln: Er weiß es nicht mehr zu sagen. Aber er hatte »Beweisstücke«:

»Ja! Und dann habe ich gesagt: ›Ich weiß das, dass er lebt! Ich hab' das ent-deckt.‹ Was hatte ich entdeckt? Der Dortmunder Bücherschrank, so vorbarock-mäßig, wo die Luft zog, wenn die Tür aufgeht, nicht? – da lagen 30, 40 Fotos von fast nackten Männern, die zum Teil amputiert, zum Teil mit Salbe einge-schmiert waren. Mein Vater hatte zu Ende studiert, Medizin in M. und Chemie und wollte seinen Chemiedoktor auch noch machen. Er hat deshalb an die Heidelberger Universität und die, die zweite weiß ich nicht, Briefe geschrie-ben, Fotomaterial auch, weil er war einer der ersten, der Gasbrand heilen konn-te. Weil er sowohl die Salbe richtig ansetzen konnte wie richtig schneiden. Und diese Fotos lagen im Bücherschrank herum. Als das dann meine Mutter raus-gekriegt hat, dass ich die gesehen hatte, einschließlich natürlich aller medizi-nischen Lexika – die Aufklärung hab' ich daher, nicht von meiner Mutter – da hat sie in einem Anfall, ihre ersten Anfälle hat sie so, da war ich vielleicht 15, also wo ich's bemerkt habe, gekriegt, also die depressiven, so, und plötzlich ganz alt aussehend und sich so festhaltend.«

Hermanns Entdeckung, die der Mutter so sehr zusetzt, ist ein mixtum compositum von realen Spuren, »Hinterlassenschaften« des Vaters und eigenen Phantasien und Schlussfolgerungen. All dies eingerahmt von Bildern, die Verstümmelung, Krankheit und Tod zeigen und zwischen Büchern liegen, die in medizinischer Form Aufklärung über Sexualität und den Ursprung des Lebens geben. Hermann v. P. scheint in diesem Schrank alle Rätsel seiner Existenz auf einmal gefunden – und gelöst zu haben. Er hat entscheidende Wissenslücken gestopft, seine Herkunft geklärt, seinen eigenen Status, die bedrängende Unsicherheit über seinen Platz im Leben der Familie und der Welt »aufgeklärt«. Er ist der Sohn eines lebensrettenden Genius, dem sein Können zum Geschick geworden ist. Denn Hermanns Entdeckung ist, wie wir gleich sehen werden, Teil seiner Phantasie über den Verbleib des Vaters. Verwunder-licherweise treibt sein Fund die Mutter in die Depression. Durch die

Abwesenheit des Vaters leidet Hermann v. P. an einer hoffnungslosen Rollenüberforderung, zugleich erweist er sich in der Existenzform des Untoten als seltsam ambivalentes Machtmittel. Hermann v. P. interpretiert die Geschichte vom Tod des Vaters nach seinem Fund für sich um. Es gibt ohnehin keine gesicherte Version, sondern mehrere, aus denen schließlich die für die eidesstattliche Todeserklärung komponiert wurde:

»Und die dritte Geschichte und so die eidesstattliche Todeserklärung: Sie hätten, als gesamte Kompanie, in einem Wäldchen gelagert, von dem sie gewusst hätten, dass auf der anderen Seite des Wäldchens, zwei, drei Kilometer entfernt, der Russe lagert. Mein Vater hätte in der Nacht, muss wohl in der Nacht gewesen sein, Wache geschoben und wäre am nächsten Tag nicht mehr da gewesen. Als ich meinem Bruder die Geschichte erzählt habe, so vor zwei, drei Jahren, hab' ich gesagt: ›Erinnerst Du Dich noch, dass es über den Vater immer hieß, er hätte auch gesagt: Ein deutscher Offizier gerät nicht in russische Kriegsgefangenschaft!‹ Was hat er denn gemacht, hat er sich erschossen, oder haben den die Russen in der Nacht abgeholt?«

Auch diese Geschichte erzählt Hermann v. P., ähnlich wie die »Urszene«, in zeitlicher Brechung, denn er hat sie nicht etwa erst vor drei Jahren dem Bruder gegenüber erfunden, sondern als Halbwüchsiger mit der Entdeckung im Bücherschrank sich zurechtgelegt: »Ich habe als Kind immer behauptet, die Russen haben den nur deshalb mitgenommen, der ist gar nicht tot, weil die wussten, dass er mit Gasbrand so gut umgehen kann. Die haben den jetzt als Wissenschaftler!« Der Vater ist also noch am Leben – nur »auf der anderen Seite«.

Nach dem Tod der Mutter findet er im Kriegstagebuch des Vaters »Belege« für seine Wunschphantasie: eine Geschichte, die im Jahre 1942 sich ganz ähnlich abspielte wie jene Szene, die 1944 nach der amtlichen Version zum Tode des Vaters geführt hat. Noch heute scheint der Vater für Hermann v. P. nicht wirklich gestorben. Er überrascht den Bruder mit neuen Versionen über Leben, Geheimnis und Tod des Vaters und den Gesprächspartner mit der Bemerkung:

»Also ich hab' mich als Kind durch diese merkwürdige, ja fast Vaterrolle, oder was immer, hab' ich mich da so irgendwie durchgemogelt, oder ich weiß nicht was. Und hatte solche Leitungsfunktionen.«

Dabei sei das doch nur Ausdruck einer verzweifelten und überfordernden Statthalterschaft gewesen, die ihm durch die qualvolle Absenz des Vaters auferlegt worden ist. Für dessen Fehlen findet Hermann v. P. klare Worte:

»*H. v. P.: Es ist ein Loch. (...) Das Schlimme ist, es ist für mich ein, indem ich, weil ich jetzt mehr über psychische Zusammenhänge beim Menschen weiß, als ich damals vielleicht gewusst habe. Nein, es ist viel schlimmer. Ich empfinde dies als Loch, dass es den nicht gibt! Dass ich mich an dem nie abarbeiten konnte, empfinde ich wirklich, ja, ich denke da manchmal drüber nach.*
Interviewer: Ich meine, man kann ja über einen toten Vater trauern. Über einen, von dem man nicht weiß, ob er lebt oder tot ist, kann man ja gar nicht trauern.
H. v. P.: Trauern ist es ja nicht! Es ist ein Loch! Also ich hab' ein Mal in H. (...) einen schweren Herzanfall gehabt. Und der war so, dass ich dachte, hier ist ein Loch! Hier ist ein Loch! Also das Herz war nicht da! Das war das Furchtbare! Wenn's weh getan hätte, wär' ja nicht schlimm gewesen. Es war nicht da!«

Hermann v. P. beschreibt die Vaterlosigkeit als ein Loch, das er körperlich spürt. Dass er den Vater als Überfigur stilisiert, der für Deutschland kriegswichtige Entdeckungen gemacht habe und dann von den Russen wie die deutschen Raketen- und Atompioniere mitgenommen worden sei, ist das Komplement seiner realen Position. In Wirklichkeit fehlt er einfach. Der Vater *ist* das Loch in seinem Leben. Er war für ihn so zentral und absent wie das Herz bei seinem Anfall. In beiden Fällen verspürt Hermann ein Loch: Eine Leere an der Stelle, wo der Stammsitz des Lebens zu sein hätte.

Dies dürfte eine Erfahrung sein, die viele vaterlose Kinder, zumal Jungen, erleben. Für Hermann v. P., der zwangsweise die Rolle des Ersatzvaters spielen musste, der sich darum mit Größenphantasien schadlos hält und doch nur Überforderung verspürt, wird dieses Erlebnis zu einem späteren Zeitpunkt seines Lebens erstaunlich reaktiviert.

Im Interview ist dieser Clip unmittelbar mit der »Machtfrage« verknüpft: Als der Interviewer daran erinnert, dass der Vater in der einzigen Erinnerungsszene sich ja doch als *schwacher*, weinender, hilfloser Vater präsentiere, räumt Hermann v. P. ein, das sei ja »auf dem Hintergrund der damaligen Erziehung (...) geradezu unanständig gewesen« – aber die Erinnerung sei doch für ihn »positiv« aufgrund der »Tatsache, dass ich da so überhaupt dabeisein durfte«. Dabeisein: Für den vaterlosen ältesten Bruder ist die Frage, ob er ausgeschlossen ist oder dazugehört, eine Frage, die sein Leben begleiten wird.

Ohne erkennbaren Übergang springt er von dieser vieldeutigen, verwirrenden Szene noch einmal zum Machtproblem. Hermann v. P. berichtet von einer Leitungsfunktion, die er im Medienbereich innehatte: Dies sei *keine* Machtposition im klassischen Sinne gewesen, denn er habe seine eigene Rolle als die eines »primus inter pares« verstanden und definiert.

In dieser Konstruktion bringt Hermann v. P. sein ganzes Unglück, seine ganze Hoffnung, seine ganze persönliche »politische Utopie« unter: Die Rolle des »primus inter pares«, die ihm die Möglichkeit einräumte, Macht auszuüben, ohne in einen Loyalitäts- oder Überforderungskonflikt zu kommen – das ist für ihn der Inbegriff jener Art von Politik, die sich ihm als – vergleichsweise spät erworbene – Möglichkeit anbot, seine »verrückte« persönliche Geschichte noch einmal neu aufzurollen. Die 68er Rebellion war für ihn, so sagt er, »eher das sich einer Jugendbewegung anschließen, obwohl man gar nicht mehr so jung war. Es war noch möglich.«

Die Protestbewegung war für ihn ein überraschendes Geschenk, in dem sich verschiedene Stränge seines Lebens plötzlich zu verbinden scheinen: Eine Wiederauflage seiner Schulerfahrung in der sich sein »radikaldemokratischer« Impuls entwickelte und sich mit clownesken Provokationen verband; eine »Kulturrevolution«, die ihm immer vorgeschwebt hatte – und, vor allem, der Aufstand einer Brüderhorde. Primus inter pares sein heißt, die Rolle des ältesten Bruders *freiwillig* einnehmen – nicht, eine Funktion aufgedrückt zu bekommen, die ihn mit einer ungewollten Machtposition ausstattet. Als er auf der Bugwelle der Protestbewegung, die seinen künstlerischen und politischen Überzeugungen so sehr entspricht, zum Leiter einer Medienanstalt avanciert, demonstriert er *dieses* Verständnis von Macht: Erster in der Brüderhorde zu sein, exemplarisch: Er kreiert ein kollektives Führungsgremium, eine Art Rätemodell, und als er sich an einer politischen Aktion beteiligt, die nicht unbedingt zu seinem neuen Amt passt, schreibt Hermann v. P., der Leiter der Institution, einen Brief an das »einfache Mitglied« Hermann v. P. mit der Aufforderung, diesen Schritt zu unterlassen. Er mahnt sich also selbst ab, weist, ironisch, als Primus sich selbst in die Schranken und demonstriert so die Parität. In dieser – schizophrenen – Interpretation der Rolle weiß er sich mit sich einig; es ist wie die szenische Gestaltung seines kindlichen Rollenkonflikts. Die Protestbewegung als Revolte gegen die Väter hat es ihm ermöglicht.

Jahre später beschäftigt ihn der Wunsch, ein Buch über seinen so sehr entbehrten Vater zu schreiben:

»*Und zwar als mir auffiel, dass die ganzen 68er, jetzt sind wir doch beim Thema wieder, das die ganzen 68er eigentlich 'ne Wut auf den nicht vorhandenen Vater haben. Und deshalb die zurückgebliebenen muffigen Väter so angegriffen haben. Das war eigentlich die Wut auf den verlorenen Vater, und wenn du mal guckst, da gibt es ganz viele. Und das Buch sollte heißen: ›Die Wut über den verlorenen Vater‹. Analog zu ›Wut über den verlorenen Groschen‹.*«

Das Material, das er für dieses Buchprojekt sammelte, brachte ihn auf die Kriegstagebücher des Vaters – und mit ihnen taucht die alte Phantasie wieder auf, der Vater sei auf die andere Seite gewechselt: Von den Russen als Wissenschaftler entführt worden.

Für Hermann v. P. ist die Protestbewegung die späte und überraschende Möglichkeit, seine »verrückte« Biographie einzuholen: Sie ist das geeignete Szenario, um mit den politisch neu aufgebrochenen und zeitgerecht interpretierten politischen Parolen von Freiheit, Gleichheit und Brüderlichkeit seiner eigenen Lebensgeschichte einen Sinn zu verleihen, an dem er schon fast verzweifelt war. Für ihn war die Protestbewegung die Möglichkeit einer Resymbolisierung seiner persönlichen Geschichte, die es ihm wenigstens vorübergehend erlaubte, sie anders mit *der* Geschichte zusammenzubringen, als es ihm in der isolierten Erinnerungsszene an den weinenden Vater möglich war. Die Rolle des Primus inter pares ist die adäquate Antwort auf seine Vaterlosigkeit. Aber sie lässt – und das ist ihr wirkliches Signum – keine Antwort auf die Frage zu: Wohin ist der Vater verschwunden?

*

Freud hat in seinem vielleicht spekulativsten Werk, das die Urgeschichte des Vatermords rekonstruiert, schon mit dem Untertitel über einige »Übereinstimmungen im Seelenleben der Wilden und der Neurotiker« auf überraschende Konvergenzen aufmerksam gemacht.

Zu ihnen zählt die Tatsache, dass Kinder gewissermaßen das Integral beider, der Wilden und der Neurotiker sind. Sie teilen mit beiden das Prinzip des Magischen, das an den Rändern des Lebens aufzutauchen pflegt. Kinder sprechen unzensiert und ungefiltert über das, was wir als Erwachsene offiziell dem Glauben an die Rationalität geopfert haben. Sie sprechen die Sprache des Unbewussten. Freud hat eindrucksvoll gezeigt, wie sehr eben an den Rändern des Lebens auch für die Erwachsenen diese Logik gilt: Nicht nur sind wir in unserem Unbewussten unsterblich, sondern wir können uns den Tod, wenn er uns im eigenen Umkreis begegnet, nicht anders denn als böswillige Beraubung, letztlich als Mord vorstellen. Oder, komplementär, als Verlassenwerden, als Strafe für unsere Mordwünsche. Im infantilen Gemüt leben die Toten anderswo fort: Noch die christliche Vorstellung des Himmels lebt davon. Der Tod ist immer nur »die andere Seite« des Lebens. Infolgedessen enthalten Phantasien über den Tod häufig Phantasien über »Gegenorte«, »Gegenwelten«, in denen der vermeintlich Gestorbene sich aufhält. Hermann v. P.s Phantasie über die Entführung seines Vaters durch die Russen trifft das präzise. Präzise auch in der phantasmatischen Topographie. Spätestens seit dem zweiten Weltkrieg ist für die Deutschen »der Osten« die Gegenwelt schlechthin. In ihm kann das Platz finden, was hier nicht möglich, nicht erwünscht ist. Hermann v. P.s Ost-West-Phantasie ist die realitätsbezogene Wendung der christlichen vom Jenseits – seine Verlagerung aus der vertikalen Dimension der Transzendenz in die horizontale der opponierenden Systeme. Mit der Teilung Deutschlands hat diese Gegenwelt noch eine neue Qualität gewonnen. Die »andere Seite« war nun eine *hausgemachte*, direkt vor der Türe, fremd und vertraut zugleich. Es gab Deutschland einfach doppelt. Die Frage drängt sich auf: Welche Rolle spielt diese gespaltene/doppelte Welt für infantile Phantasien? Insbesondere für solche, die sich auf frühe, einschneidende Verlusterfahrungen beziehen? Haben möglicherweise *alle* Geschichten von der Vaterlosigkeit, die in unserer Untersuchung eine so überraschende Präsenz haben[2] mit dem unbewussten Phantasiegehalt zu tun, er habe »die Seiten gewechselt«? Lebt der tote Vater auf »der anderen Seite«, in einer radikal anderen politischen Welt fort?

---

[2] Vgl. Kapitel »Vaterlosigkeit in Ost und West«.

Spätestens die »Mauer« trennte die beiden deutschen Welten in radikaler Weise. Anna L. erinnert sich im Interview an das Schicksal eines Schwulenpaars, das 1961 durch den Mauerbau getrennt wurde und dem, »was sonst sicherlich kein Thema gewesen ist, (...) Mitleid entgegengebracht wurde.« Die Dramatik der Trennung, sagt sie, »hat alle zusammengeschweißt«. Auf der *einen* Seite, versteht sich. Diese besondere Bindung, das Zusammenstehen angesichts der nun nicht nur weltanschaulich, sondern physisch zerrissenen Welt, betrifft im Osten insbesondere die Außenseitergruppen, auch die der Systemkritiker. Gerade für die kleine Gruppe der Dissidenten waren »Abhauer« in den Westen zweifelhafte Gestalten: für viele bedenklich nahe am Verräter angesiedelt. Und – wurde es nicht oft genug gesagt: Die, die rübergingen waren für die Zurückgelassenen, die ehemaligen Freunde, nun »*gestorben*«?

Dissidenz ist, wie wir bei Leon de Winter gesehen haben, nicht denkbar ohne den Rahmen der Ost-West-Spaltung und das damit in Gang gesetzte Spiel der systemischen Konkurrenz und wechselseitigen Projektionen. In diesem Spiel geht es immer darum, eigene Anteile auf der anderen Seite unterzubringen. Es geht um ein Doppelleben. Das im Kindesalter erlittene Schicksal der Vaterlosigkeit prädisponiert bestimmte Phantasien des Doppellebens. Es gab in Deutschland, seit 1949 offiziell, ein *staatliches* Doppelleben. Es gab mithin auch einen gesellschaftlichen und sozialen Raum für Phantasien, die sich auf Verschwinden, Wegtauchen, Sich-entziehen richten. Die Phantasiegehalte des Wechsels von Ost nach West sind andere als beim Übertritt in der anderen Richtung, nicht zuletzt, weil die eine Richtung beliebter war. Aber es hat im Westen desto geheimnisvollere Phantasien über den Abgang nach Osten gegeben. Das heimliche Komplement der aggressiven Rede »Geh doch nach drüben« gegenüber politischen Kritikern im Westen war die Vorstellung, sein Leben austauschen zu können, sich der westlichen Realität entziehen und ein neues Leben im Osten zu beginnen. Grenzwechsler dieser Richtung waren dort hochgehandelte lebende Beweisstücke für die Greuel des Kapitalismus/Imperialismus. Verfügten sie zudem auch noch über verwertbare Informationen, waren sie um so mehr willkommen. Vom westdeutschen Verfassungsschutzpräsidenten, der bereits in den 50er Jahren in die DDR abtauchte, über einige (wenige) Prominente bis hin zu den Terroristen der Baader-Meinhof-Gruppe und der Bewegung 2. Juni, die in der DDR eine neue Identität bekamen, war dieser Lebenswechsel Realität. Aber es hätte für die Phantasieproduktion des Realitätszeichens gar nicht bedurft. Die schlichte Existenz des staatlichen Doppellebens war ein Container für Phantasien über »die andere Seite der Welt« und die Möglichkeit des Verschwindens. Hermann v. P. spricht sie offen aus: Die Russen hätten seinen Vater geholt. Hier können sich Größen- und Opferphantasien miteinander vereinigen. Der Familienroman des Neurotikers bekommt im staatlichen Doppelleben neuen Stoff. Mein Vater ist ein geheimnisvolles hohes Tier auf der anderen Seite der Welt. Wer weiß, vielleicht wird er sich eines Tages zu erkennen geben, vielleicht mich sogar herüberziehen, und ich werde in ein völlig neues Leben eintauchen. Aber solange das nicht der Fall ist, ist man, im Rahmen dieser Phantasie, auch das Opfer, der Betrogene. Er hat uns/mich verraten, im Stich gelassen, eben die Seite gewechselt. Nicht zufällig taucht in der Literatur über das alte deutschdeutsche Verhältnis immer wieder neben der Metaphorik der Zwillinge die des getrennten Paars auf. Das staatliche Doppelleben samt seiner phantasmatischen Aufladung reichte mit projektiver Wucht in die intimsten Sphären hinein – und natürlich in die politischen. Jan Faktor, der es aufgrund seiner dissidentischen Existenz in gleich zwei Staaten der kommunistischen Welt wissen muss, schreibt:

> »Im politischen Handeln war man in der DDR leider im doppelten Sinne unfrei. Jede oppositionelle Aktivität wurde in der Bundesrepublik sehr aufmerksam verfolgt und publik gemacht, natürlich auch politisch und durch Projektionen besetzt. (...) Man war in der DDR in gewissem Sinne ›overprotected‹; und durch den ›größeren Bruder‹ in der Bundesrepublik auch zu einer gewissen Unselbständigkeit verdammt.«

Es macht wenig Sinn, Realitäten und Metaphern durcheinanderzuwerfen. Aber es bleibt festzuhalten, dass alle politischen Aktivitäten in und zwischen den beiden deutschen Staaten zeit ihres Bestehens in einen phantasmatischen Rahmen gespannt waren, in dem Projektionen, die z. T. nachhaltig die Realpolitik bestimmten, von der einen zur anderen Ebene auf der Tagesordnung standen. Die Phantasie, die jeweils »andere Seite« sei so etwas wie das mundane Jenseits der eigenen Welt; eine seltsame Mischung von Hölle und Paradies, gehört konstitutiv dazu. Die in diesem Kontext angesiedelten Projektionen gehen weit über den systemischen Rahmen hinaus und die seltsamsten Verbindungen mit den Lebensgeschichten Einzelner ein. Für die deutsche Realität hat diese

Konstellation mitunter geradezu märchenhafte Konsequenzen. Die Phantasie, die »andere Seite« habe möglicherweise genau das, was der eigenen fehle, was einem geraubt oder vorenthalten werde, spielt eine besondere Rolle in den sogenannten »Parallelgenerationen«. Diese in beiden deutschen Teilstaaten aufbegehrenden Generationen orientierten sich um das Datum '68 in – wie wir sahen – je eigener Form orientierten. Gerade in der lebensweltlichen Dimension sind diese Parallelen nicht von der Hand zu weisen. Und hier war es der Westen, der von vielen Ost 68ern als Ort kaum ausschöpfbarer Phantasien über Fülle und Vielfalt vorgestellt wurde. Wichtige kulturrevolutionäre Impulse kamen aus der westlichen Pop-Kultur. Und an erster Stelle stand zweifellos die Pop-Musik.

Der Westen als Versprechung und Enttäuschung

Die Musik gehörte dazu. Sie begleitete die 68er in Ost wie West. Um die Ikonen des Rock'n Roll, des Pop, des Folk und der Hippie-Bewegung rankten sich Gefühle und Mythen auf beiden Seiten. Sie wurden auf beiden Seiten gehört und transportierten ein Lebensgefühl. Vielleicht aber waren die Aufnahme dieses Lebensgefühls und auch seine Veränderung in Ost und West doch unterschiedlicher als gedacht.

Besonders an der Person Bob Dylan und seinen Songs lassen sich verschiedene Identifikationen ablesen. Die Enttäuschungen, die er seinen Anhägern durch seine musikalischen und inneren Wandlungen und die Ambivalenz seines Auftretens – Günter Amendt bezeichnete ihn als »Weltmeister der Ambivalenz« (Amendt 1991, S. 89) – bereitete, bringen Konflikte und Gefühle der 68er zu verschiedenen Zeitpunkten auf den Punkt.

Interview mit Georg S.:

»*G. S.*: *Also verpasst, damit meine ich, ich war nicht mehr so jung, dass ich sozusagen noch mal bei Null hätte anfangen können oder wollen. Und das ist aber auch noch 'ne andere Ebene. Zum Beispiel hat '88, erstaunlicherweise, sensationell, Wahnsinn, irre, Bob Dylan in der DDR in Berlin, in Ostberlin ein Konzert gegeben – oder '89, jedenfalls aber vor Herbst '89 – wo ganz Osteuropa angereist kam. Und ich bin da hin – also ich hatte noch nicht sehr viele*

Konzerte erlebt, ich wusste auch nicht so genau, wie das da zugeht. Das war der normale Ablauf: Vorprogramm – erst irgendwelche Konserven, bis die Leute alle da sind, ja? (lacht) dann Vorprogramm, das war immerhin Tom Petty and the Heartbreakers *und also schon mal ganz gut, das hätte alleine schon gereicht hinzugehen. Dann Pause, dunkel, und im Dunkeln fängt Bob Dylan an – und ich bin sofort in Tränen ausgebrochen – aus dem Stand. Ich wusste auch, dass das passieren würde. Ich war froh, dass es dunkel war. Der hat 'ne Stunde sein Zeug da runtergelabert, lustlos, wie er jetzt so ist, also eigentlich alles Asche, und ich hab' die ganze Zeit geheult.*

Interviewer: *Na, vielleicht, weil das jetzt da war, also diese ...*

G. S.: *Das lag daran, dass es zu spät war.*

Interviewer: *Ach so.*

G. S.: *Das war einfach nicht nur zehn, es war 20 Jahre zu spät.*

Interviewer: *Wie zu spät?*

G. S.: *Bob Dylan war nicht mehr Bob Dylan und ich war nicht mehr der, der Bob Dylan brauchte – gebraucht hatte, wirklich. Ich weiß noch, wie ich im Sommer 1965 in Weimar mit 14 Jahren vor meinem Radio stand in meinem Kinderzimmer und in irgendeinem Sender, den ich vergessen habe,* Like a Rolling Stone *gehört habe. Das war mindestens so wichtig für mich wie drei Jahre später die Meldung, dass in Prag die Russen einmarschieren. Also das ist einfach Identität für mich – also nicht dieses Lied und nicht Bob Dylan einfach nur so als Person allein, sondern das, was da alles drum und dazugehört – Alleinsein, Protest, Widerstand, überhaupt der Sinn des Lebens. Und dafür steht Bob Dylan. Mit den Stones 1990 im Olympiastadion ist mir das genauso gegangen übrigens. Die waren zwar so Scheiße, dass ich nicht mal geheult habe, ne? Aber – ich habe damals behauptet, wenn anstelle von Bob Dylan dort die Stones gespielt hätten, im Sommer '88 oder wann, dann wäre die Mauer an diesem Tag gefallen. Also das ist jetzt – man redet nur, ne? Bei Bob Dylan geht das so nicht, weil das was Anderes ist – weniger vital, weniger aktivierend. Aber bei den Stones wären andere Leute dagewesen, und die wären nach dem Konzert direkt zur Mauer durch, jede Wette. 1965 gab es ein Gerücht, dass, ich weiß nicht mehr, wie das lanciert wurde, über RIAS oder weiß der Teufel, dass die Stones auf dem Dach vom Springer-Hochhaus spielen würden. Das Springer-Hochhaus steht direkt an der Mauer, an der damaligen Mauer. Also man sieht das von Ostberlin aus. Der Erfolg war, dass Tausende von Leuten aus der ganzen DDR, mindestens aus der ganzen DDR, nach Berlin gefahren sind in die Leipziger Straße, wo man das Springer-Hochhaus sieht, und auf die Stones gewar-*

tet haben, die natürlich nicht kamen, das war ja Quatsch. Wer kam, war die Stasi und eben FDJ, die die zusammengeschlagen und mitgenommen hat. Beide Seiten wussten, wie wichtig – und übrigens auch, wie gefährlich – das ist. Es ist unglaublich wichtig, besonders wenn man's nicht hat.

Interviewer: Ja, ich meine, Sie haben das ja andererseits auch gepusht. Sie haben die Sachen ja gehört, und Sie sagen ja, es ist auch ein Identitätsbestandteil, aber eben als verboten, ja? Nicht als ...

G. S.: Ach, dass es verboten war, das war doch völlig nebensächlich.

Interviewer: Ja gut, aber ich meine, was war dann zu spät oder –

G. S.: Ich brauchte es nicht mehr. Als ich's kriegen konnte, brauchte ich's nicht mehr – den ganzen Westen mehr oder weniger. Naja, den ganzen nicht, aber vieles, vieles.

Interviewer: Ja, und was hätten Sie gebraucht, also was meinen Sie, was ...

G. S.: Spielraum, Horizont, Erfahrungen, Möglichkeiten, alles – normal leben, einfach normal leben und mich entwickeln können. Und das hatte ich alles nicht, und ich musste das alles trotz oder wider das tun, was um mich drumrum war, ja? Die DDR war ja mehr als spießige Eltern, Lehrer und Vorgesetzte, sie war eben ein diktatorischer Staat. Ich hatte das irgendwie halt mehr oder weniger gemacht und geschafft, und ich brauchte es nicht mehr, es war vorbei, ich war fertig. Und ich brauchte den Westen nicht mehr.«

Georg S. benennt hier etwas sehr Wichtiges: Das Abgeschnittensein von lebenswichtigen Erfahrungen und von den Spielräumen nicht eingeschränkter Möglichkeiten der Westseite wie sie für diese DDR-Generation vielleicht am gravierendsten ist, weil Kindheit, Adoleszenz und die Zeit bis zur Lebensmitte in der DDR gelebte Zeit ist. Es gibt Ereignisse und Erfahrungen, die, wenn sie nur vermittelt über Medien oder gar nicht erlebt wurden oder auch nicht zu der Zeit, als diese Erlebnisse eben »dran« waren – wie z. B. ein Live-Konzert von Bob Dylan mit 25 Jahren statt mit 40 – unwiderbringlich verloren und nicht nachholbar sind. Das besondere war auch, dass man in der DDR durch die Westmedien immer ganz nah dran war an den Ereignissen und gleichzeitig aber auch ganz brutal von ihnen abgeschnitten. Das heißt, man hatte viele konkrete Phantasien, konnte aber nie real teilnehmen. Ganz deutlich wird dies bei dem von Georg S. erwähnten, von wem auch immer gestreuten Gerücht eines Stones-Konzerts auf dem Springer-Hochhaus: das Phantasma der möglichen Teilnahme über die Mauer hinweg, lockte die

Jugendlichen buchstäblich in die Arme der dort schon wartenden Staatsgewalt. Ulrich Plenzdorf hat dies in seiner Erzählung *Kein runter, kein fern*
1984 unübertreffbar gestaltet. Die Hauptfigur, ein geistig leicht behinderter Jugendlicher, Sohn eines autoritären hauptamtlichen Mitarbeiters
der Staatssicherheit, hat das Gerücht gehört, dass *Mick* kommen wird.
Die dramatische Schilderung seiner Erlebnisse in der wartenden Menge
vor dem vermeintlichen Auftritt der Stones bis zum Auftauchen der
brutal zuschlagenden Polizei, gibt den Rahmen für die Gestaltung der
innerfamiliären und gesellschaftlichen Konflikte. »Kein runter« steht für
die väterliche Strafe des Stubenarrests und »kein fern« für das Fernseh-
verbot. Es war vielleicht die kürzeste Formel, auf die man die Einen-
gungen der DDR-Gesellschaft bringen konnte: »Kein runter«: nur nicht
in die Tiefe gehen, gar in unbewusste Dimensionen dieses Systems,
»kein fern«: das Reiseverbot verschloss die Welt.

Interessant an der oben zitierten Interview-Passage mit Georg S. ist
außerdem, dass die West-Interviewerin ihn erst nach einigen Erklärungen
verstehen kann. Dieses Gefühl, wichtige Elemente der anderen Kultur
nicht zur richtigen Zeit erfahren zu haben, sich aber jetzt in dieser Kultur
bewegen zu müssen und zu merken, »ich bin fertig«, d. h. ich bin ein relativ fertig geprägter Mensch, der sein Leben nicht noch mal von vorn leben
kann, ist eben eine reine Ost-Erfahrung. Die Traurigkeit darüber, dass
vieles, was man »trotz und wider« in der DDR getan hat, jetzt vielleicht
nicht gebraucht wird oder auch unter Westbedingungen vielleicht ganz
leicht gegangen wäre, ist eine typisch ostdeutsche Traurigkeit. Die Wut,
die dieser Traurigkeit beigemischt ist, drückt sich der Zuhörerin gegenüber (die ja vermeintlich immer »alles« hatte) in vielen Missverständnissen und Zurückweisungen ihrer vorsichtigen Deutungen aus. Aber natürlich auch in der Formulierung des Befragten, dass er »den ganzen West-
en« – also auch sie und dieses Interview – nicht mehr brauche.

Ostler haben zu ihrer Zeit, um ein vergleichbares Beispiel zu finden,
z. B. das *Festival des politischen Liedes* erlebt. Auch dort wird es bewegende
Momente gegeben haben, so, als die chilenische Gruppe *Quilapayun*
auftrat und gegen die Pinochet-Diktatur sang. Die Freude aber war bei
vielen immer mit dem Unbehagen gepaart, dass das Festival staatlich
organisiert war. Politisch engagierte Gruppen oder Sänger aus der DDR,
die eine vergleichbar scharfe Kritik an den DDR-Verhältnissen übten,
hätten dort niemals auftreten dürfen. Leute wie Georg S. bringen also oft

erlebte Gefühle der tiefen Ambivalenz, des Sich-Nicht-Ganz-Hingeben-Könnens mit, weil doch alles durchwabert war von ekliger DDR-Staatlichkeit, von der man sich immer fern zu halten versuchte. Diese erworbene Prägung der Distanz und des Misstrauens zu allen wie auch immer gearteten staatlichen Strukturen und die dadurch oft nicht erworbenen Qualifikationen schafften nicht gerade einen Wettbewerbsvorteil in der Westkultur. Diese forderte – jedenfalls zum Zeitpunkt 1989 – ein Sich-Einlassen auf Strukturen aller Art, vorausgesetzt, man wollte Erfolg haben. Mit ihren in der DDR erworbenen Sozialisationsmustern der Verweigerung waren DDR-Oppositionelle im Westen zunächst ziemlich abgeschlagen und konnten Spitzenpositionen nicht erringen oder nicht halten. Vielleicht macht dieser Umstand auch der Westinterviewerin das schnelle Verstehen schwer. Sie spürt irgendwie, dass sie in diesem Zusammenhang auf der »Siegerseite« ist, auf der Seite, die allein durch das Aufwachsen im Westen einen Kulturvorteil hat. Das ist ihr ehrenwerterweise unbehaglich und drückt sich zunächst in einer Schwierigkeit des Verstehens aus.

Exkurs

Das Gespräch mit Georg S. hat auch meine eigene Erinnerung an den Auftritt von Bob Dylan auftauchen lassen. Ich möchte dieses Konzert so schildern, wie ich es damals erlebte und nenne es daher:

Zerschmetterung a'la Dylan

Es muss ein Septemberabend im Jahr 1987 gewesen sein. Schon lange vorher hatte ich mich auf dieses Ereignis gefreut. Wenn ich als Teenagerin überhaupt ein Idol hatte; dann war es Bob Dylan. Er war keine Band wie die Beatles oder die Stones, sondern ein Einzelner. Seine Songs, die Ausstrahlung seiner Stimme und seine Schönheit bildeten eine Art ganzheitlicher Vollkommenheit für mich.

Nun sollte er, viele Jahre nachdem er mein Herzensidol gewesen war und seine Musik mich auch durch mein Erwachsenenleben immer begleitet hatte, leibhaftig in Ostberlin im Treptower Park auftreten. So richtig glauben konnte ich das nicht. Ich sollte mit 35 meiner Jugendliebe begegnen, dazu noch dieser virtuellen Gestalt aus einer anderen Welt, von der ich nie erwartet hatte, dass sie real in *unserer* Welt auftauchen könnte. Dylan war mir im doppelten Sinn unerreichbar erschienen:

als realer Mann, aber auch als ein real auftretender Liedermacher auf einer Bühne im real existierenden Sozialismus der DDR. Nun bot sich die Chance, wenigstens eine Unerreichbarkeit aufzuheben, und sie ließ mich vor dem Konzert ein paar Zentimeter über dem Boden schweben. Die Vorband habe ich vergessen. Als Dylan dann ganz weit vorn auf der Bühne auftauchte, erhob sich ein großer Jubel.

Aber er sagte kein einziges Wort zu der Menge, die ihn mit solcher Sehnsucht erwartet hatte. Er wirkte wie unter Drogen oder Alkohol, wusste wahrscheinlich nicht, wo er sich überhaupt befand, wer die Leute vor der Bühne waren. Auf jeden Fall hatte er anscheinend keinen Gedanken daran verschwendet, welche Brisanz sein Auftritt an diesem Ort zu dieser Zeit hatte. Er trug einen weißen Anzug und ich glaube sogar einen weißen Hut. Ich konnte ihn durch mein Opernglas als kleines weißes Männchen ausmachen, das sich auf der Bühne kaum bewegte und die Songs eher herunternölte. Fast alles sang er gegen den Strich, so dass es mühsam war, das geliebte Original dahinter zu erkennen. Er sang sehr kurz. Keine Zugabe – oder doch? – und weg war er.

Nach jedem Lied wurde ich fassungsloser und trauriger, um am Ende völlig niedergeschmettert zu sein. Da war jemand, der uns nicht achtete, der sich als weißer Hampelmann auf verschiedene Bühnen stellen ließ, ohne inneren Bezug zu den Menschen und zu sich selbst. Er verweigerte sich und uns das Erkennen – Ost und West waren ihm einerlei und überhaupt war alles ganz egal.

Als die Menschenmenge sich auflöste, lag diese Niedergeschlagenheit scheinbar über allen. Mit gesenkten Köpfen gingen Tausende auseinander mit dem Gefühl der Vergeblichkeit. Wir im Osten für immer abgeschlagen, unsere sowieso unerreichbaren Idole verachteten uns. Es gab keine Hoffnung, die Lebendigkeit der Jugend wiederzufinden, keine Hoffnung auf Veränderung und Bewegung – wozu auch, die Zeit der Aufbrüche im Westen war anscheinend längst vorbei und daher war sowieso alles einerlei. Noch tagelang blieb dieses Gefühl wie eine schwere, graue Filzdecke über mir hängen.

Wir wussten, dass eine Revolution anstand, Dylan aber hatte die Idee davon hinter sich gelassen und meinte anscheinend, dass wir es auch gleich bleiben lassen sollten.

Während Georg S. bei dem Dylan-Konzert über die verlorenen Möglichkeiten weinte, wurde ich anscheinend von einer Welle von

Enttäuschung und Desillusionierung erfasst. Ich hatte noch etwas erwartet von diesem Dylan, von dem älteren Bruder aus Amerika.

Ähnlich und doch wieder ganz anders erlebte Christoph Dieckman das gleiche Konzert:

>»Was bleibt? In seltsamer Lethargie gingen die meisten nach Haus. Ja, viele waren enttäuscht. Was fehlte ihnen außer ein paar Songs, die nicht kamen? Was wollten sie von diesem Konzert, von diesem Bob Dylan, der nur Bob Dylan war? Was hatten sie gesucht für ihren Alltag in Cottbus oder Halberstadt? Ernüchtert wurde, wer leer kam und sich von Dylan (...) Inspiration vorsetzen lassen wollte. Musik zu spielen – das mag geklappt haben damals, im kosmos- und liebbestrunkenen Sommer von Monterey 1967, nicht zwanzig Jahre später in Berlin-Treptow. In nüchterner Zeit muß jeder für sich selber die Dinge so sehen, wie er von ihnen angeschaut werden möchte. Wo die großen gemeinsamen Illusionen fehlen, fällt jeder zurück in sein eigenes Herz.«

Dieckmann1987, S. 5

(Nur: dass m. E. im September 1987 nicht die Pflege des einsamen Herzens anstand, sondern die gemeinsame Arbeit an der Veränderung, die dann nur zwei Jahre später – 1989 – auch kam.)

Aber Dieckmann spricht hier etwas an, was auch alle meine West-Gesprächspartner sagten, als sie meinen»Zerschmetterungs«-Text gelesen hatten: Wie konntest Du nur? Wie konntest Du nur von diesem Star der Kulturindustrie überhaupt etwas erwarten? Ja, wie konnte ich? Als Ostlerin war ich gewohnt, von Künstlern den Ausdruck meines Lebensgefühls zu erwarten, das»Aussprechen der Wahrheit« und sie dann dafür auch zu überhöhen und zu idealisieren. Vielleicht war dieses Konzert 1987 der erste reale und emotional wuchtige Zusammenprall mit dem so anderen Wertesystem des Westens. Göschel sieht den entscheidenden Mentalitätsunterschied zwischen Ost und West im Zusammenhang mit dem im Osten ausgebliebenen Wertewandel, der seit den 60er Jahren die Bundesrepublik bestimmt hat. Und zwar den Wandel von Werten der»essentialistischen Identitätskonstruktionen« und »wesenhafter Werte« wie Treue, Ehrlichkeit und Verbindlichkeit zu Werten »differentieller Identitätsbildung«, bei denen Individualisierung, Konfliktregelung durch Institutionen und die»Ablösung von Wesenhaftigkeiten« zu finden sind. (Göschel 1999) Wahrhaftig und verbindlich war Bob Dylan nun wirklich nicht.

Aber diese Art von Enttäuschung – oder, könnte man auch sagen, konsequenter Entidealisierung und Desillusionierung – durch Dylan hatten seine amerikanischen Fans schon 22 Jahre früher erlebt, als er sich

1965 vom Folk ab- und dem Rock zuwandte. Nur war dies damals eine folgerichtige Konsequenz aus seiner persönlichen Entwicklung und künstlerisch-ästhetischen Veränderung, während bei dem Konzert in Treptow einfach nur Realitätsverlust und Ausgebranntsein im Vordergrund zu stehen schienen. Doch im Gegensatz zu dem gebeutelten Ostpublikum, das seine Enttäuschung schluckte und sich nicht wehrte, hatten die Amerikaner heftigst geschrien, gepfiffen und protestiert. Denn schließlich schien die Art von Dylans Auftritt

> »zu bedeuten, daß er im Grunde nie dort gewesen war, wo er noch vor einem Jahr gewesen zu sein schien, auf der Suche nach jener demokratischen Oase des Herzens – was wiederum hieß, daß diejenigen, die geglaubt hatten, gemeinsam mit ihm dort gewesen zu sein, in Wirklichkeit nie dort gewesen waren. Wenn sein Herz nicht rein war, wie konnte es dann das ihrige sein?«
>
> Marcus 1998, S. 41

Da scheint es auch in Amerika noch um »wesenhafte« Werte gegangen zu sein.

Wieder 13 Jahre später und neun Jahre vor seinem Ostberliner Konzert bereitete Dylan unseren Generationsgenossen in Westdeutschland die gleiche frustrierende Überraschung. Der Publizist Klaus Hartung, Mitglied des Berliner SDS und einer der Protagonisten der 68er Bewegung konstatierte nach dem Auftritt Bob Dylans 1978 in Westberlin, dass »ein gemeinsames Lebensgefühl gebrochen wurde. (...) Jedenfalls für die Mehrheit der Genossen meines Alters ist Bob Dylan nicht der Sänger der Protestbewegung gewesen, sondern der Sänger der Generation, der in dieser Tournee rücksichtslos sein musikalisches Erbe antrat.« (Hartung 1978, S. 174)

Thomas Brasch, ein Protagonist der Ostachtundsechziger, frisch aus der DDR ausgebürgert, beschreibt das mit seinem aus der DDR kommenden bösen Blick auf dieses Konzert.

> »Und der Sänger Dylan in der Deutschlandhalle
>
> ausgepfiffen angeschrien mit Wasserbeutel beworfen
> von seinen Bewunderern, als er die Hymnen
> ihrer Studentenzeit sang im Walzertakt und tanzen ließ
> die schwarzen Puppen, sah staunend in die Gesichter
> der Architekten mit Haarausfall und 5000 Mark im Monat,
> die ihm jetzt zuschrien die Höhe der Gage und
> sein ausbleibendes Engagement gegen das Elend der Welt. So sah

ich die brüllende Meute: Die Arme ausgestreckt im Dunkel neben
ihren dürren Studentinnen mit dem Elend aller Trödelmärkte
der Welt in den Augen, betrogen um ihren Krieg,
zurückgestoßen in den Zuschauerraum
der Halle, die den Namen ihres Landes trägt, endlich
verwandt ihren blökenden Vätern, aber anders als die
betrogen um den, den sie brauchen: den führenden Hammel.

Die Wetter schlagen um:
Sie werden kälter.
Wer vorgestern noch Aufstand rief,
ist heute zwei Tage älter.«

Brasch 1990, S. 70

Wie Brasch führt Hartung dann folgerichtig den Begriff des Lebensalters
in die politische Diskussion ein:

> »Die Frage nach dem Lebensalter (...) betrifft nicht nur das Lebensgefühl,
> sondern die Stellung in der Realität, genauer: jene empfindliche Kommuni-
> kation von persönlicher Produktivität und gesellschaftlicher Rolle. (...) Rich-
> tig leben (...), wenn es heißen soll, auch politisch bewußt zu leben, dann
> führt es in ein Paradox. Richtig leben muß auch heißen: Erwerb von Macht,
> und Erwerb von Macht bricht eben die gerade Linie des richtigen Lebens.«

Hartung 1978, S. 175f.

Hartung sieht die Gefahr, dass die Westlinke im »linken Ghetto« als
ewige Jugendliche letzendlich zur Wirkungslosigkeit verurteilt sein
könnte.

Es ging 1978 also anscheinend ums Erwachsenwerden und wenn
man den alternden Dylan seine Lieder zersingen hörte, wurde man 1978
im Westen und 1987 im Osten mit brutaler Härte darauf hingewiesen,
dass auch die eigene Lebenszeit verrann und wie man sie noch zu
verbringen gedachte.

Die Generation der 68er hatte in West wie Ost ein schweres Erbe
angetreten. Sie waren die erste Generation, die im nachfaschistischen
Deutschland erwachsen wurde. Noch im Krieg oder kurz nach ihm
geboren, traf sie die ganze Wucht der nicht geklärten, in den Familien
oft nicht benannten Mitbeteiligung oder Schuld ihrer Eltern. Andererseits war auch deren Traumatisierung durch Flucht und Vertreibung,
durch getötete Familienangehörige und die völlige Zerstörung
Deutschlands als Ergebnis des Zweiten Weltkrieges für die Kinder über-
deutlich spürbar.

111

Wie sollten die Kinder dieser völlig gescheiterten Eltern einen Platz finden in den beiden neuen Deutschländern? Auf beiden Seiten versuchten sie es auch mit der Konstituierung einer anderen, neuen Moral.[3] 1978 hatte die Westlinke ihren Aufbruch und ihre nachfolgende Desillusionierung teilweise schon hinter sich und stand ernsthaft vor der Frage: Wie sich einbringen in eine Gesellschaft, der man gleichzeitig mit großer kritischer Distanz gegenübersteht? Wie ist das mit dem richtigen Leben im Falschen? Bis 1989 hatte sie diesen Widerspruch über viele verschiedene Wege und Versuche anscheinend für sich gelöst.

Wir im Osten hatten 1987 beides noch vor uns: den Aufbruch und die Desillusionierung. 1989 trafen auch wir auf eine Gesellschaft, der wir mit kritischer Distanz gegenüberstanden und – auf uns unerklärlich unbegeistert wirkende Westlinke, die für uns nur wenig Empathie aufbringen konnten. (Meine Enttäuschung über sie glich meiner Enttäuschung an Bob Dylan. Wir trafen zur falschen Zeit aufeinander.) Unsere Generationsgenossen dünkten sich unendlich viel erfahrener und waren es ja auch mit dem Kapitalismus und der Demokratie, die wir nun ganz frisch erlebten. Unsere Frische und unmittelbare Betroffenheit kannten sie von sich 20 Jahre früher und hatten sich das Ganze an den Schuhsohlen abgelaufen. Wir erschienen ihnen teilweise als unerfahren und unreif, als unerwachsen. Dabei verlief unsere Entwicklung nur *ungleichzeitig*. Einige im Westen Lebende wurden durch uns anscheinend daran erinnert – und dies nicht gerne –, wie sie vor zehn oder zwanzig Jahren gewesen waren und auch daran, wie sie teilweise die DDR idealisiert hatten. Oder sie hatten in ihrer durchaus starken kritischen Distanz zur DDR diese samt der dort lebenden Menschen aus ihrem Bewusstsein fast vollständig verbannt. Wie oft wurde den Ostlern nach der Wende von sympathischen Westlinken erzählt, dass sie so gut wie nie an den anderen Teil Deutschlands, geschweige denn an die dort gleichaltrig Aufwachsenden gedacht hatten?

Während die Ost-Phantasien ständig und immer wieder auf den Westen und besonders auf die gleichaltrigen Protestierer gerichtet waren, gab es kaum positiv besetzte Phantasien oder Tagträume von West nach Ost.

Die Ostler wurden also 1989 keineswegs so sehnsüchtig erwartet, wie sie es sich voll Hoffnung und Vorfreude ausgemalt hatten. Sie setzten dabei auf Parallelen in den Phantasien, die es so nicht gegeben hatte und

---

3 Vgl. Kapitel »Der unsichere Vater: Vaterlosigkeit in Ost und West«.

auf Grund der verschiedenen Lebensumstände vielleicht auch nicht erwartet werden konnten. So wie Dylan nicht wusste, wie er umgehen sollte mit den überschwänglich begeisterten Fans auf der Treptower Wiese, die aussahen wie seine Fans 10–15 Jahre zuvor, so wenig konnten die Westlinken das erwartungsvolle Begehren der Ostler erwidern. Sie hatten sie weder erwartet noch begehrt. Diese Enttäuschung mussten die Ostler erst einmal verarbeiten.

Bob Dylan ist nach '89 mehrmals wieder in Berlin aufgetreten. Wenn ich konnte, bin ich hingegangen. Ein Konzert gab es im ICC, vielleicht 1991 oder '92. Nach meiner Enttäuschung von 1987 erwartete ich nicht mehr viel von ihm, hegte höchstens in einer geheimen Kammer meines Herzens die Hoffnung auf die Wiederauferstehung meines Jugendidols. Die alten Gefühle wollte ich nochmal fühlen, die Gefühle von der Veränderbarkeit der Welt und Dylans und meiner Beteiligung daran. Aber in seiner Verlorenheit und Hinfälligkeit in dieser Flughafenhalle des ICC tat er mir nur leid. Dieses Mitleid war eine Art Reaktionsbildung, um nicht weiter enttäuscht und wütend sein zu müssen.

Das nächste Mal trat er 1995 zur Zeit der Reichstagsverhüllung im Zelt des Tempodrom auf. Die Stimmung in Berlin war seltsam leicht; der schwere Stoff über dem deutschen Reichstag schien gleichsam die deutsche Schwere geschluckt zu haben. Der silberne Stoff verdeckte nichts, machte sogar die Konturen des Reichstagsgebäudes an einigen Kanten durch besonderen Faltenwurf markant – trotzdem sah alles ganz verwandelt aus. Der Krieg war auf einmal wirklich 50 Jahre vorbei.

Vor der Bühne im Tempodrom hatten sich die Altachtundsechziger und ein paar schwarzgewandete Jugendliche aus Ost und West zum Dylan-Konzert versammelt. Es wurde ein lebendiger, inspirierter Abend. Dylan war gut gelaunt und richtete sogar ein paar Worte ans Publikum, vor allem aber gab es richtig gute Musik. Da kam mir auch der Gedanke, dass er manchmal vielleicht wie ein Medium die Stimmung seines Auftrittsortes erfasst und mit ihr auf seine Weise umgeht: provoziert, gegen den Strich bürstet oder aber auch mitschwingt und Freude daran hat, die Stimmung seines Publikums zu teilen. Vielleicht war sein Auftreten doch nicht ganz so unabhängig von uns, von dem, was das Publikum ausstrahlte? An diesem Abend hatte ich von ihm jedenfalls nichts mehr erwartet und wurde reich beschenkt.

Aber die »never ending tour« geht weiter und auch meine endlose Geschichte mit Dylan ist noch nicht am Ende. Gerade als ich an diesem Text saß, gab es ein neues Konzert mit Dylan in Berlin – ganz nah bei der Treptower Wiese von '87 trat Dylan wieder in Treptow auf – in einer stillgelegten Ostberliner Fabrikhalle. Kurz vor seinem 59. Geburtstag lief er zu großen Formen auf. Rüdiger Schaper stimmte dafür im *Tagesspiegel* (vom 25.05.2000) eine euphorische Hymne an:

> »So gut wie nie: Dylans Auftritt in der Arena von Treptow ist eine Offenbarung (...) Darauf hat man zweiundzwanzig Jahre lang gewartet. Bob Dylan lächelt! Bob Dylan erwischt einen guten, nein, einen fantastischen Abend. Der Jokerman sticht! (...) Eine skurrile Leidensgeschichte ging am Dienstagabend in der Arena Treptow zu Ende (...) Dylan-Fans sind so treu wie skeptisch, weil leidgeprüft.«

Führwahr. »But don't think twice, it's all right.«

Die Inhalte der wechselseitigen Ost-West/West-Ost-Phantasien waren offenkundig sehr verschieden. Im günstigsten Fall gab es überhaupt Phantasien von West nach Ost: Hermann v. P. phantasiert über das Verschwinden in einer unabsehbaren östlichen Welt, über eine Art zweiter Existenz seines Vaters im Osten (wie sie einige Mitglieder der RAF wirklich geführt haben). Für Dieter M. ist die DDR das Zwischenland, dass man glücklicherweise zwischen sich in Westberlin und seinem Herkunftsort in der Bundesrepublik legen kann – eine Pufferphantasie. Meistens aber ist die DDR ein nur mit vage negativen Vorstellungen besetzter Ort, den man eher aus dem bewussten Nachdenken und Phantasieren ganz ausschließt. Ein weißer Fleck.

Bekanntlich ließen die DDR-Karten, z. B. von Berlin, Westberlin einfach weiß. Um so mehr wurde dieser so sichtlich markierte weiße Fleck mit Phantasien von etwas Wildemfreiemschönen besetzt, wo man den öffentlichen Protest wagen darf und vieles andere mehr. Gleichzeitig werden vielleicht besonders in der 68er Generation Nähe und Verbundenheit mit den Westlinken phantasiert. Vielleicht auch aus dem Gefühl, dass dort etwas agiert wurde, was den Osten eben auch betraf, besonders in der Auseinandersetzung mit dem Nationalsozialismus und hierarchischen Strukturen überhaupt. Ein bisschen Anarchie und antiautoritärer Protest war ja auch in den Ostlern, und gerade deswegen meinten sie sich »an der Seite« dieser Protestierer. Aber von den Westlern wurde diese Nähephantasie nicht geteilt, ein Näheversprechen nicht gegeben und es konnte so auch nicht eingelöst werden. So konnten sich die Ostdeutschen durchaus »vergessen« fühlen und auf der Westseite gab es unbewusste, später auch bewusste Schuldgefühle, auch eine Art Verwunderung über die Gründlichkeit dieses Vergessens.

Bei unseren Befragungen machten aber die Interviewer die überraschende Erfahrung, dass sie gerade in den Gesprächen mit Menschen von der »anderen« Seite besonders angerührt wurden, Faszination und Nähe sich einstellten. Offenbar hatten die »Spaltungskinder«, diejenigen, die nie eine andere deutsche Realität als die zweistaatliche erlebt haben, besondere Freude an der intensiven gegenseitigen Wahrnehmung, an der Aufhebung der Spaltung im Gespräch. Entstand dann doch so etwas Ähnliches, wie wenn sich jahrzehntelang getrennte Geschwister wiederbegegnen und sich endlich über sich und ihre getrennten Eltern austauschen können und erfreut feststellen, dass da ein neues, ein plötzlich wahrhaftigeres Bild entsteht?

Literatur

Amendt, J. (1991): The never ending tour. Hamburg (Konkret Literatur Verlag).
Brasch, T. (1990): Drei Wünsche, sagte der Golem. Leipzig (Reclam).
Dieckmann, Ch. (1987): How does it feel. In: Sonntag. Nr. 40. S. 5.
Göschel, A. (1999): Kontrast und Parallele – kulturelle und politische Identitätsbildung ostdeutscher Generationen. Stuttgart, Berlin, Köln (Kohlhammer).
Hartung, K. (1978): Über die langandauernde Jugend im linken Getto. In: Kursbuch Nr. 54.
Marcus, G. (1998): Basement Blues. Hamburg (Zweitausendeins).
Simon, A. (1995): Versuch, mir und anderen die ostdeutsche Moral zu erklären. Gießen (Psychosozial).
Simon, A. und Faktor, J. (2000): Fremd im eigenen Land? Gießen (Psychosozial).

Erwachsenwerden in Ost und West

Adoleszenz und Dissidenz

Vaclav Havels Beschreibungen des Dissidenzphänomens enthalten stets das Bild einer Grenze, deren Überschreitung weitgehend unbewusst geschieht. Der Akt selbst scheint nicht reversibel:

> »Diese Grenze, an der das ›Leben in der Wahrheit‹ aufhört, ›nur‹ Negation des ›Lebens in der Lüge‹ zu sein, und anfängt, sich selbst auf eine gewisse Art schöpferisch zu *artikulieren,* ist der Ort, an dem das geboren wird, was man das *›unabhängige geistige, soziale und politische Leben der Gesellschaft‹* nennen könnte.«
>
> Havel 1980, S. 56

Dieser in immer neuen Wendungen beschriebene Geburtsakt eines unabhängigen Lebens, aus dem schließlich eine alternative Welt zum systemisch verordneten Leben in der Lüge entsteht, hält eine interessante Analogie bereit. Havels Versuche, die dissidentische Renaissance sprachlich zu fassen, legen immer wieder den Vergleich mit dem psychosozialen Phänomen nahe, in dem regelhaft in modernen Gesellschaften neue Lebensentwürfe entstehen: dem Phänomen der Adoleszenz. Für das Individuum bedeutet diese Lebensphase den ›logischen‹ Ort der Konstitution einer eigenständigen Welt als Gegenentwurf zur vorgegebenen, der Anspruch auf eine bessere Alternative macht, ohne damit unbedingt politische Optionen zu verfolgen. Das psychosoziale Phänomen der Adoleszenz ist nicht zuletzt deswegen so schwierig einzuordnen, weil es strukturell die »Gleichzeitigkeit des Ungleichzeitigen« repräsentiert. Adoleszente Entwürfe repräsentieren regelhaft ein lebensgeschichtliches »Anti«, das zugleich, wie es scheint, ohne Schwierigkeiten sich mit dem Vorgebenenen arrangieren kann, um dann an scheinbar ephemeren Punkten sich zu dessen Fundamentalkritik aufzuschwingen. Die spezifische Verfasstheit als koexistierende Real- und Phantasiewelt, die doppelte Struktur eines realitätsbegleitenden, mit dieser sich vermengenden Traums[1] prädestiniert die Adoleszenz als das »dissidentische

---

[1] Vgl. dazu Schneider, Stillke, Leineweber: Das Erbe der Napola, Kapitel »Der Intergenerationelle Traumtext«.

Zeitalter«. Ihre Zeitstruktur ist durch das »ad hoc« bestimmt, die spezifisch adoleszenten Räume sind »Möglichkeitsräume«, allemal durch ein imaginäres Moment ausgezeichnet, das die reale Raum-Zeitstruktur sprengt. Adoleszenz ist eine *Gegenwelt*.

Vaclav Bendas Begriff der »Parallelstrukturen« und Ivan Jirous Konzeption der »zweiten Kultur« bewahren das Element des Entgegengesetzten unter Verzicht auf den artikulierten Anspruch auf die »politische Macht«. Beide Elemente kehren in Havels Vorstellung einer dissidenten »*ad hoc-Struktur*« (ebd., S. 82) wieder, die sich nicht auf die Spielregeln der offiziellen einlässt, sondern primär ihren originären, »ureigenen Raum«, das »Gebiet des Vorpolitischen« (ebd., S. 72) verteidigt.

In solchen Überlegungen beschreibt Havel die »dissidentische Einstellung« als mögliches Paradigma einer gleichermaßen posttotalitären wie postdemokratischen Politik –, die jenseits der in West wie Ost geltenden politischen Paradigmata angesiedelt ist, und sich damit selbstbewusst als Modell einer Meta-Politik anbietet. Was immer daran einleuchtend sein mag, es ist auffallend, wie sich durch Havels Begründung des dissidenten Versuchs, »in der Wahrheit zu leben« die strukturelle Analogie zur Adoleszenz durchhält. Sein Versuch, Dissidenz als eine »Wahrheitspolitik« zu begründen, die ihre Kriterien aus noch nicht gelebten Entwürfen: aus *möglichen Lebensformen* bezieht, die er als Ausdruck der »wirklichen Intentionen des Lebens« (ebd., S. 70) begreift, realisiert das adoleszente Paradoxon, etwas normativ als Besseres zu setzen, was sich selbst noch nicht hinreichend konstituiert hat: die eigene Identität. Die Paradoxie des adoleszenten wie des dissidenten »Anti« besteht darin, die Negation von etwas als Begründung einer Position zu setzen, die es in der Realität noch gar nicht geben kann. Die »Parallelstruktur« ist – wie die Adoleszenz – reiner Vorgriff. Was könnten die Parallelstrukturen »als ein Raum des anderen Lebens« denn überhaupt sein, »wenn nicht ein gewaltloser Versuch der Menschen, dieses System in *sich selbst* zu negieren und ihr Leben auf eine neue Basis zu stellen – auf die Basis der eigenen Identität?« (ebd., S. 72) Havels ganze Argumentation freilich besagt bis zu diesem Punkt, dass die »eigene Identität« unter den gegebenen Bedingungen eigentlich eine logische Unmöglichkeit sei. Auch dieses unaufhebbare Paradoxon der Utopie ist in der Adoleszenz vorgezeichnet, es ist die Argumentationsfigur der Unreife als Negation einer defizitären Normalität.

Havels grundlegender Text von 1980 indes ist aller psychologischer Interpretation abhold: So stark er die Parallelen zwischen Dissidenz und Adoleszenz objektiv zeichnet, so sehr eignet ihm subjektiv die Abneigung, die politische Haltung des »Lebens in der Wahrheit« auf psychologische Faktoren gründen zu wollen. Für Havel scheint die Begründung dissidentischer Einstellungen aus kulturellen Gegenentwürfen, die seiner Meinung nach den »Intentionen des Lebens« folgen, strikt getrennt von jugendlichen Attituden des Protests oder der Flucht in Alternativwelten, die er als typisch westliches Syndrom ausmacht. Havel legt damit ein Schema neu auf, das mehr als ein Jahrzehnt vorher den westeuropäischen Protestbewegungen dazu gedient hatte, eine vermeintliche Diskreditierung ihrer politischen Optionen zurückzuweisen. Insbesondere in Westdeutschland bestand ein gängiges Verharmlosungsklischee des radikalen Protests junger politischer Eliten in der Reduktion ihres Aufbegehrens auf einen »Generationenkonflikt«. So schrieb 1967 Bernd Rabehl, einer der Protagonisten der westdeutschen Protestbewegung:

> »Das ›Wesentliche‹ der Rebellion wurde [von ihren bürgerlichen Kritikern, d. A.] aber im psychisch bedingten Unbehagen der Jugend gesucht. Die radikal politische Kritik der Studenten wurde in die Idylle des Generationsproblems schematisiert. Darin sah man die Gelegenheit, die Opposition gegen die gesellschaftlichen Autoritäten nach psychologischen und biologischen Gesichtspunkten zu verharmlosen.«
>
> Rabehl 1967, S. 151

Psychologismus und Biologismus: Das konnte nur aus dem Arsenal der »bürgerlichen« Gegenaufklärung kommen. Im Selbstbild der politisch entschiedensten Gesellschaftskritiker sollte alles, was nach Psychologie aussah, so schnell wie möglich getilgt werden.

> »Ob es dem konsequentesten Teil der antiautoritären und sozialistischen Studentenbewegung, dem SDS, jetzt gelingt, sich für die Übernahme direkter Funktionen beim Aufbau einer breiten emanzipativen, revolutionären Massenbewegung und deren Klassenkampf auszurichten, entscheidet die Praxis. Die bisherige antiautoritäre und pubertäre Phase müßte jedenfalls jetzt aufgehoben werden in einer neuen Stufe des Kampfes und der Organisation.«

So 1969 ein anonymes Mitglied des Frankfurter SDS im »aktuellen Vorwort« zu Horkheimers *Autoritärer Staat*. Pubertät: Das war seinerzeit der Inbegriff der »biologistischen« Abwertung; der »Antiautoritäre«

offenbar deren psychologische Repräsentanz. Beides galt als Etikettierung, die den Ernst des politischen Protests zu beschädigen schien. Dissidenz als psychologische Haltung konnte nichts anderes sein als Ausdruck einer Anpassungskrise, die letztlich unter einer entwicklungspsychologischen Kontinuitätsannahme stand. Die Kategorie der Entwicklung jedoch war jenen, die ihr eigenes Handeln als radikalen Bruch mit den bestehenden gesellschaftlichen Normen verstanden, höchst verdächtig. Sie verfiel derselben Kritik wie das Konzept des Fortschritts, das ebenfalls von einer impliziten Kontinuitätsannahme ausgeht. Das politische Derivat all dieser Bewegungsmodi – die *Reform* – war für die »außerparlamentarische Opposition« das ideologische Manöver schlechthin. Es gab keinen größeren Vorwurf innerhalb der Neuen Linken als den, »reformistisch« zu denken oder zu handeln, denn das hieß nach dem damals herrschenden politischen Fundamentalismus, die bestehende »Unrechtsstruktur« fortzuschreiben, die, unter dem Namen »Kapitalismus« ihren eigentlichen, *politischen* Ursprung im »Faschismus« hatte. Der einzig legitime Zeitmodus der gewünschten gesellschaftlichen Veränderung war der allen historischen und psychologischen Kontinuitätslinien abschwörende radikale Bruch, für den die politische Vorstellung der Revolution stand. Auf der individuellen Ebene hatte dieser Zeitmodus kein wirkliches Pendant. Wer sich damals radikal der Anpassung verweigerte, wusste immerhin eins: Dass er sich den Vorstellungen eines Fortschreitens zur »Reife« nach dem Vorbild des bürgerlichen Entwicklungsromans verweigern *wollte*. Die Aufkündigung einer individuellen Entwicklungsteleologie hatte ein unerhörtes, antiautoritäres Ideal: die Unreife. »Unreife als Chance« war die Parole Peter Brückners, der als einer der ganz wenigen den Zusammenhang vom adoleszenten »Anpassungsdefizit« der »verlängerten Pubertät« (Bernstein), Jugend als »Klassenprivileg« und politischer Radikalität verstanden hatte[2]. Seine Einsicht blieb, als reflexive, solitär. Mit dem Prädikat der Unreife nahm man – trotzig und aufatmend: antiautoritär – das Verdikt der Gesellschaft auf sich, der man entgehen wollte. Aber Unreife ist – auch ohne eine ihr innewohnende teleologische Vorstellung – kein konservierbarer Zustand, wenn man zugleich rationale politische Optionen hat. Es ist wahrscheinlich ein wesentliches Problem der west-

---

[2] Vgl. P. Brückner: Provokation als organisierte Selbstfreigabe.

deutschen Protestbewegung gewesen, über keine autonome Zeitstruktur zu verfügen. Das Bestreben, sich von den schuldigen Eltern radikal loszusagen, der Versuch einer politischen Parthenogenese und Autopoiesis, die sich vom Schuldhintergrund emanzipieren könnte, wurde mit einer psychischen Momentanisierung bezahlt, die etwas so naheliegendes wie den Generationskonflikt »übersah«. Kontinuitätsstrukturen, die in die eigene Lebensgeschichte hineinreichten, wurden ebenso stillschweigend abgewiesen wie sie auf dem Niveau der Gesellschaftsanalyse lautstark vorgetragen wurden. Natürlich gab es die »anderen« Kontinuitäten: Die Arbeiterklasse, die kommunistischen Parteien oder deren linksradikale Kritiker – aber es waren entliehene, keine genuinen Bezugssysteme. Ebenso schien auf der individuellen Ebene der Blick auf die Adoleszenz – und die ihr immanente Dynamik – verstellt. Ein verständiger Blick benötigt Abstand. Und Abstand war das, was der Protestbewegung in vieler Hinsicht fehlte. Es ist mehr als nur ein Aperçu, dass die heute verbreitete Kategorie der Adoleszenz, die gewissermaßen das Integral von Reife und Entwicklung repräsentiert, der damaligen (Selbst)Reflexion der Akteure nicht zur Verfügung stand. Sie wurde in dieser Zeit vielmehr erst zur gesellschaftlichen Tatsache.

Exzentrik und Protest

Nach der anthropologischen Konstruktion Helmuth Plessners ist der Mensch ein »primär Abstand nehmendes Wesen«. Sein Herausragen aus der umweltlichen Seinsweise der anderen Lebewesen, die in einem geschlossenen Kosmos leben, als deren Mittelpunkt sie sich selbst wahrnehmen, ist wesentlich auf seiner »exzentrischen« Position gegründet. Exzentrik und Abstand sind letztlich eins: Das Ende einer Illusion und der Beginn der *Notwendigkeit* der Selbstreflexion aus Gründen des Überlebens. Denn die reflexive exzentrische Position des Abstandnehmenden zwingt den Menschen dazu, den Gründen dieses »Verlusts der Mitte« nachzugehen. Die Überlegenheit des reflexiven Standpunkts gegenüber den anderen Naturteilnehmern gilt nur solange, wie der Standpunkt selbst begründet werden kann. Dies geschieht durch das Reflexivwerden des Exzentrischen. Aus der Mitte verbannt ist der Mensch zur unendlichen Selbstreflexion verurteilt.

Plessner hat seine philosophische Anthropologie nahe bei der Natur-
philosophie angesiedelt – und vielleicht deshalb versäumt, ihre
Konstruktion konsequent auf die soziale Wirklichkeit des Historischen
hin zu erweitern. Fasst man sie – was Plessner nie so ausgedrückt hätte
– als Modell eines Übergangs von Natur zu Kultur, so stellt sich die Frage,
wie »der Mensch«, dessen Natur die Kultur gleichsam innewohnt ist,
dem Gesetz der Exzentrizität auf dem Boden der Geschichte nach-
kommt. Plessners Konstruktion erzwingt die Konsequenz, Exzentrik und
Abstandnehmen als Universalien auch des intrakulturellen Handelns
der Menschen anzunehmen. Zumindest für das traditionelle Erkennt-
nishandeln ist das leicht nachzuvollziehen. Für jede Form der Erkenntnis, die sich explizit oder implizit am immer noch vorherrschenden
Paradigma der klassischen Mechanik orientiert, geht es darum, einen
exzentrischen Standort *systematisch* einzunehmen. Auf ihm baut die
archimedische Hybris, derzufolge von einem gegebenen außerwelt-
lichen Standpunkt aus die Welt aus ihren Angeln zu heben sei. Vielleicht
ist hier erstmals die Vorstellung einer säkularen Transzendenz formuliert
worden, jedenfalls ein Grundprinzip aller intentione recta gestimmten
Erkenntnis. Wer etwas an der je eigenen Welt neu erkennen – und das
ist, *verändern* will – braucht Abstand zu ihr. Er muss in irgendeiner Weise
über sie hinaus sein, darf ihre »Normalität« nicht vollständig teilen.

Sigmund Freud hat bei dem Versuch, seine wesentlich am Einzelfall
gewonnenen psychoanalytischen Erkenntnisse auf die »Kulturgemein-
schaft« zu übertragen, das Problem präzise wahrgenommen: »Bei der
Einzelneurose dient uns als nächster Anhalt der Kontrast, in dem sich
der Kranke von seiner als ›normal‹ angenommenen Umgebung abhebt.
Ein solcher Hintergrund entfällt bei einer gleichzeitig affizierten Masse,
er müßte anderswo geholt werden.« (Freud 1974, S. 269) Prinzipiell läßt
sich solcher Kontrast, will man nicht in romantische Konstruktionen des
»Außenseitertums« verfallen[3], nur auf dem Wege der räumlichen, zeit-

---

[3] Obwohl die Bedeutung des Außenseitertums für die Genese eines »fremden
Blicks« auf das Vertraute nicht zu unterschätzen ist. Freud hat in einer autobiographischen Bemerkung seine wissenschaftlichen Neuerungen in direkten
Zusammenhang zu seiner gesellschaftlichen Außenseiterstellung gebracht.
Nach den wissenschaftshistorischen Erkenntnissen Th. Kuhns ist der »Außenseiter« gewissermaßen der Garant der wissenschaftlichen Innovation und des
– über »Revolutionen« gesicherten – Fortschritts.

lichen oder »normativen« Entfernung gewinnen. In jedem Fall aber bedeutet solches Abstandnehmen für den Versuch, die eigene Kultur zu verstehen, ihre Alltäglichkeit aufzuheben, ihre Routine und ihre immanente Kontinuität zu brechen.

Freud hat gegen Ende seines Lebens bei der Frage, wie ganze Kulturen neurotisch werden können, dazu tendiert, das genannte erkenntnistheoretische Problem des Abstands normativistisch zu lösen. Er hatte ein Vierteljahrhundert vorher selbst die entscheidende Erkenntnis dazu geliefert, wie die Möglichkeit des Abstandnehmens, die Unterbrechung der Kontinuität in der Organisation des menschlichen Lebens *systematisch* begründet sei. In den *Drei Abhandlungen zur Sexualtheorie* aus dem Jahre 1905 heißt es:

> »Die Tatsache des zweizeitigen Ansatzes der Sexualentwicklung beim Menschen, also die Unterbrechung dieser Entwicklung durch die Latenzzeit, erschien uns besonderer Beachtung würdig. Sie scheint eine der Bedingungen für die Eignung des Menschen zur Entwicklung einer höheren Kultur, aber auch für seine Neigung zur Neurose zu enthalten. Bei der tierischen Verwandtschaft des Menschen ist unseres Wissens etwas Analoges nicht nachweisbar. Die Ableitung der Herkunft dieser menschlichen Eigenschaft müßte man in der Urgeschichte der Menschenart suchen.«
>
> Freud 1972, S. 137

In seltsamer Weise verschränkt sich hier Freuds Einsicht in die menschliche Sexualorganisation mit dem Plessnerschen Modell der Exzentrizität. Freuds Rekurs auf die Bedeutung der Latenz als kontinuitätssprengende Lebensphase formuliert in zeitlichen Termini, was bei Plessner ins räumliche Bild des Abstandnehmens gebracht war. Indem die Latenz die sexuelle Entwicklung des Menschen unterbricht, schafft sie Raum für eine *nachträgliche* Interpretation – und Umwertung – der eigenen Lebensgeschichte:

> »Die Latenzzeit, d. h. der Umstand, daß der Mensch nicht mit fünf oder sechs Jahren, sondern erst im Verlauf der Pubertät geschlechtsreif wird, schafft den Abstand, dank dessen die Prägungen der frühen Kindheit umgewandelt und in einen symbolischen Kosmos aufgenommen werden können. Erst durch die Adoleszenz wird der Mensch gleichsam geschichtsfähig, d. h. fähig, sich eine Geschichte zu schaffen, indem er Vergangenes symbolisiert und dem Prinzip der Nachträglichkeit zugänglich macht.«
>
> Erdheim 1993, S. 137

Nachträglichkeit in diesem Sinne ist ein biologisch fundiertes soziales Faktum: Eine Gestalt des Abstandnehmens, die freilich erst bewusst im selbstreflexiven Akt realisiert werden muss. Die Latenzzeit ist insofern lediglich die Bedingung der Möglichkeit des Abstandnehmens, das sich im Rahmen der zeitlich folgenden Adoleszenz realisiert. Steht Latenz für die biologisch begründete Unterbrechung der Entwicklung, so Adoleszenz für die Verwandlung dieses Bruchs in »Abstand«.

Die durch die Adoleszenz geschaffene Chance, die eigene Geschichte zu resymbolisieren, hat eine Bedeutung, die sich nicht auf den Rahmen einer Entwicklungspsychologie einschränken lässt. Tatsächlich hat die Periode der Adoleszenz auf der Ebene der Ontogenese denselben *logischen* Status wie die von Plessner phylogenetisch gedachte Exzentrizität – in ihr *setzt sich* das Individuum als exzentrisches. Dass es aus dieser Position geschichtsfähig wird, bedeutet die Fähigkeit, den *Zusammenhang* von Kontinuität und Bruch der *eigenen* Geschichte zu denken. Insofern ist die Adoleszenz nicht eine beliebige Entwicklungsphase, sondern ein psychologisches Prinzip. Um geschichtsfähig zu *bleiben*, muss der Mensch das *Modell* der Adoleszenz lebenslang beibehalten; aus ihm bezieht er seine wichtigsten »kulturellen Ressourcen«. Das heißt auch: Er muss sich in der Lage halten, bei allem Kontinuitätswunsch und gegen alle soziale Entropie die Möglichkeit des Bruchs weiter zu denken. Hängt die Geschichtsfähigkeit der Individuen von der Bewahrung einer »revolutionären« Erfahrung ab, so ist dasselbe Problem auf der Ebene von Gesellschaften weit komplizierter. Gesellschaften haben die »natürliche« Tendenz nach Selbsterhaltung auf dem Niveau ihrer grundlegenden Regulationsmechanismen. Sosehr sie aus Gründen der internen Mobilität von ihren Mitgliedern zumindest eine residuale individuelle Geschichtsmächtigkeit, d. h. die Kompetenz, ihre Biographien sich verändernden Gegebenheiten anzupassen, verlangen müssen, sowenig sind sie bereit, deren Prinzip als kollektiven Modus anzuerkennen. Adoleszenz als kollektive Form ist zu nah beim Umsturz angesiedelt. Moderne Gesellschaften, die nach den Gesetzen »heißer Kulturen« (Levi-Strauss) funktionieren, sind daher gezwungen, das Prinzip Adoleszenz anzuerkennen, aber zugleich bestrebt, es möglichst vollständig von autonomen kollektiven Ausdrucksformen zu separieren. Anders ausgedrückt: Gesellschaften dieses Typs pflegen das revolutionäre Modell der Adoleszenz zu individualisieren. Eben das leistet das reduktionistische Theorem vom »Generationenkonflikt«. Adoleszenz und Generationenkonflikt sind de facto zwei Seiten derselben Medaille. Beide haben gemeinsam, einen Übergang zu bezeichnen, den man gleichermaßen erleidet wie betreibt; der ungeahnte Chancen ebenso enthält wie die scharf wahrgenommene Möglichkeit des Scheiterns. Gerade die gesellschaftlich individualisierte, d. h. verbindlichen kollektiven Ritualen entzogene Adoleszenz enthält, auf der Ebene des subjektiven Erlebens, eine Reihe von erheblichen Zumutungen.

In die Adoleszenz eintreten heißt zunächst, einen Riss im Leben wahrzunehmen, der sich nie mehr wird schließen lassen. Die Welt der Familie verliert, im Guten wie im Bösen, ihre gebieterische und schützende Macht. Das zentrale Erlebnis dieser Zeit ist das Auftauchen eines *Anderen*, das zunächst das andere der Familie ist. Adoleszenz als der Prozess, in dem dieses Andere wahrgenommen und aufgenommen, bearbeitet, assimiliert und angeeignet werden kann, ist ein Prozess von erheblicher zeitlicher Erstreckung. Das adoleszente Erleben jedoch ist in allen seinen Phasen gekennzeichnet durch den Modus der Katastrophe, des plötzlichen Bruchs, der Peripetiebereitschaft; so intensiv, dass die Aussage nicht zu gewagt ist: Die Adoleszenz als Erlebniskonfiguration *ist* die psychische Repräsentanz des Bruchs. Adoleszenz ist zugleich die Einheit von Prozess und katastrophischem Bruch bei erlebnismäßiger Prävalenz des letzteren. Stellt das den Adoleszenten vor schwierige psychische Aufgaben, so die ihn umgebende Gesellschaft vor ein virtuelles Bestandsproblem, denn der junge Erwachsene erinnert an die Möglichkeit des Umsturzes, an die nie ganz gebannten Gefahren des Übergangs. Deswegen werden Adoleszente in vielen Kulturen als gefährliche Wesen behandelt. Was nicht ohne Folgen bleibt. Nichts könnte dem Jugendlichen die Bedeutung des Bruchs, des Risses in seiner persönlichen Welt deutlicher spürbar machen als das Misstrauen, das ihm begegnet. Es sagt ihm, dass der Riss etwas Endgültiges hat. Er ist fortan gezwungen, die Realität der zerrissenen Existenz anzuerkennen. Die klassische Reflexionsform dieser Zerrissenheit ist die Ironie. Tatsächlich ist sie der hervorragende Wahrnehmungs- und Bewältigungsmodus des Adoleszenten.

Ironie ist eine trotzige Form der Entfremdung. Sie hält einen Verlust fest, den sie unter dem Gesichtspunkt einer weiteren Entwicklung, über deren genaues Ziel sie nichts weiß, für unumgänglich hält, ohne ihn deshalb zu billigen. Ebenso ergeht es dem adoleszenten Subjekt. Es begreift sich ganz wesentlich unter dem Aspekt des Verlusts, und das heißt als *negativ*. Der Adoleszente erlebt seine Negativität aus der positiven Erfahrung einer Negation der Vergangenheit, aus der ihm alles andere als eine klare Zukunftsperspektive erwächst. Was ihm beim Versuch, sich selbst zu verstehen, verborgen bleibt, ist die Bedeutung dieser Negativität für den gesellschaftlichen Prozess. Was sich ihm in der ironischen Reflexion mitteilt, ist jedoch die Idee, seine exzentrische Position mit anderen zu teilen. Dann nämlich, wenn er lernt, die persönliche »anomische« Situation des Übergangs als kollektive Bedingung seines Lebensalters zu begreifen. Das Selbstbewusstsein der Adoleszenz ist aufs Engste mit dem Reflexivwerden einer durch die gesellschaftliche Erneuerungsdynamik begründeten Außenseiterposition verknüpft. Gerade in dieser Verknüpfung wird deutlich, dass die Rede von »Adoleszenz« mehr bedeutet als eine nominalistische Operation. Wann aus der »Pubertät« der *Drei Abhandlungen zur Sexualtheorie* das wurde, was heute als Adoleszenz einen so hohen theoretischen Stellenwert in der psychoanalytischen Literatur einnimmt, lässt sich nicht präzise ausmachen. Erik H. Eriksons Formulierung, dass in modernen Gesellschaften das »Stadium des Heranreifens zu einer immer deutlicher umrissenen und bewußten Periode, fast zu einer Lebensform zwischen Kindheit und Erwachsensein« werde, verweist auf die Trivialität, dass eine explizite *Theorie* der Adoleszenz erst da möglich wurde, wo die »Periode des Heranreifens« selbst den Charakter einer soziologischen Tatsache gewonnen hatte. Dies ist dann der Fall, wenn bislang als individuell wahrgenommene, lediglich *klassifikatorisch* zusammengefasste Phänomene der Entwicklung sich sozial figurieren, d. h. wenn sie eine kollektive Ausdrucksgestalt erlangen, die eine theoretische Neubeschreibung erzwingen. Die Verschmelzung der beiden aus unterschiedlichen wissenschaftlichen Disziplinen und Traditionen stammenden Konzepte »Jugend« und »Pubertät« zu dem der Adoleszenz bezeichnet die Annäherung verschiedener disziplinärer Diskurse im Zeichen einer Integrationskrise. Im Konzept der Adoleszenz konnte die soziologisch prinzipiell *statisch* gedachte Formation Jugend als kollektiver sozialer Ausdrucksgestalt mit dem prinzipiell *dynamisch* gedachten psychologischen Konzept der »individuellen« Pubertät zusammengebracht werden. Die Formel einer hinsichtlich sozialer Standards weitgehend »stabilen« Jugend als »Übergangskultur« zum Erwachsensein (Schelsky), zu deren Begriff eine weitgehend individualisierte »pubertäre Devianz« gehört, wurde in den westlichen Gesellschaften nach dem zweiten Weltkrieg brüchig. Die »rebels without a cause« der 50er Jahre stellten ein Erklärungsproblem dar: Die erste westliche Nachkriegsgeneration dieses Jahrhunderts, die aus dessen größter Katastrophe in eine ökonomisch prosperierende Demokratie hineinwuchs, entwickelte kollektive Rituale und Lebensstile, die weit über das »Reifungsproblem Pubertät« hinausgingen. Eriksons Rede von der eigenständigen »Lebensform zwischen Kindheit und Erwachsensein« quittiert den gesellschaftlichen Tatbestand einer Freisetzung größerer Teile der Jugend von strukturell domestizierenden Instanzen, die bis dato den Abschnitt »Jugend« weitgehend institutionalisiert hatten.

Man mag es als Eigentümlichkeit der westlichen Gesellschaften betrachten, dass die gesellschaftliche Erneuerung ebenso wie ihre mögliche revolutionäre Umgestaltung so eng mit dem Aufbegehren einer bestimmten »Altersklasse«, den Jugendlichen, zusammengedacht wurde und wird. Es verweist möglicherweise auf einen höheren Grad der internen gesellschaftlichen Dynamik. Strukturell ähnlich scheint jedoch im Ost-West-Vergleich die *Verknüpfung* von adoleszentem Protest und politischer Gefahr. Die Phantasie, »die Jugend« sei von der jeweils anderen Seite »gekauft« oder unterwandert, ist im Osten wie im Westen anzutreffen. Unterschiedlich hingegen ist die Einschätzung der Bedeutung von adoleszentem Protest und Dissidenz. Für die Bundesrepublik bedeutete die 68er Bewegung die erste Implantierung einer nicht-parlamentarischen, »lebensweltlichen« Opposition. Für die meisten Staaten des östlichen Bündnisses, exemplarisch in der DDR, war Dissidenz hingegen nicht altersgebunden; sie hatte keinen generationellen Index. Havels Abhandlung dissidenter Entwicklungen ist nicht zuletzt deshalb interessant, weil er eine gesellschaftliche Oppositionsbewegung *in Kategorien adoleszenten Protests* beschreibt, die sich jedoch keineswegs auf eine bestimmte Altersklasse beschränken lässt. Im Gegenteil scheint Havels »Parallelstruktur« der Dissidenz vollständig von jeder Entwicklungspsychologie abgekoppelt. Umso bemerkenswerter erscheint die Analogie. Sie impliziert den Gedanken, Adoleszenz vollends aus der entwicklungspsychologischen Enge zu lösen und als »Prinzip« zu verstehen. Als Prinzip der Selbstverortung in Realitäten, die Anpassung verlangen und gegen Wünsche verstoßen, die mehr als nur individuelles Verlangen verraten.

Adoleszenz als Verhaltensprinzip ist ein Schlüssel für das, was Havel die »dissidentische Einstellung« nennt. Dies gilt, eben auf dem Niveau des Prinzips, für Ost und West gleichermaßen. »Unreife« war hüben wie drüben eine »Chance«. Aber sie war grundlegend anders institutionalisiert. Auch dies zählt zu den ungleichzeitigen Entwicklungen von '68 und den 68ern in Ost und West.[4] Und es gehört zur Frage, wie verschieden sich deren Integration in die jeweilige Gesellschaft bis '89 gestaltet hat. Man könnte diese Frage auch so formulieren: Wie erwachsen wurde man, wie erwachsen konnte man in diesen Gesellschaften werden? Gab es in den beiden deutschen Teilgesellschaften andere Vorstellungen von Erwachsensein und »Reife«? Und – was soll Reife eigentlich bedeuten?

Schon die Begriffe Erwachsensein und Reife empfanden manche Angehörige dieser Generation sowohl in Ost als auch West als Synonym für Anpassung. War Erwachsensein zu sehr mit den eigenen Eltern assoziiert? Was geschah zwischen den Generationen – speziell diesen sehr geprägten Generationen der ehemaligen NS-Mitläufer und ihren Kindern? Welche Konflikte hatten die 68er mit ihren Eltern?

Erwachsensein und Generationskonflikte

Die Psychoanalyse bindet die emotionale Reife eines Menschen vor allem an die Bewältigung des Ödipuskomplexes.

> »In der psychoanalytischen Theorie ist es die Durcharbeitung des Ödipuskomplexes, die zur Anerkennung des väterlichen Gesetzes, nämlich des Inzesttabus, führt. Dieses ist ein schmerzlicher Prozeß, eine Erfahrung von Trennung und Verlust, denn das Kind muß akzeptieren, daß es aus der Paarbeziehung der Eltern ausgeschlossen ist und bleibt (...). Das väterliche Gebot erzeugt aber nicht nur Schmerz, sondern befreit auch aus inzestuösen Bindungen. Man wird nicht nur de facto, sondern auch psychisch zum Träger einer neuen Generation, findet sich in Kultur und Geschichte auf persönliche Weise ein, (...) und wird fähig, der nachfolgenden Generation Schutz zu geben. Das wichtigste (...) ist aber, daß die Bewältigung des Ödipuskomplexes dazu führt, Gesetze für die Person und die Gesellschaft als kostitutiv anzuerkennen. Was heißen kann, diese zu bejahen, mitzugestalten oder revolutionär zu verändern.«
>
> Meador 2001

---

4 Vgl.: Kapitel »Ost-West-Phantasien«.

Noch etwas allgemeiner ausgedrückt gehören zum Erwachsensein die endgültige Ablösung von den Eltern, das Eingehen einer längeren Bindung mit körperlicher Intimität zu einem Menschen, eventuell das Kinder-in-die-Welt-Bringen und – nach der endgültigen Berufswahl – das Behaupten und Durchsetzen im Beruf sowie das Finden einer Selbstdefinition bei Weiterentwicklung einer eigenen Identität. (Vgl. Mertens 1994, S.179.)

In dieser Aufzählung wirken solche Setzungen etwas hochgesteckt und lächerlich, wie Zielvorgaben, an die man sich anpassen soll. Wie ging man mit diesen Normativen von Erwachsensein um? Zunächst einmal höchst individuell. Aber es lassen sich auf beiden Seiten auch gemeinsame Merkmale für Angehörige dieser Generation finden, zumal für diejenigen, die beschlossen hatten oder in die Lage kamen, sich gegen die Gesellschaft, in der sie lebten, aufzulehnen.

Es ist auch deswegen besonders interessant, darüber nachzudenken, wie der Ödipuskomplex in den deutschen Familien der Nachkriegszeit sich gestaltete, weil die 68er die erste Generation waren, die im nachfaschistischen Deutschland erwachsen wurde.

In unseren Interviews finden sich bekannte und diskutierte familiäre Konstellationen wieder: Die Väter sind ferner und meist abgelehnter als die Mütter. Viele sind entweder tot oder sterben früh. Andere kommen verändert aus der Gefangenschaft und sind meist schwierige Erzieher, selten von Herzen geliebt. Die Mütter sind vordergründig näher, wichtiger, prägender. Auffallend ist die häufige Abwesenheit der Väter im ersten oder den ersten Lebensjahren. Das Bild vom erst später hinzukommenden Vater, der das Kind im buchstäblichen oder übertragenen Sinn aus dem Bett der Mutter vertreibt, ist wie das vom fehlenden Vater generationsprägend. Im »Lob der Vaterlosigkeit« beschreibt Irene Böhme dieses Szenario:

»Der letzte Krieg ist vorbei. Müssen wir Kinder nicht arbeiten, was ›helfen‹ genannt wird, lungern wir auf den Steinstufen vor den Häusern, bis die Sommernacht dunkelt. Wir reden über die Mütter, den Krieg und selten vom Hunger, den jeder kennt. Wir beobachten die Straße, meist liegt sie verwaist. Erscheint eine unbekannte graue oder graugrüne Gestalt mit einem Sack auf dem Rücken, einer Landsmütze auf dem Kopf, verstummen wir. Ein Heimkehrer naht. Ein Haushalt wird wieder einen Herrn bekommen. Wen wird es treffen? Der Heimkehrer betritt Nummer acht, der Glücksschrei einer Frau schallt aus dem geöffneten Fenster, dann Geheule, dann Gerede. Wir Kinder sitzen starr, rücken unauffällig näher aneinander. Nach langem Schweigen sagt der Älteste:

>»Heinzchen, geh deinen Vater begrüßen.« (...) Was ihm bevorsteht, wissen
>wir alle. Seit sechs Jahren leben wir mit unseren Müttern, Tanten und Groß-
>müttern, an die Zeit davor können sich nur noch wenige erinnern. Mit den
>Frauen lebt es sich gut (...). Der Vater ist ein Papiertiger. Überlebt er den Krieg,
>ist er ein Störfaktor im eingespielten Familienbetrieb. Wir Kinder auf den
>Steinstufen kennen alle Variationen des schwierigen Sicheingewöhnens der
>Männer im Nachkriegsdeutschland. Das merkwürdige Verhalten dieser
>unbekannten Wesen ist unser Thema, wenn die Dunkelheit hereinbricht.«
>
> Böhme 2000, S. 21f.

Diese Kinder hatten am Beginn ihres Lebens die Mutter ganz für sich, der
Dritte tritt erst später hinzu, erscheint merkwürdig fremd und stört. Das
ödipale Dreieck wurde erst spät real installiert und dies war für die
Ausbildung frühkindlicher Allmachtsphantasien eine begünstigende
Konstellation. So wird der Text von Irene Böhme auch von dem – leicht
ironisierten – Untertext bestimmt, dass man einen real anwesenden
Vater nicht unbedingt braucht.

Beim Lesen der Interviews mit Westlern fällt auf, wie bei manchen
das Erzählen über die Eltern unwichtig wird, wenn sie erst einmal in die
Studentenbewegung eingetaucht sind, so als ob man sie in der Ge-
schwisterhorde ganz vergessen könnte oder die Auseinandersetzung
mit ihnen nun im Tauziehen mit den staatlichen Institutionen sich
abarbeiten würde.

Der strikte Bruch mit den Eltern ist in den durchgeführten Interviews mit Westlern signifikant häufiger als bei den Ostlern: das Über-
haupt-Nicht-Mehr-Nach-Hause-Fahren, der Abbruch des Kontakts
über lange Zeiträume, auch zu solchen gefühlsbeladenen Anlässen
wie Weihnachten und Familienfesten. Die kleinen Streitereien und die
großen Auseinandersetzungen finden statt. Oft aber sind die Eltern
keine Streitpartner und es entsteht nach einiger Zeit eine Art Resignation bei den Kindern.

Statt des Elternhauses gibt es im oder nach dem Bruch die Wahlfa-
milie: Die WG oder die jeweils gefundene Art des Zusammenschlusses
wie die Gruppe, die Partei, die revolutionäre Zelle werden zur Wahlfa-
milie. Die gemeinsame Ideologie, die gemeinsamen Ziele bestimmen
die Wahlverwandtschaft. Viele schufen sich so einen ganz eigenen
Lebenszusammenhang und -raum, versuchten sich in diesem gewissermaßen selbst neu zu gebären. Dieser Lebensraum sollte nichts mehr mit
der eigenen Vergangenheit, mit den Eltern zu tun haben, sollte nur auf

Gegenwart und Zukunft ausgerichtet sein. Und in den neu gefundenen Gruppen waren reale Erzählungen über die Eltern fast tabuisiert. Klaus Hartung:

»Ja, meine Mutter hat immer wieder geschrieben, und ich hab dann auch nicht geantwortet. Aber nicht mal als Geste, sondern (...), ja, es war als ob ich sie irgendwie auf einer Zeitinsel zurückgelassen hatte, und ich wollte einfach keine Beziehung mehr.«

Die Eltern verkörpern die Vergangenheit und werden möglichst dort gelassen oder »vergessen«. Dieter M. benennt von heute aus ein sich durchziehendes Motiv für dieses Verhalten:

»Also ich denke für mich, ich weiß nicht, ob das so deutlich da rauskommt, dass für mich so ein Mechanismus ziemlich wichtig war, eben einer Absetzung von dieser Familie, und dieser Mechanismus, das ist die Identifikation mit den Opfern oder die Parteinahme für die Opfer (...). Natürlich ist diese Identifikation mit den Opfern auch eine Form von Abwehr und von Verdrängung oder Verleugnung zweiter Ordnung sozusagen. Man ist auf der anderen Seite der Barrikade, und es ist ja einfach, sich auf die andere Seite der Barrikade zu stellen und damit auch abzuschneiden alles, was sozusagen in einem drin ist (...) von den Verfolgern, von den Vätern, die die Verfolger waren, die die Täter waren.«

Da die Schuld oder Nichtschuld der Eltern auch in den heftigen Auseinandersetzungen nicht zu klären, nicht zu verstehen war, war die strikte Abwendung von den Eltern eine Möglichkeit, sich von ihr zu distanzieren und eine ganz eigene und ganz andere Lebenswelt aufzubauen, mit der Phantasie, sich so von ihr befreien zu können.

Für einige Rebellierer war es dann später sehr schwer, erleben zu müssen, dass die selbst geschaffenen Welten und Wahlfamilien zerbrachen und man doch wieder auf die eigene Ursprungsfamilie zurückgeworfen oder dann mit den eigenen Kindern auf ganz andere Weise wieder mit seiner Herkunft konfrontiert wurde.

In den Interviews wird spürbar, dass bei den Westlern die Ambivalenz gegenüber dem Kinderhaben deutlicher reflektiert und auch deutlicher gelebt wird. Es gibt weniger Kinder und meist sind sie im höheren Lebensalter der Eltern geboren worden.

Dieter M. hat von zwei Frauen drei Kinder und lebt jetzt schon lange mit der zweiten Frau und den Kindern zusammen:

»*D. M.: Neulich ist mir mal so klar geworden, eigentlich hab ich, wenn ich's so richtig bedenke, 30 Jahre gebraucht, um ungefähr zu akzeptieren, dass ich 'ne eigene Familie habe. Und das ist im Grunde erst jetzt so, dass wir in Familie leben und dass mir das auch keine Schwierigkeiten mehr bereitet, oder kaum mehr.*
Interviewer: Und welche Schwierigkeiten wären es früher gewesen, also was dich gestört hätte, wenn du so kleinfamiliär (...) oder dich gestört hat?
D. M.: Also ich weiß es nicht, ob es irgendeine reale Schwierigkeit wirklich gab. Es war ein vorher feststehendes Gefühl oder Gedanke, so in einer kleinen Familie zu leben, das ist spießig, das ist (...) das kann nur in Frustration enden. Und ich meine, das wurde natürlich auch bestärkt auch durch unsere ganze damalige Tendenz, Kleinfamilie ist der Hort des autoritären Charakters, und wir wollen anders leben. Wir leben in Wohngemeinschaften oder in Kommunen, und die Kindererziehung ist nicht nur Sache der Eltern, die sich darin verstricken, sondern wir machen das gemeinsam und kontrollieren uns gegenseitig.«

Es gibt auf der einen Seite »ideologische« Vorbehalte gegenüber der Kleinfamilie, weil aus ihr die Mörder entspringen – andererseits aber eine große Verunsicherung der Elternrolle gegenüber: die Verstrickung ist der Kontrolle bedürftig. Wer sich mit solcher Schärfe von seinen Eltern abgrenzen musste, einen solchen Bruch vollziehen, der ja eher für eine tief unbewusste, ambivalente und nicht aufgelöste Identifikation spricht, hat es schwer, selbst Mutter oder Vater zu sein. Wer sich in eine Bindung verstrickt fühlte, die er nur wie einen gordischen Knoten durchhauen konnte, will seine Kinder nicht erneut verstricken. Die Hoffnung ist, dass bei mehreren Bezugspersonen nicht so enge Beziehungen entstehen. Sie sollen auch nicht so eng sein, weil es wirklich mörderische Beziehungen sein könnten. Das Problem ist, dass das, was in der Psychoanalyse im Zusammenhang mit dem Ödipuskomplex auf der Phantasieebene postuliert wird, in manchen deutschen Familien der Nazizeit grausame Realität war. Der Vater von Dieter M. war ein wirklicher Täter und ein behinderter Bruder von ihm wurde durch Euthanasie getötet. Der Sohnesmord wurde real vollzogen – wie soll Dieter M. damit fertig werden?

»Und das hat noch andere Zusammenhänge, ich weiß, dass, als ich 50, als ich 51 wurde, mein Vater ist in der Nacht vor seinem 51. Geburtstag gestorben, in dieser Nacht, bevor ich 51 wurde, da hatte ich Atembeklemmungen. Und mein Vater hatte Angina pectoris, und ich musste an ihn denken und hab' gedacht, überleb' ich die Nacht? Und ich habe sie überlebt und war sehr triumphierend darüber, ich hab' ihn überlebt sozusagen.«

Interessanterweise hatte er im ersten Interview folgenden Traum erzählt:

»Ein Traum, wo, der beinhaltet, dass ich irgendwo entdecke, dass mein Vater da unter den Menschen wieder ist, da waren eine ganze Menge Menschen irgendwie, auf der Straße und da entdecke ich meinen Vater und denke, ach der ist doch nicht tot und er sieht mich auch und macht dieses Zeichen: das ich nicht weitersagen darf und wir kriegen keinen Kontakt. Ich kriege nur das Verbot, darüber irgendwas zu sagen, dass ich ihn gesehen habe, dass er noch lebt.«

In ihm lebt der früh gestorbene Vater weiter, aber es darf keiner wissen. Besser kann ein Traum die unbewusste, höchst ambivalente Identifikation mit dem Mördervater kaum ausdrücken. Und wenn das Mörderische noch in einem ist, wie soll man seine Kinder dem ausliefern?

Natürlich waren nicht alle Väter wirkliche Täter, aber die Phantasie, dass sie es hätten sein können, wenn nicht Zufälle sie davon abgehalten hätten, ist eine bestimmende Phantasie dieser Generation.

Wer die Gesetze des Vaters aus sehr verstehbaren Gründen nicht anerkennen konnte, konnte selbst auch schwer neue Gesetze schaffen und auf deren Einhaltung pochen. Vernünftige Grenzen für die Kinder zu finden und zu ziehen, ist eine weitere Schwierigkeit, die in den Interviews oft benannt wird. Die antiautoritäre Erziehung war ein notwendiges Andersmachen, aber teilweise auch eine Strapaze für Eltern und Kinder.

Klaus Hartung:

»Das Hauptproblem in der Generation war ja, was wir noch gar nicht erst mal so gesehen haben, das Thema Grenze ziehen, dass zwischen dem Kind und uns 'ne Grenze ist, dass man dem Kind auch Grenzen setzen muss, war eben z. B. dieses Schlafproblem (...).«

Klaus Hartung schildert dann, wie er stundenlang mit dem Auto fahren musste, damit seine Tochter zum Schlafen kam. Grenzen setzen wird verwechselt mit preußischer Strenge, die auf keinen Fall sein darf. Andere Probleme gab es mit der »geschlechtsunspezifischen« Erziehung. Nachinterview mit Klaus Hartung:

»*K. H.: Eine schöne, wunderbare, groteske, komische Geschichte. Es ergab sich, dass Lisa, also meine Älteste, zusammen mit dem kleinen Hans, so hieß der, aufwuchs.*
Interviewer: Wer war der Kleine?
K. H.: Der wohnte in der Nachbarschaft, die Familien lernten wir über eine Frau kennen, die beide Kinder betreute, 'ne Zeitlang.
Interviewer: Der kleine Hans erinnert sofort an Freud. (lacht)
K. H.: Ja eben, das war uns auch klar, und dann lernten wir die Eltern kennen, und die waren also auch sehr sympathisch. Und beide Eltern waren also überzeugt, wir machen eine geschlechtsunspezifische Erziehung und taten viel zusammen, und es war schon, die Bewegungsform dieser beiden Kinder (...) war schon derartig diametral entgegen gesetzt. Beide konnten nicht richtig laufen und nicht richtig krabbeln. Lisa bewegte sich wie eine Prinzessin, also ein Knie unten, und das eine Bein aufgestellt, und ruckte so zierlich, elfengleich voran, während der Hans, der kleine Hans sich wie 'ne Schlange bewegte auf'm Bauch, sich zusammen zog und wieder ausdehnte, eine fürchterlich schnaufende ... äh, rhythmische Bewegung.
Und dann war's natürlich selbstverständlich: sie kriegten dasselbe Spielzeug. Und es ging von Anfang an schief, das war ganz klar. Beide kriegten Autos, die Autos zum kleinen Hans, die Puppen zu Lisa. Und das zog sich durch. Wir hatten die Kinder genervt, dass sie doch gemeinsam was machen mussten, dass es der heiße Wille der Eltern war. Und dann war's der Höhepunkt, das war ein ganz typisches Modell, was sie dann entwickelt hatten, in einem Weltraumschiff unterwegs, vorne sitzt der kleine Hans und erschießt die Feinde, so tatatatata (...) ja, während die Lisa schon beim Frühstückstischdecken ist, (Lachen) sie ihn aufbaut (...).
Interviewer: Herrlich (lacht)...
K. H.: Wunderbar, nicht? Wir hatten nicht die geringste Chance. Und dieses Modell hat sich dann in jeder Altersstufe weiter entwickelt. Und Lisa ist ja aus Irland zurück, und jetzt treffen sie sich wieder und –
Interviewer: Ach, die sind weiter noch Freunde?

K. H.: Ja, ja. Er studiert Mathematik und hat so'ne Internet-Software-Firma jetzt mit 'nem Freund zusammen gemacht, und das ist ja auch wirklich 'ne andere Generation, die ist wahnsinnig schnell. Als Schröder das mit der Green Card angekündigt hat, haben die sofort 'ne Homepage gemacht. Lisa hat sie entworfen, weil das ist ihr Metier, das kann sie, und sie haben einen Polen aufgetan, der Zugang hat zu Interessenten in Polen, Computerspezialisten, ein Inder, und haben mit dem Arbeitsministerium verhandelt, und jetzt bieten sie das als Dienstleistung an. Und wir hätten ein Jahr gebraucht, ein Jahr Diskussion gebraucht, um überhaupt rauszukriegen, ob das nun in Ordnung ist, was Schröder da will.«

Klaus Hartung kann sich von heute aus darüber amüsieren, dass es nicht so klappte mit der Unspezifität der Geschlechter. Und irgendwie genießt er es auch, dass die erwachsenen Kinder schneller und anders sind und weniger politisch-moralische Skrupel haben als seine Generation. Er hat sich verändert und kann ein bisschen stolz sein auf seine Tochter, die nicht so geworden ist, wie er es vielleicht damals gewünscht hätte.

In der familiarisierten Ostkultur wurden Ehe und frühes Kinderkriegen gefördert und meistens wenig problematisiert. Allerdings schwappten in Oppositionskreisen durchaus die libertären Ideen über die Grenze. Sowohl die Ehe als Institution als auch die Art der gängigen Kindererziehung wurden in Frage gestellt, dies aber meist nur bei einer kleinen Minderheit. Trotzdem bleibt die Frage, warum bei fast allen die oft früh einsetzende Krippenerziehung akzeptiert wurde. Vordergründig ging es um die berufliche Entwicklung der Frau, die so schnell wieder arbeiten konnte. Es war eine Möglichkeit zur Emanzipation, manchmal auf Kosten der Kinder. Zu fragen wäre aber, ob auf der unbewussten Ebene nicht die gleichen Kräfte am Werke waren wie auf der Westseite. Denn »die DDR-Gesellschaft reagierte auf die frühe Kindheit in Form frühen Beginns von kollektiver Erziehung mit einer Kulturalisierung der Familie, (...) die den frühkindlichen Umgang zwischen Müttern und Kinder in breiten Schichten der Bevölkerung bestimmte.« (Froese 2001) Die frühe Kindheit wurde also im Gegensatz zur Adoleszenz kollektiviert, kulturalisiert, der einzelnen Familie aus der Hand genommen. Auf Seiten des Staates gab es dafür handfeste ökonomische Gründe: die Arbeitskraft der Frauen wurde gebraucht, und es wurde so außerdem frühzeitig versucht, in die individuelle Erziehung einzugreifen. Warum wurde dies aber so massenhaft akzeptiert? Gibt es hier auch, nur unreflektierter und unbewusster als im Westen, die Phantasie, dass die Bindung von Eltern und Kindern kontrolliert werden sollte, damit sie nicht zu mörderischen Verstrickungen führt? Ist es nach dieser Logik gut für die Kinder, dass sie den Eltern nicht allein ausgeliefert sind? Andererseits könnte die Übergabe der elterlichen Erziehungsgewalt gerade an staatliche Strukturen doch auch tiefe Ängste und Misstrauen auslösen. Woher dieses fast blinde Vertrauen der Mehrheit der Eltern? Es war bei vielen eingebettet in Ideologie und hier auch in zu wenig Nachdenken über autoritäre Erziehungsstile, in zu wenig Infragestellen der Überhöhung der nationalsozialistischen Tugenden: Ordnung, Fleiß, Disziplin und Sicherheit, die die DDR ja weiterpflegte. Hier hat die DDR-Bevölkerung wirklich Nachholbedarf. Der Kriminologe Christian Pfeiffer hat ungeschickt, mit wenig tiefem Verständnis und keinem Takt Rückschlüsse auf den Rechtsextremismus gezogen und dabei in eine aber doch vorhandene Wunde geschlagen. Die Frage: Wir habt ihr eure Kinder erzogen bzw. erziehen lassen? – ist durchaus zulässig.

Hier waren die Ost 68er oft die Avantgardisten, die sensibel waren für diese Probleme, die gelitten haben unter der Ignoranz der staatlichen Erziehungsinstitutionen und sich für ihre Kinder engagierten. Hier waren sie oft sehr allein im Kreis der braven DDR-Bürger.

Interview mit Renate T.:

»Und dass die Direktorin bei der Einschulungsrede nicht versucht hat, bei den Kindern eine Freude am Lernen zu wecken oder eine Spannung zu erzeugen und eine Neugierde, sondern gleich nur von Pflichte und staatsbürgerlichem Bewusstsein und von sozialistischer DDR und so redete. Da hatte ich so den Eindruck, das ist einfach keine gute Pädagogik, die hier gemacht wird. Und da hatte ich schon eine ganz, ganz (...) also da hatte ich große Angst, ob das verantwortlich ist, die Kinder hier einzuschulen.«

Hinzu kam, dass Renate T. durch ihren offen gezeigten Widerstand als »Staatsfeindin« galt und man die Pädagogen der Schule ihres Sohnes angehalten hatte, besonderes Augenmerk auf ihn zu legen. »(...) hatte ich irgendwie Angst, dass nun das, was ich bisher immer für mich zu verantworten glaubte, nun auf meine Kinder zurückschlägt und ich ihnen damit was verbaue.«

Sie schildert weiterhin eine typische Situation, in der sie versuchte, sich in der Schule einzumischen: Die Kinder sollten zum Thema Frieden einen Panzer malen.

»*Und da hab' ich dann doch, wo ich mich sonst zurückgehalten habe, bei der Elternversammlung mich gemeldet und hab' gesagt, finden Sie das denn richtig, dass man das Thema Frieden, was ja ein wichtiges Thema ist mit den Kindern zu besprechen, dass man das auf solche Weise abhandelt? Und die war offenbar schon darauf vorbereitet die Lehrerin, und da hat sie dann den Eltern einen Vortrag gehalten darüber, dass ein Panzer durchaus eine Verteidigungswaffe ist und deshalb zum Thema Frieden gehört. Naja, und keiner der Eltern hat irgendwas gesagt. Ich hab' mich dann umgedreht und hab' ihnen in die Augen geguckt, aber die haben alle den Blick gesenkt und waren wahrscheinlich auch zum Teil peinlich berührt, zum Teil war's ihnen wohl auch egal. Und damit war der Fall erledigt.*«

Typisch für den zerreißenden Konflikt, ganz wichtige Dinge der Kindererziehung anzusprechen und auf keinen Widerhall zu treffen, allein dazustehen damit. Und eben nicht Dinge ausprobieren zu können wie die Parallelgeneration im Westen. Gleichzeitig kommt hier auch das Motiv des Nationalsozialismus ins Spiel :

»*Gerade, wenn man Kinder hat, darf man das hier nicht alles so hinnehmen. Die werden mich irgendwann mal fragen, und ich glaube, das ist für sie auch besser, wenn sie wissen, die Eltern haben sich dagegen gewehrt (...) glaub' ich, dass viele Kinder der Nachkriegszeit sich gewünscht hätten, die Eltern wären im Widerstand statt Mitläufer gewesen.*«

Etwas werden wollen oder nicht?

In den Interviews mit Westlern fällt der häufig geäußerte Vorsatz auf, »nichts« werden zu wollen, also gerade keine gesellschaftliche Position einzunehmen, keine Macht, nicht einmal einen beruflichen Abschluss oder Ansehen und Sicherheit zu erwerben. Der Staat als feindliches Gegenüber, in den man sich auf keinen Fall integrieren will – hier taucht dieses Muster des »trotz und wider« von Georg S. auch auf der Westseite auf.

Interview mit Dieter M.:

»**D. M.**: *(...) und für mich war klar, ich wollte auf keinen Fall etwas studieren, was sozusagen irgend eine praktische Karriere vor Augen hatte, das war
für mich klar und die Soziologie war damals (...).*
Interviewer: Und warum war das so klar?
D. M.: *Ich weiß es auch nicht, aber das ist etwas, was ich mir, dem ich in
meiner Analyse nachgehe, weil es sich (...) in meinem Leben (...) Es ist für
mich immer der größte Horror gewesen mir vorzustellen, ja auch vorzustellen, dass ich irgendwo eine Arbeit anfangen und dort längere Zeit, also wie
manche ja dann ihr ganzes Leben lang, da diese Arbeit machen, als Beam-
ter dort oder selbst an der Uni als Professor. Das war mir immer eine Horror-
vorstellung irgendwo was anzufangen mit der Perspektive, da bleibt man
eigentlich.*
*Interviewer: Also man muss sein ganzes Leben so auf einen Posten, das ist ja
auch nicht sehr verlockend.*
D. M.: *Nein, aber also es ist auch ziemlich blöde einerseits gewesen, wie ich
es teilweise in meinem Leben umgesetzt habe, weil ich immer wieder etwas
neues angefangen habe und was auch natürlich ganz schöne Schwierigkeiten
gemacht hat. Und je älter man wird, es immer schwerer wird (...) also einen
Job zu kriegen.*
*Interviewer: Also es ging nicht so sehr um Karriere, sondern es ging darum:
ich will nicht immer auf der gleichen Stelle hocken oder?*
D. M.: *Beides sicherlich.*
Interviewer: Ja, beides.
D. M.: *Also auch ja vielleicht den Horror davor, wenn ich studiere, etwas mit
Lehramt, werde ich hinterher Lehrer werden, und das ist ja schrecklich.*
Interviewer: Also ...
D. M.: *Das wollte ich auf keinen Fall. Oder wenn ich Jura studiere dann werde
ich wahrscheinlich hinterher entweder Rechtsanwalt oder Staatsanwalt oder
Richter werden, schrecklich so was.*
*Interviewer: Und es gab keinen Beruf, den du dir vorstellen könntest, der, wo
man ja auch was verschiedenes dann macht. Es gab keinen, wo man sich so
festsetzen konnte?*
D. M.: *Es war eigentlich nur meine Vorstellung nichts von dem studieren, wo
man was Bestimmtes wird hinterher und (...).*
Interviewer: Also nichts werden, möglichst nichts werden.«

Interview mit Klaus Hartung, der als 14-Jähriger Junge mit seinen Eltern aus der DDR in die Bundesrepublik kam:

»**K. H.**: *Ich muss ja ehrlicherweise sagen, ich wusste nie so richtig, was aus mir werden sollte. In der DDR ist mir wirklich gar nichts eingefallen (...). DDR war für mich, deswegen war ich froh, dass ich raus war, obwohl ich nicht gern in Westdeutschland war: Die DDR war ein Eingleissystem. Entweder wirst du durch die Gewalt dorthin oder dorthin geschoben, aber nicht, dass ich irgendwie 'ne Wahl hatte. Weil ich aus dem Elternhaus immer nur Sicherheit und Kopf einziehen lernte, also da hatte ich sowieso nicht viel zu erwarten. Also das kam noch hinzu. Also die kleinbürgerliche DDR und die kleinbürgerliche Familie. Unpolitisch letztendlich beides, nicht, also das passte wunderbar zusammen. Dann kam ich nach Westdeutschland, eine für mich fremde Gesellschaft. Da fiel mir auch nicht viel ein.*
Interviewer: *Hmm.*
K. H.: *Und im Grunde hab ich zwar mit Erfolg, aber ohne große innere Überzeugung das Studium begonnen und Germanistik war ja damals in. Und dann in dieser Zeit, also '68, wollten wir die Gesellschaft verändern, uns verändern, und die Revolution machen. Überhaupt war ja da alles klar, nich'. Und der Rest interessierte nicht. Ja und dann ...*
Interviewer: *Haben Sie das Studium je abgeschlossen oder?*
K. H.: *Also die Germanistik nicht. Und das war auch im nachhinein goldrichtig, denn danach fing ich an, mit Freude wieder Literatur zu lesen. Das hat mir die Germanistik versaut.*
[Klaus Hartung studierte dann Soziologie.]
Interviewer: *Aber nicht mit dem Entwurf Soziologe zu sein, sondern?*
K. H.: *Nein, das konnt' ich mir gar nicht vorstellen. Mir fielen ja auch natürlich, wie Kafka sagt, wenn einmal die Glocke, die Nachtglocke geklingelt hat, dann ist das durch nichts wieder gut zu machen. Das ist natürlich auch so, ich konnte bestimmte Dinge nicht mehr ernst nehmen.*«

Interview mit Brigitte F.:

»**Interviewer**: *Sie werden ja im Jahr 2000 sechzig, und wie Sie das jetzt so insgesamt sehen, also so 'ne Bilanz. Sie haben sich ja immer sehr engagiert, sehr reingeworfen, reingegeben unter wirklich persönlichen Opfern, Sie haben's ja nicht bequem gehabt und nicht gemütlich, im Gegenteil. Wie Sie es jetzt sehen?*

B. F.: Das (...) ist sehr gebrochen. Einerseits, also auch in bestimmten Momenten oder gegenüber bestimmten Personen, ist es halt so gelaufen und irgendwie als einigermaßen sich selbst ernst nehmende Person hättest du auch gar nicht anders handeln können zu der Zeit. Also (...) was heißt ernst? und gleichzeitig Spaß zu haben. Das heißt, ich hab' ja unter diesem Nicht-Karriere-Machen-Wollen keinesfalls gelitten. Ich fand das ja eigentlich toll. Also das war ja auch Ausdruck eines Lebensgefühls, auch wirklich dran zu glauben, naja also, warum soll ich für eine möglichst hohe Rente arbeiten, wir haben das System bis dahin sowieso gekippt, und dann werden alle sowieso (lacht) (...).
Interviewer: *Das Gleiche kriegen?*
B. F.: Das Gleiche kriegen.«

»Nichts werden wollen«, »keine Karriere machen« wird aus verschiedenen Quellen gespeist. Eine Quelle im Westen scheint zu sein, dass man in einer gewissen Größen- und Allmachtsphantasie (im Gestus des Sich-Selbst-Geboren-Habens) die Angebote des Sich-Einlassens auf Strukturen ausschlägt, selbst noch, wenn z. B. an der Universität großzügige Angebote gemacht werden. Man hat es nicht nötig, auf diese Angebote einzugehen, weil man diese Gesellschaft in ein paar Jahren sowieso volkommen verändert haben wird. (Wird hier unter Umständen auch an die frühkindlichen Allmachtsphantasien aus der Zeit, wo der Vater nicht da war, angeknüpft?) Und das Recht zu dieser Veränderung liegt auf der Hand: Man muss verhindern, dass es wieder zu Nationalsozialismus in Deutschland kommen könnte. Das Versagen der vorigen Generation ist so offensichtlich, dass die Nachfolgenden alles, aber auch alles ganz neu machen müssen.

Klaus Hartung:

»Also ich will mal ein Beispiel geben, wir waren in dieser Zeit, also so '66/'67 (...) wir waren die führenden Leute in der Uni, wir sagten, was die Professoren zu tun hatten. Da bin ich ab und an nochmal zu Hause gewesen, da wurde gefragt, da hätte ich doch eine Beziehung zu dem einen Professor, die müsste ich doch bewahren, Beziehung ist das wichtigste im Leben und so. Also diese ganzen Lebenslehren.«

Die Autoritäten waren gestürzt, man musste sich nicht mehr um eine Beziehung zu ihnen kümmern, weil man das Gefühl hatte, mit allem Recht jetzt selbst das Sagen zu haben. Die ängstlichen Lebensweisheiten der Eltern muten vorsintflutlich an und führen zur weiteren Entfremdung von ihnen. Man könnte auch phantasieren, dass die Kastrationsdrohung des spät heimkehrenden Vaters einfach nicht ernst genommen werden konnte und der Untergang des Ödipuskomplexes nicht oder nur teilweise stattgefunden hatte. Ödipale Sieger haben es aber bekanntlich schwer: sie bleiben inzestuös an die Mutter gebunden und müssen deren Partner sein, ohne es zu können.

Noch schwieriger scheint es mit dem Sieg über die toten Väter zu sein. (Vgl. Kapitel: Der unsichere Vater: Vaterlosigkeit in Ost und West.)

Außerdem wollte man sich den Aufstiegsphantasien überhaupt verweigern, die die Eltern in der Nachkriegszeit für diese Kinder entworfen hatten. Die Phantasien dieser Eltern sollten nicht in Erfüllung gehen.

Eine bereits zitierte Aussage von Rüdiger M.:

»*Es war einmal ein schlaues Kerlchen, dem fielen bestimmte Dinge leicht und dann hat es sich einmal ein bisschen angestrengt und dann hat es sich wieder in seine Faulheit, Faulheit, Faulheit, diese also zurückgezogen, unterhalb eventuell seines Potentials. Und dafür findet sich dann die eine oder andere geschickte Rationalisierung.*«

Eine merkwürdige Genugtuung schwingt in der dreimaligen Wiederholung des Wortes »Faulheit« mit. Die Zurückweisung der deutschen Tugend des Fleißes bereitet immer noch Freude. Aber auch: wenn ich nicht fleißig bin, werde ich nie Macht erlangen. Wenn ich keine Macht erlange, kann ich auch nicht zum Gatten der Mutter oder zum Täter oder auch zum völlig am Boden liegenden Verlierer wie die Väter der Nachkriegszeit werden. Diese Motive waren aber damals wirklich unbewusst. Auch deshalb unbewusst, weil es dann doch eine Verbindung gibt zu den Eltern; man irgendwie doch von ihnen kommt oder mit ihnen zusammenhängt, was im Bewusstsein fast schon getilgt war.

Im übrigen wurde nach Ersatzeltern, besonders auch Ersatzvätern durchaus gesucht. Jüdische Philosophen, Revolutionäre vergangener und gegenwärtiger Zeit boten sich dafür an. Manchmal ging das so weit, dass die 68er ganz in eine andere, vermeintlich bessere Zeit vor dem Krieg eintauchten und sich vollständig mit diesen Bewegungen und deren herausragenden Gestalten identifizierten.

Dieter M. erzählt im Erstinterview, wie er in der Gruppe *Die soziale Revolution ist keine Partei* arbeitete und wie sich deren Mitglieder mit den spanischen Anarchisten identifizierten:

»*D. M.: Ja, Durutti war für uns eine, vor allen (...) sozusagen die Schlüssellektüre war Orwells mein Katalonien (...) oder (...) und was jetzt der Kenneth Loach in dem Film da (...) Es ist komisch, weil ich sage, wir haben uns die Kleider angezogen. Als ich diesen Film gesehen habe von Kenneth Loach. Ich habe gedacht, ich wäre dabei gewesen.*«
[Dieter M. bezieht sich auf den Film Land and Freedom.*]*
Interviewer: *Ich habe damals in der DDR diesen Enzensberger (...).*
D. M: *Und Enzensberger hat es gerade damals auch rausgebracht:* Der kurze Sommer der Anarchie.
Interviewer: *Und kannst Du Dir, also von heute aus, erklären, dass man, wie das kommt, dass man sich so da identifiziert (...).*
D. M.: *Ich weiß nicht. Das ist komisch.*
Interviewer: *Man brauchte auch ein Vorbild?*
D. M.: *Irgendwie brauchten wir genau die (...) So wie die MLer sich dann, was weiß ich, den Mao und den Stalin und den Lenin vor allem angezogen haben. So brauchten wir irgendwie auch ein Kostüm. Also es war uns zumindest schon ganz klar. Es war uns ein gefundenes Fressen, dieses spanische, um zu zeigen, dass diese ML-Scheiße die größere, reaktionärste, übelste Sauerei der Welt ist, ja.*
Interviewer: *Man brauchte Argumente, um argumentieren zu können und teilweise auch etwas, was außerhalb von Deutschland war. Also haben alle was genommen, was nicht in Deutschland war?*
D. M.: *Da war auch was Exotisches. Aber ich war wirklich erstaunt, wie, als ich diesen Film sah, wie ich den Eindruck hatte, ja, das habe ich doch selbst erlebt.*«

Man hängt sich andere Kleider um, weil man sich mit der eigenen Identifikation nicht auf sicherem Boden fühlt, die eigenen Eltern und deren Geschichte scheiden ja aus. Man muss sich kostümieren wie auf dem Maskenball und dann dieses unheimliche Gefühl, so real mit den umgehängten Identifikationen verwachsen zu sein, als hätte man diese Realität erlebt und nicht die eigene so belastete deutsche.

Die Größen- und Allmachtsgefühle vom Ende der 60er Jahre veränderten sich im deutschen Herbst und in den 80er Jahren, und für manche bedeutete dies einen jähen und sehr herben Absturz. Immer wieder berichten Interviewpartnern von der hohen Zahl von Selbstmorden unter ihren Kommilitonen und Freunden Ende der 70er/Anfang der 80er Jahre. In dieser Zeit schlug ein Teil der Elterngeneration mit Hilfe staatlicher Institutionen mörderisch zurück. Plötzlich und unerwartet schien die latent anwesende Kastrationsdrohung doch noch wahrgemacht zu werden. Hier liegt ein bis heute unverarbeitetes Trauma der alten Bundesrepublik vor '89. Die Ereignisse dieser Zeit scheinen wie in einer Kapsel eingeschlossen. Spricht man diese Zeit an, quillt vieles hervor, was in der jetzigen Öffentlichkeit überhaupt nicht mehr wahrgenommen oder tiefer bearbeitet wird. In der Auseinandersetzung mit diesen Ereignissen und im Erleben von anderen Rückschlägen wurde das allmächtige Lebensgefühl gebrochen.

Im jetzigen Nachdenken wirken das Aufbegehren um 1968, der Bruch mit den Eltern und dann die mörderische Rache eines Teils dieser Eltern, der im Hass gegen die Terroristen, – die bösesten Kinder –, zum Ausdruck kam, aus der deutschen Geschichte sehr verstehbar. »Unser Verhältnis zum Großteil der Bevölkerung hier«, so das ehemalige RAF-Mitglied Birgit Hogefeld,

> »war äußerst ambivalent – dafür gab es in unserer Anfangszeit gerade in Deutschland gute Gründe. Wie hätten denn wir, die '68 und in der Folgezeit aufgestanden sind, um für eine gerechte und menschliche Welt zu kämpfen und deren Elterngeneration fast allesamt Nazitäter oder Mitläufer gewesen sind, auch nur auf die Idee kommen können, daß hier in diesem Land – in dem zu dieser Zeit naturbedingt die übergroße Mehrzahl der erwachsenen Bevölkerung aus dieser Geschichte kam und sich ihr Leben lang aus der Verantwortung gestohlen hat – mit diesen Menschen revolutionäre Umwälzungen durchzukämpfen sein könnten.«
>
> Hogefeld 1996, S. 45

Die gänzlich entwerteten und zurückgewiesenen Eltern wichen entweder vor der revolutionären Welle zurück und boten gar keine Reibung oder wurden in ihrer Verletztheit zu den blindwütigen Hassern, wie ihre Kinder sie sowieso sahen. »Ihr solltet alle in Arbeitslager.« Oder: »Euch sollte man vergasen.« »Alle RAF-Leute sollten an die Wand gestellt werden.« Das bekamen die 68er durchaus zu hören.

Leider war in diesen ganzen Kämpfen von beiden Seiten kein wirkliches Durcharbeiten der Konflikte möglich. Es war – von heute aus gesehen – ein »Durchagieren«, mit Toten auf beiden Seiten. Angesichts der Monstrosität der deutschen Verbrechen war dies vielleicht auch nicht anders möglich. Erst jetzt kann das Agieren reflektiert werden.

1989, am Ende des kalten Krieges, hatten aber die meisten dieser Generation einen mehr oder weniger befriedigenden Platz in der auch durch sie veränderten bundesdeutschen Demokratie gefunden. Trotzdem äußern viele mehr oder weniger offen Unzufriedenheit mit ihrem jetzt erreichten gesellschaftlichen Status. Sie bezeichnen sich als »Alleskönner«, die nichts richtig gelernt hätten, keine wirklichen Fachspezialisten geworden seien. Ihr Karriereverzicht, aber auch der Verzicht auf wirkliche Chancen wird bedauert, obwohl sich manche inzwischen in durchaus guten Positionen befinden. Wirken hier doch noch die Größenphantasien des Beginns, an denen gemessen die erreichte Macht zu klein erscheint? Oder etwas spitz formuliert: Haben manche der ödipalen Sieger von '68 den Zusammenprall mit der Realität nicht verkraftet?

Andere aber sitzen bis heute mit einer gewissen Traurigkeit oder aber auch einer Art Stolz in der Verweigerung fest. Wenn schon kein Sieg über die Eltern und über den Kapitalismus – dann eben gar nichts?

In der DDR dagegen wurde der durchaus vorhandene Wille zum Sich-Einlassen auf den Staat und seine Strukturen immer wieder frustriert und gebrochen. Die in der DDR nach 1945 in die Macht eingesetzte Generation war zum Teil erwiesenermaßen antifaschistisch oder reklamierte dies für sich. Sie schuf einen antifaschistischen Gründungsmythos, der eine ungeheuer starke Wirkung entfaltete – bis in die einzelnen Familien hinein, da er umfassende Schuldentlastung bot. Diese Schuldentlastung wurde von den gar nicht unschuldigeren Deutschen Ost gierig ergriffen und nach und nach sogar geglaubt, sowohl von den Eltern selbst, die in den Nationalsozialismus verstrickt gewesen waren, als auch dann von ihren Kindern: den 68ern im Osten. Die Identifikation mit den machthabenden Antifaschisten und später auch mit der DDR bot den ungeheuren Vorteil, nun scheinbar auf der richtigen deutschen Seite zu stehen, auf der Seite des Widerstands und damit auch auf der Seite der Opfer. Von dieser tiefen Identifikation mit den Opfern wollten sich auch die 68er Ost zunächst nicht trennen – selbst wenn diese nun Macht hatten und sie auch missbrauchten. Deswegen war die Auseinandersetzung mit der machthabenden Generation der Antifaschisten zunächst eher zaghaft und durch tiefe Loyalität und Achtung beschwichtigt. Wie hätte man die, die so viel riskiert und gelitten hatten, angreifen sollen? Die 68er Ost waren also Linke, die in der DDR für einen demokratischen Sozialismus eintraten und die DDR und ihr Ideologiegebäude zunächst nicht in Frage stellten.

Interview mit Renate T.:

»Also an einer sozialistischen Perspektive hatten die meisten keinen Zweifel bzw. waren da sehr aufgeschlossen gegenüber, aber die Kritik machte sich da fest, wo wir diese Perspektive, die wir theoretisch bejahten, in der Praxis als einen bürokratischen repressiven Staatsapparat erlebten, mit Engstirnigkeit und Phantasielosigkeit.«

Nach der Okkupation der CSSR wurden diese Kritiker durch Repressionen auf allen Ebenen gemaßregelt und vom Aufstieg ausgeschlossen. Wer sich öffentlich kritisch äußerte, musste immer mit staatlicher Gewalt rechnen. Den Aussteigern und Nicht-Karrieristen Ost blieb teilweise gar kein anderer Weg, weil ihnen die Gesellschaft gerade keine Angebote machte, sondern sie schon bei geringer Nicht-Anpassung zumindest von Karriere ausschloß. Irgendwann bekam dieser Prozess eine eigene Dynamik, und manche entschlossen sich, von sich aus diese Anpassung nicht zu leisten und keine Karriere anzustreben. Andere beschlossen gleich von Anfang an, gar nicht erst zu versuchen, einzusteigen – wie vielleicht die Punks in den achtziger Jahren. Auch hier zwei gegenläufige Prozesse: Die Ostler bewegten sich von '68 bis '89 von dem Versuch, sich in die Strukturen einzubringen zu immer mehr Ablehnung dieser Strukturen. Die Westler bewegten sich von Umsturzplänen zum Einlassen auf die BRD.

Unter Rekurs auf die ödipale Konstellation könnte man die etwas kühne Behauptung aufstellen, dass die Ostler unter der Repression den ödipalen Konflikt durch Verständnis der Eltern und den Versuch der Nähe zu ihnen zu umgehen versuchten und dies auch gegenüber Vater Staat praktizierten.

Renate T.:

»Das war schon so eine Zwiespältigkeit, mit der ich aufgewachsen war, wie viele auch, aber ich muss sagen, das habe ich meinen Eltern nicht übel genommen, weil ich das irgendwo verstand, dass das so ein Zwang war, der nicht von ihnen kam, sondern eben vom Staat.«

Dabei war also auch viel Angst vor der Staatsmacht im Spiel; eine von den Eltern weitergegebene Angst noch aus der Nazizeit, aber auch Angst aus den 50er Jahren.

Ursula K. legt ihrem Vater, einem evangelischen Pfarrer, im Interview folgende Rede in den Mund:

»Wir hatten die Erfahrung der Stalinzeit und wussten, wie der Staat zugeschlagen hatte. Und da kamen auf einmal so 'ne jüngeren, spontanen, nicht zu zügelnden Menschen, die auch immer Forderungen gestellt haben, wo wir gezittert haben, ja? Wir hatten auch wirklich Angst um sie, ja, denn wir wussten, wozu der Staat fähig ist.«

Und auf Seiten der Töchter und Söhne dieser von zwei Diktaturen geprägten Eltern dann auch die berechtigte Angst, bei zu starker Abgrenzung vom Staat von diesem ausgestoßen oder vernichtet zu werden. Nicht umsonst heißt das erste Buch von Thomas Brasch, das nach seiner Ausreise in der Bundesrepublik erschien: *Vor den Vätern sterben die Söhne.* Sein Vater, damals stellvertretender Kulturminister, hatte ihn 1968 nicht aus dem Gefängnis geholt, als er gegen die Okkupation der CSSR protestiert hatte. Die DDR war in ihren Reaktionen auf jugendlichen Protest ungleich rigider und autoritärer als die BRD. Vor allem stellte sie das Weggehen-Wollen unter Todesdrohung und setzte anderseits die Ausweisung als Bestrafung, als Ausstoßung ein.

Das Motiv vom fehlenden oder spät heimkehrenden Vater war auch im Osten ein generationsübergreifendes Bild. Anscheinend wurden aber die frühen Allmachtsphantasien sehr schnell durch staatliche Repression gebrochen und zwar schon bei den Eltern, die ihre Angst und Gebrochenheit an die Kinder weitergaben. Kastrierte Eltern erregen bei den Kindern nicht nur Auflehnung und Verachtung, sondern auch Mitleid und Verständnis.

Bei den Westlern wird der ödipale Konflikt – auch im richtigen Alter – vehement angegangen, aber mit Verstoßung der Eltern gelöst. Die elterliche Instanz wird grundsätzlich verneint und damit ist eine Anerkennung positiver Aspekte von ihr sowie die Anerkennung des eigenen Geprägtseins durch sie nicht möglich. Hier scheint die Figur des »schuldigen Vaters« aus dem Nationalsozialismus es unmöglich zu machen, wenigstens etwas von ihm anerkennen zu können, zumal als gesetzgebend. »Wir haben die Allmacht des Staates verinnerlicht, die politische Unterdrückung und Menschenjagd totalisiert, weil sich so am klarsten unsere Existenz im linken Getto rechtfertigen ließ.« (Hartung 1978, S. 182) Da die Entgiftung vom Nationalsozialismus nach '45 von der gesellschaftlichen Kultur der Bundesrepublik nur unzureichend geleistet wurde, luden sich die 68er diese Arbeit auf. Ihre väterlichen Objekte konnten nicht integriert werden, weil sie als böse abgespalten und dann im als faschistoid angesehenen Staat bekämpft wurden. Das ist von der deutschen Geschichte her verstehbar. Nur ist es dann für manchen Sohn oder manche Tochter eine tragische Geschichte. Dieter M. sagt:

»Ja. Also ich denke, da bin ich sozusagen negativ fixiert geblieben an meinen Vater, den ich irgendwie als jemand relativ (...) skrupellosen Karrieristen phantasiere, und deswegen ist jede Karriere und jeder Berufsweg für mich sozusagen mit der Skrupellosigkeit und mit dem Verbrechen verbunden, und indem ich tatsächlich so gelebt habe, bin ich daran gebunden geblieben eigentlich, wenn auch negativ, aber ich habe mich sozusagen nie von dieser (...) Gleichung: Karriere = Verbrechen befreien können.«

Östliches Verbleiben in der Verklammerung

In der DDR war es auch noch aus anderen Gründen schwer, wirklich erwachsen zu werden und sich von den Eltern zu lösen. In diesem Staat wurde versucht, den Antagonismus zwischen Familie und Kultur einzuebnen, wie dies in Kulturen der Fall ist, die sich vom Kulturwandel abschirmen, indem sie die Adoleszenz »einfrieren«. (Erdheim 1984 u. 1988) Dies geschah mit Hilfe der staatlichen Institutionen wie Schule, Jugendorganisationen und Armee und mit Hilfe von festgezurrten Initiationsritualen, die die Jugendlichen auf die bestehende Kultur verpflichteten und damit ein quasi-familiäres Angebot machten. Die in der Adoleszenz liegenden Veränderungspotentiale wurden so in das Bestehende eingebunden und konnten nicht ausformuliert und ausgelebt werden. Dies führte zu einer Familiarisierung der Kultur.

Die Auswirkungen dieser Familiarisierung auf die Psyche der Bürgerinnen und Bürger der DDR hat der Schriftsteller Uwe Johnson schon 1970 beschrieben, in seinem hellsichtigen und wunderbaren Essay: *Versuch, eine Mentalität zu erklären.* Er setzt sich in diesem Essay mit der

Mentalität von Menschen auseinander, die aus der DDR in die Bundesrepublik gegangen waren. Ihm fällt auf, dass sie sich von diesem Staat
auch nach dem Weggehen nur schwer trennen können. »So reden Kinder
von ihren Eltern. So reden Erwachsene von jemand, der einst an ihnen
Vaterstelle vertrat (...). Sie fordern den ehemaligen Vormund in die Rolle
des Partners, noch im Zorn verlangen sie das Gespräch mit ihm.« (Johnson 1975, S. 58) »In vielen Aussagen erscheint die DDR als fest umris-
sene personenähnliche Größe (während die Bundesrepublik bewußt ist
als lediglich eine Lage, in der man sich befindet).« (ebd., S. 55) In dieser
familiarisierten DDR-Kultur wurde dann ja wirklich von »unseren
Menschen« gesprochen, wie man von unseren Kindern spricht, und es
kam zu der jetzt so oft beschworenen »menschlichen Wärme« im gesellschaftlichen Umgang, wie sie vielleicht eine solche familiarisierte Kultur
hervorbringt – mit den Vorteilen und den Nachteilen, die dies hat. Die
Vorteile sind die Gefühle von Geborgenheit und Zusammengehörigkeit,
die diese Art von Kultur ihren Mitgliedern bietet. Man arbeitet für den
Staat, und der Staat übernimmt fürsorgerische Funktionen für seine
Bewohner. Wenn man sich gegen den Staat wendet, kann man sich trotzdem seiner ständigen verfolgenden Aufmerksamkeit gewiss sein. Der
Nachteil ist, dass eine solche familiarisierte Kultur sich damit vor jeder
Veränderung nach außen und nach innen abschirmt. Bürger, die von
innen her Wandel anmahnen, drohen Bestrafung und Ausstoßung.
Johnson: »Denn diese strenge Erzieherin DDR bestrafte schon leise Zwei-
fel an ihrer Güte mit Liebesentzug.« (ebd., S. 58)

Die Jugendlichen trafen also bei ihren Versuchen, sich vom Elternhaus zu emanzipieren, auf eine Kultur, die sie erneut festlegen wollte
und Loyalität forderte. Sie einmauern wollte – sogar mit einer wirklichen Mauer. Dies führte zu einer Regression der Adoleszenten auf teilweise infantile Verhaltensweisen, wie sie sich z. B. auch in der Definition von Rudolf Bahro wiederspiegelt, der vom bürokratischen DDR-
Sozialismus als »System der organisierten Verantwortungslosigkeit«
sprach. Viele versuchten, die Gesetze des Vater Staates mit klamm-
heimlicher Freude außer Kraft zu setzen oder zu umgehen – und dies
ist eigentlich infantil. Nach Meador (2001) kann man bei Ostlern relativ häufig eine Spaltung des Objekts finden, der die DDR entgegen kam.
Das väterliche oder auch mütterliche Objekt wurde in ein gutes,
beschützendes und ein böses, gesetzgebendes gespalten. Das Böse

wurde auf den Staat projiziert und das Liebe verkörperten die Eltern. Damit müssen gesetzgebende Funktionen nicht integriert werden, die wirklich rigiden und »bösen« Gesetze der DDR müssen nicht anerkannt werden und können mit gutem Gewissen »hintenrum« außer Kraft gesetzt werden, ohne die offene und konfrontative Auseinandersetzung mit ihnen zu suchen. Den Staat nicht ernst zu nehmen und ihn, wo man kann, zu hintergehen, ist eine verbreitete ostdeutsche Verhaltensweise. Die wirklichen Oppositionellen aber, also viele unserer Interviewpartner, nahmen den Staat ernst und beim Wort – und hatten dann auch seine Restriktionen zu erwarten.

> »Aus der eher spielerischen Jugendkultur wird durch die brachiale, zynische Repression der Sicherheitsapparate plötzlich bitterer Ernst. Alle Leichtigkeit und Offenheit, die sich kurzfristig angedeutet hatten, sind dahin. Plötzlich fühlen sich die Exponenten des jugendkulturellen Aufbruchs in den Vorhof des Gulag versetzt. Die einzige Möglichkeit, sich gegen diesen Angriff zu behaupten, besteht darin, die kommunuikativ-lebensweltlichen Zusammenhänge konspirativ zu verdichten und nach außen abzuschließen.«
>
> Göschel, 1999, S. 175

Diese Abdichtung förderte eine konspirative Moral und war das Gegenteil von Übungsspielen im öffentlichen Raum, von Einüben demokratischer Regeln.

Sehr häufig werden in den Interviews mit Ostlern Konflikte mit der Schule oder der Jugendorganistion in der frühen Adoleszenz geschildert. Die Rigidität der Verantwortlichen in den staatlichen Institutionen ist in ihrer Dummheit und Ignoranz kaum nachvollziehbar. »Wenn ihr euch nicht anpaßt, nicht anders werdet, droht euch der Ausschluss und die Ausstoßung. So wie ihr seid, werdet ihr nicht gebraucht und gewollt.« – lautet die Botschaft der staatlichen Autoritäten. »Wir wollen immer artig sein/denn nur so hat man uns gerne (...).« – schallt es ihnen in den Achtzigern von der Gruppe *Feeling B* ironisch zurück. Ende der Sechziger/Anfang der Siebziger brachte die rebellische Szene diesen Humor noch nicht auf. Sie versuchte es noch mit ihnen und mit dem Artigsein. Interessanterweise finden sich aber fast immer auch einzelne Erwachsene, Lehrer, ein Elternteil usw., die den Jugendlichen ein verstehendes Angebot machen. Ein besonders aussagekräftiges Beispiel dafür findet sich in dem bereits zitierten Interview mit Renate T.:

149

»*Und kriegte mit, dass der Klassenlehrer auch zwei Meinungen hatte. Eine offizielle und eine, die er mir anvertraute. Und das begriff ich nicht. Ich begriff, also er hielt mich für reifer und verständiger und vernünftiger, als ich wirklich war. Er hielt mich für vernünftig genug, um mir vertrauen zu können und er erwartete ein Verständnis dafür, dass der eben diese beiden Meinungen haben musste, während ich das nicht verstand. Und dann auf dieser Versammlung sagte, aber Herr Dr. Schmidt, Sie sind doch auch dagegen, ich weiß das, sie sind doch auch dagegen, dass der Achim von der Schule fliegt. Ich weiß noch, dass er knallrot anlief und mit seiner Hand fürchterlich auf den Tisch haute mehrmals, also richtig hysterisch und rief ganz laut:* ›*Ich lasse mir den Glauben an diesen Staat nicht nehmen*‹ *– oder so was ähnliches Blödes. Aber in seiner Bedrängnis, weil der jetzt Angst kriegte, dass ich da so was sage. Und daraufhin fing ich an zu heulen und rannte raus und da war die Sache für mich erledigt.*«

Typisch für manche dieser verstehenden Angebote der Erwachsenen an die Jugendlichen ist ihr inzestuöser Gehalt. Der Lehrer in dieser Szene mit Renate T. überschreitet die Generationsgrenze, vertraut sich der Jugendlichen an und erwartet von ihr Geheimhaltung, Stütze und Vertrauen im gemeinsamen Ertragen der Repressionen des Staates. Er bietet eine Trostgemeinschaft gegen den übermächtigen Staat an, die er aber bei Bedarf und Bedrängnis wieder aufkündigt. Die Jugendliche kann auf dieses verlockende Angebot eingehen und in einer mehr oder weniger innigen Verklammerung mit dem Erwachsenen verbleiben. Aus Trennungsangst und der ganz realen Angst, der Repression allein ausgeliefert zu sein, wird sie ihn idealisieren und sich nur sehr schwer von ihm trennen können. Oder aber sie wird dieser Verführung widerstehen, das Angebot nicht annehmen und ausgeschlossen werden.

Eine andere Szene aus dem Interview mit Georg S.:

»*G. S.: Also, was ich eigentlich erzählen wollte, war das Beispiel für dieses Doppeldenken und Doppelformulieren. Ein Schulfreund von mir, der war Sportler, Leistungssportler, Orientierungslauf hat der gemacht und hatte auch Auslandseinsätze sozusagen. Und deswegen kannte er u. a. Leute in Prag. Hatte an diesen Freund, hatte an den einen Brief geschrieben, unmittelbar vor dem 20. August 1968, vielleicht sogar danach, das weiß ich nicht genau. Das war ja in den Sommerferien. Und dieser Brief war abgefangen worden an der*

Grenze – also war nicht durchgelassen worden. Daraufhin wurde er verhaftet, das waren sogar, glaube ich, sogar mehrere Briefe, das weiß ich nicht im einzelnen. Wurde er verhaftet und als wir wieder in die Schule kamen am 1. September, naja in dieser sowieso schon ziemlich aufgeheizten Situation, stellte sich also heraus, der war verhaftet und saß in Untersuchungshaft wegen irgendwelcher staatsfeindlicher Hetze oder sowas, ja. Niemand hatte uns irgendwas genaueres gesagt, das Muster war eben nicht Information, sondern Meinung. Wir hatten hatten gegen ihn zu sein, und zwar ohne zu wissen, warum.

So, jetzt musste die Klasse, also die FDJ-Gruppe, also ich eine Distanzierung schreiben. Eine offizielle, öffentliche Distanzierung als Klasse von diesem konterrevolutionären Imperialistenknecht usw. usw. So. Und der Klassenlehrer, der war gut, unser Klassenlehrer, der – der hatte genau das gleiche Problem, ne? Der wusste nicht wesentlich mehr, war genauso verpflichtet, uns dazu zu bringen, das zu schreiben. Er war dafür verantwortlich, natürlich (...). Wir mussten überlegen, wie wir diesen Brief schreiben. So, wir haben zu viert oder zu fünft da gesessen und irgendwie stellte sich heraus, der Lehrer und ich wollten ziemlich, hatten ungefähr die gleiche oder ziemlich genau die gleiche Vorstellung, wie man das machen kann. Erstens: man muss es machen, zweitens: man muss es so machen, dass es irgendwie doch geht. Wir waren der Meinung: erstens, das die in Prag sowieso recht hatten, Punkt eins. Punkt zwei: wir waren der Meinung, dass der nicht verhaftet werden durfte, schon gar nicht wegen sowas. Und Punkt drei, und überhaupt. Und andererseits war uns klar, man muss das machen. Wir können das nicht nicht machen, dann sind wir erledigt. Er ist erledigt, ich bin erledigt, alle sind erledigt. Also haben wir was geschrieben, und das lautete dann so – ungefähr, sinngemäß, ich kann das jetzt nicht zitieren, ich hab' auch den Text nicht mehr, ich weiß nicht, wo der abgeblieben ist, weggeschickt, was weiß ich. Also wir verurteilen konterrevolutionäre Taten – sinngemäß jetzt, nicht zitiert – wir verurteilen konterrevolutionäre Taten und wenn er, Fritzchen Müller, eine solche begangen hat, verurteilen wir seine Taten eben auch. So als, als Tenor, ja?

Interviewer: *Ja, ich verstehe.*

G. S.: *Womit gemeint ist, wir verurteilen sie, aber wieso, der hat doch gar nichts gemacht, ne?*

Interviewer: *Und wenn's kein konterrevolutionär ...*

G. S.: *Ja, konterrevolutionär, jederzeit, aber das ist ja gar keiner. So ungefähr läuft das.*

Interviewer: *Mhm, verstehe, mhm.*

G. S.: Und damit waren sie zufrieden, mehr konnten sie nicht kriegen. Es ging ja sowieso immer nur um die Demonstration. Es ging sowieso immer nur um – naja nicht immer nur – aber es ging zunächst mal in der Regel um Rituale.«

Auch hier der unausgesprochene Bund von Lehrer und Schüler gegen die Repression, in der dann aber der Schüler mit dem Lehrer verpflichtend verklammert bleibt. Zusammen arbeiten sie das geforderte Ritual ab. Sich zu wünschen, dass der Lehrer vielleicht offen für diesen Schüler Partei nimmt – sich also auch an ihn mit Forderungen zu wenden oder gar zusammen den offenen Protest gegen diese doch unrechtmäßige Verhaftung zu wagen, erscheint selbstmörderisch. (»Alle sind erledigt.«) So wird ein Text geschrieben, der als ein Musterbeispiel für »Doppeldenken« gelten kann, Lehrer und Schüler haben zusammen das Gefühl, die Macht ausgetrickst zu haben und bleiben miteinander im wahrsten Sinne des Wortes »unter einer Decke«. Die Auseinandersetzung mit dem Lehrer, die wichtige Generationsauseinandersetzung findet nicht statt, weil man gegen die als übermächtig erlebten repressiven Strukturen zusammenhalten muss.

Viele haben im Osten den Verbleib in dieser Verklammerung oder auch die von Meador beschriebene Spaltung des Objekts gewählt, wählen müssen. Deswegen entsteht auch bei den Untersuchungsergebnissen zum erinnerten elterlichen Erziehungsverhalten in der DDR ein stimmiges und gleichzeitig unbehagliches Gefühl. Die Untersuchungen von Brähler (1995) und Brähler/Richter (1995) erwiesen statistisch signifikant, dass die erfahrene Ablehnung durch Vater und Mutter im Osten deutlich geringer ist als im Westen, dass die emotionale Wärme von Seiten der Mutter, aber auch des Vaters deutlich höher war. Die Osteltern werden warmherziger und toleranter geschildert. Sie hätten weniger bestraft und geschlagen, weniger beschämt und mehr unterstützt. Es ist zu vermuten, dass dies eine Erinnerung ist, die sich aus der Familiarisierung der Kultur und den erlebten Trostgemeinschaften speist und damit die DDR-Familie in einem unangemessen harmonischen Licht leuchten lässt, weil diese Trostgemeinschaften und die Spaltung des Objekts teilweise bis heute nicht aufgehoben werden konnten. Zur Idealisierung der DDR-Familie sollten diese Untersuchungsergebnisse nicht herangezogen werden.

In der Familiarisierung der Kultur liegt wohl auch einer der wichtigsten Gründe, warum es in der DDR nicht zu einer Generationsauseinandersetzung wie 1968 in der Bundesrepublik gekommen ist. Die DDR-Kultur war so vereinnahmend und so wenig bereit, sich in Frage stellen zu lassen, dass die Jugendlichen wieder auf die Herkunftsfamilie zurückgeworfen wurden. »Die starke Rückbeziehung auf das Herkunftsmilieu war neben dem politischen Außendruck dafür verantwortlich, daß es in der DDR zu keinem offen und unversöhnlich ausgetragenen Generationskonflikt kam.« (Engler 1999, S. 331) Eine andere Art zu leben und die Welt zu sehen, behauptete sich besonders in Gruppen der 50er-Jahre-Generation, aber es kam nicht zu einem wirklichen Konflikt mit den Eltern, sowieso nicht öffentlich und auch nicht zu ähnlichen Brüchen wie im Westen. Diese langsame und unvollständige Ablösung von den Eltern hatte natürlich auch Vorteile, weil beiden Seiten mörderische Brüche meist erspart blieben. Sie hatte aber auch Folgen für die Auseinandersetzung mit der nationalsozialistischen Vergangenheit in der DDR. Diese Auseinandersetzung gab es in einem gesellschaftlichen, quasi ideologisierten und festgesetzten Rahmen. Es kam aber nur selten zur konkreten Frage an Eltern oder andere Autoritäten: Was habt ihr vor 1945 gemacht? Unmittelbar, nachdem Renate T. über ihr Verständnis für das Zurückweichen ihrer Eltern gegenüber der DDR-Staatsmacht gesprochen hat, schließt sie im nächsten Satz an:

»(...), dass das so ein Zwang war, der nicht von ihnen kam, sondern eben vom Staat. – Über den Krieg hat mein Vater nie erzählt. Wenn wir mal danach gefragt haben, was ja selten vorkam, aber wenn wir durch irgend etwas auf dieses Thema kamen, dann habe ich gemerkt, dass er nicht darüber reden mochte. Er war auch im Ostfeldzug als sehr junger Mann mit 18 noch eingezogen worden und meine Mutter sagte dann, frag ihn nicht weiter, er möchte darüber nicht reden. Und das haben wir eigentlich auch respektiert.«

Weil sie die Eltern in der Gegenwart ihrer Kindheit als unter Staats-Druck stehend erlebte, will sie nicht noch mehr Druck machen und nach der Vergangenheit fragen. So taucht die Figur des »schuldigen Vaters« als Auseinandersetzungsfigur im Osten entweder gar nicht oder nur im Privaten auf, schon gar nicht als generationsübergreifendes Motiv. Vor allem wird diese Frage nicht in den staatlichen Institutionen gestellt. Bettina R., DDR-Bürgerrechtlerin:

»Seit ich 17 bin, gibt es mit meinem Vater immer Zoff, weil der Wehrmachtssoldat war. Und für den war natürlich diese Zeit des Krieges, wo er also umhergekommen ist in Frankreich und ich weiß nicht wo überall, natürlich die Zeit seines Lebens, wo er was erlebt hat. So viel hatte er vorher nicht erlebt und er findet, dass er hinterher auch nicht so viel erlebt hat. Und deswegen ist diese Zeit sehr wichtig für ihn und deswegen verteidigt er diese Zeit immer. Er kann das Böse nicht sehen. Und da fetzen wir uns, seit ich 17 bin.«

Sie schildert dann eine Auseinandersetzung mit ihm anläßlich der Wehrmachtsausstellung, um dann auf die Schwierigkeit dieser Art von Auseinandersetzungen in der DDR zu kommen.

»Und zur DDR-Zeit ging es eben nicht, weil du keinerlei Unterstützung hattest. Und das musstest du dann im privaten Bereich allein machen. Das geht ja nicht, kannst ja nicht. War kein gesellschaftliches Thema. Das tut mir schon leid.«

Der antifaschistische Mythos der DDR wurde so weit übernommen, dass die Auseinandersetzungen darüber keinen breiten Raum in den Diskussionszirkeln der Oppositionellen einnahmen und oft auch einfach nicht geführt wurden. Eben auch deswegen nicht, weil Junge und Alte in der DDR wieder neuen totalitären Herrschaftsstrukturen ausgesetzt waren. Die Jungen konnten sehen, wie die Alten sich erneut verbiegen und taktieren mussten, wie sie sich unterwarfen oder wie sie litten. Und die Jungen wussten, dass ihnen dies auch bevorstand, wenn sie in der DDR bleiben würden. Es gab also mehr Identifikation mit den Eltern und mehr Verständnis für sie als bei Gleichaltrigen im Westen. Und totalitäre nationalsozialistische Strukturen in Frage zu stellen, hätte bedeutet, auch die damaligen totalitären DDR-Strukturen in Frage zu stellen. So weit wollten und konnten die Jugendlichen nicht immer gehen, weil es auch ihre damalige Existenz in der DDR grundlegend in Frage gestellt und gefährdet hätte. Außerdem hätte dies auch die Frage des Verlassens der DDR wieder aufgeworfen. Das konsequente infrage stellen, die wirklich konsequente Opposition führte oft aber zum Verlassen der DDR, freiwillig oder gezwungen. Viele Oppositionelle sind gegangen oder mussten gehen.

Zusammenfassend könnte man über das Generationenverhältnis der 68er in Ost und West konstatieren, dass es als Beispiel dafür dienen kann, wie sich der Ödipuskomplex kulturspezifisch unterschiedlich ausformt. Die Westler konnten sich der Generationsproblematik nach dem Nationalsozialismus, den mörderischen Problemen mehr stellen. Sie haben sie agiert und am eigenen Leib durchlitten. Unter den demokratischen Rahmenbedingungen der Bundesrepublik hatten sie auch den Spielraum dafür. Sie konnten Notwendiges oft ganz unbewusst, aber doch zum Ausdruck bringen. Wichtige Themen wurden angeschlagen und damit der immer wieder erneuten Durcharbeitung zugänglich. Im Osten blieb unter der erneuten Repression dafür zu wenig Kraft übrig. Die Ostler mussten sich zum Teil im alltäglichen Widerstand verschleißen. Der autoritäre Druck war so stark, dass es nicht zum Agieren der alten mörderischen Themen kam, damit aber auch nicht zu ihrem gesellschaftlichen Bewusstwerden und Durcharbeiten. Eine Folge davon ist, dass die unter der Decke weiter wirkende rechte Gesinnung im Osten seit 1989 klar zum Ausdruck kommt, nun besonders bei den Jüngeren. Der nicht bewältigte unbewusste Generationskonflikt wird in der nächsten Generation ausgetragen. Das hat mit ihren antifaschistischen Ritualen und der Repression die DDR bewirkt: Das Niederhalten des Konflikts. Die wirkliche Auseinandersetzung mit dem Mörderischen im Psychischen und zwischen den Generationen konnte nur zum Teil geleistet werden.

Literatur

Böhme, I. (2000): Lob der Vaterlosigkeit. In: Kursbuch Nr. 140. Berlin (Rowohlt).

Brähler, E. (1995): Erinnertes elterliches Erziehungsverhalten und Lebenszufriedenheit. In: Brähler, E./Wirth, H.-J. (Hg.) (1995): Entsolidarisierung. Opladen (Westdeutscher Verlag). S. 190–200.

Brähler, E., Richter, H.-E. (1995): Deutsche Befindlichkeiten im Ost-West-Vergleich. In: Psychosozial Nr. 1. (1995): Ossis und Wessis. Gießen (Psychosozial). S. 7–20.

Brückner, P. (1983): Provokation als organisierte Selbstfreigabe. In: Selbstbefreiung. Berlin (Wagenbach). S. 11–81.

Engler, W. (1999): Die Ostdeutschen. Berlin (Aufbau-Verlag).

Erdheim, M. (1984): Die gesellschaftliche Produktion von Unbewußtheit. Frankfurt/Main (Suhrkamp).

Erdheim, M. (1988): Die Psychoanalyse und das Unbewußte in der Kultur. Frankfurt/Main (Suhrkamp).

Freud, Sigmund (1974): Die Zukunft einer Illusion. In: S. Freud. Studienausgabe, Bd. IX. Frankfurt/Main (Fischer).

Freud, Sigmund (1972): Drei Abhandlungen zur Sexualtheorie. In: S. Freud. Studienausgabe, Bd. V. Frankfurt/Main (Fischer).

Froese, M, Seidler, C. (Hg.) (2001): Sechs sozialpsychologische Thesen zur Arbeitstagung. In: Leben im Übergang. Berlin (edition bodoni). S. 8–12.

Havel, Vaclav (1980): Versuch in der Wahrheit zu leben. Reinbek (Rowohlt).

Hogefeld, B. (1995): Zur Geschichte der RAF. In: v. Braunnmühl, C., Hogefefeld, B. (Hg.) (1996): Versuche, die Geschichte der RAF zu verstehen. (Psychosozial) Gießen. S. 19–57.

Horkheimer, Max (1968): Autoritärer Staat. Amsterdam (de Munter).

Johnson, U. (1970): Versuch, eine Mentalität zu erklären. In: Derselbe (1975): Berliner Sachen. Frankfurt/Main (Suhrkamp). S. 52–63.

Meador, M.: Über eine Anpassungsfigur. In: Froese. M. und Seidler, C. (Hg.) (2001): Leben im Übergang. Berlin (edition bodoni).

Mertens, W. (1994): Entwicklung der Psychosexualität und der Geschlechtsidentität. Stuttgart, Berlin, Köln (Kohlhammer).

Rabehl, Bernd (1968): Von der antiautoritären Bewegung zur sozialistischen Opposition. In: Bergmann, U., Dutschke, R., Lefèvre, W., Rabehl, B.: Rebellion der Studenten. Reinbek (Rowohlt).

Schneider, Ch., Stillke, C., Leineweber, B. (1996): Das Erbe der Napola. Hamburg (Hamburger Edition).

Der unsichere Vater:
Vaterlosigkeit in Ost und West

>»Ob Du es willst oder nicht,
>die Vergangenheit deiner Gene ist politisch,
>die Haut hat politischen Schimmer,
>die Augen politischen Aspekt.«
>
>Wislawa Szymborska

»Pater semper incertus est.« Im alten Rom war es üblich, das Neugeborene vor dem Mann niederzulegen, der die Vaterstelle einnehmen sollte. Nahm er es auf, war das Kind hinfort, unbeschadet der biologischen Vaterschaft, seines. Dieser Akt der Adoption kann als die zweite, die soziale Geburt des Kindes verstanden werden. Es ist zugleich auch die Geburt des Vaters. Der Ritus bezeugt: Vaterschaft ist – sozial konstituierte – Glaubenssache.

Heute grenzt es an eine Trivialität, den komplementären Aspekt, die Bedeutung des Vaters für die Konstitution des Sozialen hervorzuheben. Nicht zuletzt die einschneidenden Veränderungen der Vaterrolle im 20. Jahrhundert haben die Soziologen und Psychologen nachhaltig beschäftigt. Erstaunlich ist dabei nicht der Wechsel der daraus abgeleiteten sozialpsychologischen Pro- und Diagnosen, sondern die Tatsache, dass sie sich in völlig verschiedenen Konstellationen wiederholen. Das betrifft z. B. die berühmte Diagnose einer »vaterlosen Gesellschaft«, die Alexander Mitscherlich der bundesrepublikanischen Nachkriegsgesellschaft stellte. Bereits 1919 hatte der Psychoanalytiker Paul Federn einen Aufsatz mit demselben Titel veröffentlicht – allerdings mit einer anderen Akzentuierung des Problems. Die Differenz der beiden gleichlautenden Diagnosen[1] ist mehr diskutiert worden als ihre Ähnlichkeit: Beide sind zu Zeiten entstanden, in denen die Väter ein knappes Gut darstellten, weil allzu viele von ihnen »im Krieg geblieben« waren. Erst aus dem

---

[1] Federn diskutiert die vaterlose Gesellschaft – aus sozialistischer Perspektive – als utopische Chance. Bei Mitscherlich steht dieselbe Metapher für einen fundamentalen Orientierungsverlust und repräsentiert eine Bedrohung für gelingende Traditionsbildung in demokratischen Gesellschaften.

Sicherheitsabstand von ein oder zwei Generationen wird deutlich, dass die Vaterlosigkeitsdiagnose nicht nur ein Reflex auf den symbolischen, sondern den höchst realen Vaternotstand in der Folge des Weltkrieges war. Als Mitscherlich sie formulierte, träumte noch keinem, dass die Vaterproblematik schon bald mit *politischer* Vehemenz neu aufbrechen sollte. Das ominöse, zur Chiffre gewordene Jahr 1968 steht unter anderem für eine »Revolte gegen den Vater« (G. Mendel), in der sich die Diagnose der Vaterlosigkeit als symbolischem Mangel mit der Realität einer schlecht symbolisierten Überpräsenz des väterlichen Erbes vermischte. Die Protagonisten des Protests weigerten sich durchaus berechtigt, ihre Rebellion auf psychologische Faktoren reduziert zu sehen. Dies erscheint jedoch heute gerade notwendig, um das politisch und historisch Besondere dieses Protests angemessen begreifen zu können. Es geht dabei keineswegs um eine Psychologisierung.

Die Revolte gegen den Vater ist – schon aufgrund der sozialen Konstruktion von Vaterschaft – *nie* ein psychologisches faktum brutum. Aber sie ist *immer* ein psychologisches Dispositiv, dessen Vernachlässigung Politik, Geschichte und Gesellschaft in problematischer Weise systematisiert, d. h. der lebensweltlichen Dimension beraubt. Die 68er Generation als »vaterlose« hat entscheidende Aussagen über das Schicksal des Vaterkonflikts und der Generativität in der prekären Phase eines gesellschaftlichen Neuanfangs nach dem Zivilisationsbruch gemacht. Nicht nur in ihren literarischen und theoretischen Hinterlassenschaften, sondern v. a. in ihren Handlungen. Sie hat das Problem der Vaterlosigkeit in seiner doppelten Bedeutung *agiert*. Einmal als Wunsch, die Erbschaft der Väter auszuschlagen und dann als Wut auf das Ausgesetztwerden, den Verlust der Väterlichkeit – im Symbolischen wie im Realen.

Selten haben die Väter eine so dominante Rolle gespielt, wie in dieser Generation, die gerne mit dem Attribut des »Antiautoritären« versehen wird. Es ist insofern keineswegs erstaunlich, dass die Väter in den Interviews mit Angehörigen dieser Generation eine zentrale Rolle spielen: Im Westen, das ein lauteres, ein demonstrativeres »68« hatte, mehr als im Osten. Es ist nicht zufällig einer unserer West-Gesprächspartner, der seine schwierige Vaterbeziehung in einem Buch aufarbeiten wollte, das er dann doch nicht zu schreiben wagte, aber dessen Titel für ihn immer feststand: *Die Wut über den verlorenen Vater*.

Für den psychoanalytischen Blick dürfte ein anderes Phänomen ebenfalls kaum Erstaunen auslösen – und doch hat es uns immer wieder überrascht: die ungeheure Macht der *toten* Väter. Sie sind mächtiger als die lebenden je sein konnten. Spätestens seit Freuds *Totem und Tabu* wissen wir um diesen zentralen psychologischen Tatbestand. In seinem »wissenschaftlichen Mythus« vom kollektiven Vatermord der Brüderhorde, den er im Verhalten der konstitutionell neurotisch gewordenen Kulturmenschen zum Syndrom geronnen wiederfindet, entdeckt er die wahre Macht des Vaters im Schuldbewusstsein der Nachkommen. Er erklärt aus ihm den »nachträglichen Gehorsam« der mörderischen Söhne:

> »Der Tote wurde nun stärker, als der Lebende gewesen war; all dies, wie wir es noch heute an Menschenschicksalen sehen. Was er früher durch seine Existenz verhindert hatte, das verboten sie sich jetzt selbst in der psychischen Situation des uns aus den Psychoanalysen so wohl bekannten ›nachträglichen Gehorsams‹.«
>
> Freud 1974, S. 427

Freud sah in diesem Gehorsam den Beginn der »Sittlichkeit der Menschen«. Die aus dem Schuldbewusstsein der Söhne geschaffene Totemreligion, in der sie den Versuch machen, »dies Gefühl zu beschwichtigen und den beleidigten Vater durch den nachträglichen Gehorsam zu versöhnen« (ebd.) enthält Züge, »die fortan für den Charakter der Religion bestimmend bleiben«. (ebd., S. 428) Die »*Vatersehnsucht*« als »Wurzel aller Religionsbildung« (ebd., S. 431) ist zweifellos nicht auf Glaubenssysteme beschränkt. Sie lässt sich als gewaltiges Movens hinter einer Vielzahl *politischer* Bewegungen dechiffrieren – nicht zuletzt und nicht selten in Form einer »Reaktionsbildung«. Der Versuch, die Sehnsucht nach dem Vater mit dem gleichursprünglichen mörderischen Impuls zu konterkarieren, gehört zum festen Repertoire neuzeitlichen Verhaltens. Ja, der Versuch, die Vatersehnsucht zu verdrängen oder zu verleugnen kann geradezu als Kennzeichen der kulturellen Moderne verstanden werden. Sie hat – spätestens nach dem Zivilisationsbruch – die unauslöschliche *Ambivalenz* von Tötungs- und Versöhnungswunsch in den nachgeborenen Generationen in die eine Richtung aufzulösen versucht: Es gibt im 20. Jahrhundert, verschärft nach dem zweiten Weltkrieg und insbesondere in Deutschland, eine *Scham* vor der Versöhnung, die als Reaktion auf die entgrenzte Gewalt interpretiert werden muss, die das väterliche Erbe repräsentiert.

159

Speziell in Deutschland gibt es also gute Gründe, historische Bewegungen auch auf diesen generationellen Konfliktkern hin zu befragen. Für unseren Kontext schiebt sich das Problem des nachträglichen Gehorsams in den Vordergrund. Es hat sich für die politische Generation der 68er in fast unerträglicher Zuspitzung gestellt – und ist, wie zunehmend deutlich wird, immer noch – und zum Teil in neuer Gestalt – virulent. Die Väter, gegen die sie aufbegehrte, waren schließlich nicht irgendwelche, sondern diejenigen, die sich für das Menschheitsverbrechen schlechthin zu verantworten hatten – und nicht oder kaum öffentlich zur Verantwortung gezogen worden waren. Es waren die Väter, von denen ihre Kinder wussten, dass sie auf Schlachtfeldern gekämpft hatten, die mehr als 50 Millionen Opfer zurückließen. Und es waren die Väter, von denen sie fürchteten, sie seien schuldhaft in noch ganz andere Arten der Gewalttätigkeit verstrickt gewesen als die kriegerische. So oder so: Die ubiquitäre ödipale Phantasie, die den Vater als Mörder zeichnet, hatte in keiner Generation ein festeres Fundament in der geschichtlichen Realität als in dieser.

Die von den Angehörigen dieser Generation in ihrer Adoleszenz schockartig erworbene Erkenntnis vom möglichen Realitätsgehalt der infantilen Phantasien über den Vater, hat sie psychisch zweifellos mehr geprägt als alle Auswirkungen der »objektiven Modernisierung« zusammen, die nachhaltig genug in ihre Lebensgestaltung eingriff. Für sie hat das »pater semper incertus est« einen eigenartigen und einzigartigen Klang bekommen; sie waren sich ihrer Väter alles andere als sicher – weder als Liebesobjekte noch als politische oder moralische Personen.

Michael Schneider hat das daraus erwachsene Lebensgefühl mit einem Ursprungsmythos der Moderne in Zusammenhang gebracht und es als »Hamletsches Lebensgefühl« beschrieben. Für diese »vatergeschädigte« Generation hält er bei einer Diskussion literarischer, (halb)autobiographischer Zeugnisse von einigen ihrer Angehörigen fest:

> »Zurück bleiben allemal Söhne und Töchter mit einem beschädigten oder zerbrochenen Vaterbild (...). In den Brunnen gefallene Kindheiten und ein daraus resultierendes defizitäres Lebensgefühl – das ist der gemeinsame melancholische Nenner, auf den sich die hier erwähnten Bücher (...) bringen lassen. Offenbar haben wir es hierbei mit einer generationsspezifischen Melancholie zu tun, die weniger mit Trauer einhergeht, um etwas, was man verloren, als vielmehr mit einem existenziellen Mangelgefühl, mit Enttäuschung über etwas, das man nie bekommen hat. Nicht ein verlorenes, sondern ein nie gehabtes Kinder- und Jugendglück wird in all diesen Büchern

reklamiert. Gestörte Eltern-Kind-Beziehungen und die emotionalen Verluste einer im freudlosen Klima des Nachkriegs verbrachten Kindheit und Jugend gehören zu den psychischen Langzeitkosten des Faschismus und eines sterilen Wiederaufbaus. In diesem Sinne haben die Söhne und Töchter, ob sie nun wollen oder nicht, die historische Hypothek ihrer Väter mitabzutragen.«

Schneider 1981, S. 53

Schneider beschreibt damit eine *Nicht-Präsenz* als Ursprung des Mangels. Die »Enttäuschung über etwas, das man nie bekommen hat«, ist etwas anderes als ein Verlust. Insofern ist die Rede vom Hamletschen Gefühl dieser Generation so begründet wie zwiespältig. Auch Shakespeares Hamlet, der Prototyp des von Selbstzweifeln zerrissenen Melancholikers, ist *in sich* zwiespältig und »zweizeitig«. Shakespeares Stück zeigt ihn uns als eine Gestalt, die das, wofür er zum Symbol wurde, zugleich von allem Anfang ist und im Verlauf der Handlung *wird*. Hamlets Melancholie ist die Voraussetzung des Dramas – und sie wird gleichwohl, vor den Augen der Zuschauer, erst aus der mörderischen Tat seiner Vorfahren *und seiner Reaktion darauf* geboren. Die melancholische Struktur wird, scheinbar paradox, dort am sinnfälligsten, wo der Zauderer Hamlet, mit dem Auftrag des toten, des ermordeten Vaters ausgestattet, zum Handelnden wird. Dort wo er die Hemmung aufgibt und als handelndes Subjekt auftritt, ist er mit dem verlorenen Objekt verschmolzen, aber gleichwohl »nicht bei sich«; er handelt als Schlafwandler. Um dieses Paradox der subjektlosen Subjektivität realisieren zu können, bedarf es der Wiederkehr des Vaters. Die dramaturgisch fragwürdigste, jedenfalls entschieden »vormoderne« Stelle des Stücks, die leibhafte Begegnung mit des Vaters Geist, ist die psychologisch entscheidende: Der Vater *muss* wiederkehren, um die melancholische Position in Handlung zu transformieren. Er muss noch einmal quasi *in persona* auftauchen, um dem Sohn eine Trennung von ihm zu erlauben, die dessen Handlungshemmung wenigstens soweit aufhebt, dass er in seinem Namen und seinem Auftrag agieren kann. Hamlet handelt danach immer noch nicht eigentlich selbst, jedenfalls nicht für sich, sondern stellvertretend, als *delegierter* Rächer. Aber er hat seine Hemmung jedenfalls soweit überwunden, dass er seine melancholische Tendenz zur Selbstdestruktion nach außen wenden kann. Aus der Begegnung mit dem Toten folgt eine neue Sequenz von Mord und Tod.

Ähnliches gilt in der Tat, in mehrfacher Brechung, auch für die von Schneider angesprochene »zweite Generation« der NS-Täter, die sich in ihrer Spätadoleszenz in Ankläger und Rächer verwandelten. Nur war ihre Delegationsstruktur, die sie zur Handlung trieb, gänzlich anders – das Hamletbild sprengend. Ihre Anklage gegen die Mörder war durch keinen »wiederkehrenden Vater« gestützt, sondern er selbst wurde das Objekt der (An)Klage. Diese wiederum war, als politische, in sich nicht eindeutig: »Die anklagende Tribunalisierung«, so fasst R. Heim die Position der zweiten Generation zusammen,» war lediglich die Kehrseite von Selbstvorwürfen, und diese waren wiederum Abkömmlinge verinnerlichter Vorwürfe gegen Väter und Mütter als Liebesobjekte, die kaum, und wenn, dann nur hochambivalent geliebt werden konnten.« (Heim 1999, S.105f)

Demnach wäre der Protest dieser Generation eine Selbstbeauftragung gewesen, die andere Geister bemühen musste als die der leiblichen Väter. Die adoleszenten Schicksale ihrer Protagonisten weisen daraufhin. Sie zeugen aber auch von einem neu zu denkenden Verhältnis von frühem Mangel, Adoleszenz und politischer Handlungsdisposition. Den eigenen Vater in der Adoleszenz als Mörder zu entdecken und sich erschreckt und verzweifelt von ihm abzuwenden, kann als ein Kennzeichen jener späten »vaterlosen Gesellschaft« der 68er betrachtet werden, die weder Federn noch Mitscherlich im Sinn haben konnten, als sie ihre Gesellschaftsdiagnosen stellten. Sie enthält – bei allem Bann durch die grausige Entdeckung – doch auch eine exquisite Figur der Befreiung.

Etwas gänzlich anderes ist demgegenüber ein faktischer Vaterverlust, insbesondere dann, wenn er vor der Adoleszenz eintritt. Überraschenderweise enthält unser Sample so viele Fälle von realer Vaterlosigkeit, von präadoleszentem Vaterverlust als existenziellem Mangel, dass sich weitergehende Überlegungen und Spekulationen über einen möglichen Zusammenhang von Vaterbeziehung und einem bestimmten Typus politischen Verhaltens aufdrängen. Sollte am Ende die Diagnose der »vaterlosen Gesellschaft« in einem viel elementareren Sinne Bedeutung für die Konstitution einer aufbegehrenden, einer »dissidenten« Generation haben? Lässt sich womöglich eine gerade Linie vom »existenziellen Mangel« des Vaterverlusts zu einer nonkonformen Biographiegestaltung ziehen? Und welche Bedeutung hätte dies für die Interpretation von Dissidenz als spezifische, mit Hegel zu reden, »Stellung des Gedankens zur Objektivität«?

Anna L. und Marion H.:
Auf der Suche nach dem verlorenen Vater

Am Ende eines langen Interviews, das der Interviewer nicht zuletzt deshalb besonders schätzte, weil seine Gesprächspartnerin von sich aus vieles ihrer *politischen* Biographie mit familiären Erfahrungen in Verbindung gebracht hatte, greift er auf eine zu Beginn des Gesprächs gegebene Information zurück: »Wie war das eigentlich als Ihr Vater starb? Da waren Sie zehn Jahre alt?« Das Gespräch war zu diesem Zeitpunkt eigentlich schon beendet. Vielleicht hängt damit zusammen, dass – gewissermaßen im Off – eine Geschichte auftauchte, die sich für offizielle Statements wenig eignet. Das Verhältnis zum Vater, so Anna L., sei sehr eng, sie sei »sein Kind« gewesen. Deshalb habe ihre Familie »in bester Absicht« versucht, sie daran zu hindern, seinen Tod zur Kenntnis zu nehmen. So wurde wie diskret vom Begräbnis ferngehalten und ihr suggeriert, der Vater sei nicht wirklich endgültig aus dem Leben verschwunden, »mit der Folge, dass ich das viele Jahre nicht wirklich realisiert habe.« Anna L. erzählt von magischen Praktiken, selbstgestellten Aufgaben, die sie jahrelang nach dem Modell geübt habe: Wenn ich dies oder jenes tue, dann kommt Vati wieder (...). Und sie beschreibt die Folgen, als sie, längst erwachsen, in einer quasitherapeutischen Beziehung zu einer »Vaterfigur«, die psychische Realität seines Todes endlich zulassen konnte:

»*A. L.: Danach sah die Welt dann anders aus.*
Interviewer: Nämlich wie?
A. L.: Na ja, danach ist die offene Ehekrise ausgebrochen. (...) Weil, mein Mann war zwar nicht viel älter als ich, aber er repräsentierte so eine Vaterfigur, so von seinem Wesen her. Und das war dann plötzlich nicht mehr nötig, beziehungsweise habe ich dagegen rebelliert, was ich vorher nicht gemacht habe.«

Mit der privaten Rebellion ist auch Anna L.s zunehmendes öffentliches Engagement verknüpft.

Anna L. beschreibt eine Sequenz von Tod – Derealisierung – nachträglicher Bearbeitung und Rebellion, die sie als Bedingung der Möglichkeit ihrer politischen Dissidenz versteht: Von der Ehekrise und dem Aufbegehren gegen die unauffällige, aber wirksame Autorität des Mannes zu ihrer Karriere als Dissidentin scheint eine grade Linie zu führen. Interessant ist dabei die Zeitverschiebung. Die Rebellion gegen den (Ehe-) Mann scheint erst möglich, nachdem der Vater »begraben« werden konnte. Verknüpfungen dieser Art scheinen ihre Lebensgeschichte seitdem begleitet zu haben. Anna L. beschreibt ein Elternhaus, in dem »das Politische« von Anfang an gegenwärtig war. Die Geschichten der Mutter etwa über Krieg und Flucht, den ersten Kontakt mit den Russen, die Erinnerungen an die Nazizeit: Anna L. hat sie stets nicht nur als private Mitteilungen gehört – für sie standen sie im Zeichen einer politischen Geschichte Deutschlands, in der sich die Mutter zu verorten hatte. Die Tochter lernt aus ihnen, dass es kaum etwas Privates gibt, das nicht auch durch die politische Konstellation, durch den Gang der »großen Geschichte« beeinflusst und geprägt wird. Sie erfährt am Beispiel der Mutter, dass *Lernen* die vielleicht einzige Möglichkeit darstellt, mit dieser Geschichte Schritt zu halten.

Und der Vater? Was bedeutet ein Vater, der gerade einmal die ersten zehn Lebensjahre begleiten konnte, für die Wahrnehmung von Geschichte und Politik?

Anna L.s Vater stand für eine Dimension des Politischen, die schwierig zu rekonstruieren und doch offenbar von großer und bleibender Bedeutung war. Die beiden ersten »politischen« Erfahrungen ihres Lebens hängen eng mit seiner Person zusammen: 1953, beim Aufstand der Arbeiter in der DDR, war es die »Szene zu Hause, als mein Vater ganz unruhig herumlief, weil meine Mutter noch nicht, trotz Sperrstunde, nach Hause gekommen war.« Die Sorge des Vaters ist der emotionale Katalysator eines Ereignisses, dessen engere *politische* Bedeutung sicherlich erst nachträglich erschlossen wurde. Aber in Anna L.s Erleben und ihrer Erinnerung gehören das Verhalten des Vaters und das politische Geschehen zusammen: »Diese Erinnerung *habe* ich«, sagt sie. »Und später weiß ich erst, woher diese Erinnerung kommt. Aber es hat einen politischen Hintergrund.«

Das nächste große politische Datum, der Ungarnaufstand 1956 – »da war mein Vater schon gestorben« – war für die 10-jährige das Schlüsselerlebnis, in dem zwei Arten der Trauer zusammenfielen:

»Im Februar ist er gestorben und dann also, es verband sich dann wahrscheinlich so in der Atmosphäre, so von persönlicher Trauer, und dass diese

Hoffnung da zerstört wurde. Es gab ja damals schon, habe ich mir später erzählen lassen, so eine spezifische Form von Hoffnung, wie ich sie dann auch '68 im Blick auf Prag bewusster erlebt habe. Wir wussten alle, die DDR würde, wenn es mal zu einer Veränderung kommt, das allerletzte Land sein, in dem sich etwas verändert, aber dass dadurch so ein Stein ins Rollen kam. Das war schon '53 die Hoffnung, dann wieder '56 und dann natürlich noch '68 in Prag. So dass ich diese, und jedesmal diese Enttäuschung: Es wird irgendwie wieder zurückgedreht.«

Anna L., die, wie sie sagt, alle wichtigen politischen Ereignisse schon als Kind »so transponiert über die Erwachsenen erlebt« habe, ist schon fast nicht mehr erstaunt, als das nächste einschneidende politische Datum mit einem persönlich wichtigen koinzidiert: »Ja, es geht noch weiter. '68 hab ich zum zweiten Mal geheiratet. Es war genau am 20. Genau an dem Tag, an dem die Russen in Prag einmarschiert sind. Das hat sich für mich auch ganz eng verbunden.«

So unheimlich die Linie der Koinzidenzen auch wirken mag, sie ist keineswegs willkürlich konstruiert, sondern Ausdruck der Tatsache, dass Anna L. schnell gelernt hat, ihr Leben in diesen Koordinaten wahrzunehmen. Sie hat Anlass gehabt, die an sich triviale Erkenntnis, dass die großen Ereignisse Einfluss auf unser Leben nehmen, für sich *spürbar* zu machen. Sie hat »das Politische« frühzeitig individualisiert und mit ihrem Erleben verknüpft. Politik, so das Ergebnis ihrer Wahrnehmung, ist immer *anwesend*. Aber wir *spüren* sie dort, wo sie sich mit unseren persönlichen Hoffnungen und Enttäuschungen verbindet. Für Anna L. ist das Politische etwas Einschneidendes: Etwas, das sich im persönlichen Bereich schmerzhaft vernehmbar macht. In allen ihren frühen Wahrnehmungen und Erlebnissen, in denen sich Geschichte mit der eigenen Intimsphäre zu überschneiden scheinen, ist Politik mit enttäuschten und zerstörten Hoffnungen verbunden. Mit dem Tod des Vaters wird das manifest. In den Schmerz um den Verlust des vom Vater gewährten Schutzes, der mit ihm verbundenen Dimension von Sicherheit und Zuneigung mischt sich das unklar erlebte Gefühl einer politischen Niederlage – und zugleich eine »Aufgabe«: Es gilt, den Verlust auf magischem Wege ungeschehen zu machen. Anna L. spricht im Nachhinein von der Überlagerung zweier Formen der Trauer. Die Trauer um den Vater ist vom Prinzip des Magischen entstellt: der Phantasie, das

Schicksal sabotieren, es durch eigenes Verhalten beschwören zu können. Eine Phantasie, die die eigentliche Trauerarbeit, die Anstrengung der schrittweisen Ablösung der Libido vom Objekt unterläuft. Aber auch das magische Verhalten ist mit Arbeit verbunden. Anna L. lernt die *Disziplin* der Magie – sie wird die selbstgestellten Aufgaben pünktlich erfüllen – denn selbst, wenn man am positiven Resultat Zweifel haben mag, so unklar und bedrohlich ist doch, was geschehen könnte, wenn sie *nicht* erledigt werden. Die infantile magische Leugnung des Todes im Akt des Ungeschehenmachens ist stets Ausdruck eines unbewussten Schuldgefühls. Ist nicht das Unglück eingetreten, weil man ungehorsam war? Haben sich mit dem Tod nicht schuldhaft die »bösen Wünsche« erfüllt – die notwenig existierende andere Seite der Beziehung zum geliebten Objekt? Die aus der Schuld abgeleitete Magie treibt zur fortgesetzten Anstrengung.

Mit dem Politischen hat das per se nichts zu tun. Aber es wird einmal in die Art, das Politische als etwas zu verstehen, das nicht mehr nur »durch die Erwachsenen vermittelt« wird, eingehen. Anna L.s kindlich »astrologische« Verknüpfung der beiden Kreise von Politik und persönlichem Leben, wird sich im Laufe ihres Lebens in eine rationale politische »Astronomie« zurücknehmen, die versucht die zwischen diesen beiden Kreisen obwaltende Logik zu ermitteln. Dazu ist die Anerkennung der Realität – der Realität des Todes – notwendig. Erst mit ihr – in der späten Ablösung vom Vater durch jene Vaterfigur, die ihr dazu die Möglichkeit gab – ist Anna L., die doch schon längst selbst Mutter zweier Söhne war, »erwachsen« geworden.

Zu diesem Erwachsensein zählt die Einsicht, dass der ersehnte Schutz nicht von den Vätern kommen wird. Wie viele Kinder gleichen Schicksals sucht auch Anna L. in der beginnenden Adoleszenz forciert Ersatz für den verlorengegangenen Rückhalt der Vaterbeziehung in der Gruppe. In ihrem Fall wird es nicht nur *eine* Gruppe sein, sondern zwei sehr unterschiedliche, die, als sie zueinander in Konkurrenz treten, noch einmal etwas von ihrem infantilen Konflikt aufleben lassen. Die erste Gruppe, die sie aufsucht, ist eine kirchliche. Obwohl die Mutter nicht der Kirche angehört, versucht sie mit sanftem Zwang Anna L. zur Konfirmation zu bewegen: »Und da bin ich ja dann auch mit einigem Druck zum Konfirmationsunterricht gegangen und bin da aber irgendwie hängengeblieben. Also ich habe da enge Freunde gefunden.« Auch wenn sie bald die Gruppe nutzen wird, sich ein wenig der engen Bindung an die Mutter zu entziehen, ist die Kirchengemeinde doch eine »Muttergruppe«: von ihr nicht nur gebilligt, sondern ursprünglich ausgesucht. Es ist zunächst alles andere als eine autonome adoleszente Wahl Anna L.s. *Gegen* die Mutter muss hingegen die Mitgliedschaft in der FDJ durchgesetzt werden:

»*Also ich durfte immer nicht Pionier werden in den ersten Schuljahren, und irgendwann habe ich meine Mutter so genervt, dass sie mir das erlaubt hat. In der fünften oder sechsten Klasse, viel viel später als die anderen. (...) Ich wollte, klar, ich wollte nicht so ein Einzelgänger sein.*«

Als sie ihre gleichzeitige Mitgliedschaft in der Kirchengemeinde und der FDJ, die doch jeweils gänzlich andere Sphären repräsentieren, als Loyalitätskonflikt spürt, gerät sie in eine Krise. Anlässlich eines Schulkonflikts kritisiert sie öffentlich die FDJ-Leitung und muss erfahren, dass man sie maßregelt und sich abrupt von ihr distanziert. Die FDJ, die Anna L. als Gruppe suchte, die ihr Rückhalt in der Konformität geben sollte, zeigt ihr, wie brüchig das Schutzversprechen des Konformismus ist, wenn man nicht zu totaler Loyalität bereit ist. Im adoleszenten Konflikt mit der FDJ wird eine viel frühere Erfahrung aufgefrischt: Wie schnell man allein dasteht, wenn man »nicht artig« ist – und, dass man sich am besten auf sich selbst verlässt.

Man kann Anna L.s Konflikt mit der FDJ als ihre dissidente Initialszene verstehen. Ähnlich wie im Fall Rudi Dutschkes liegt das Besondere dieses Konflikts darin, dass Anna L. ihre Kritik *öffentlich* artikuliert. Ihre primäre Dissidenzerfahrung ist damit an ein Medium gebunden, das an einen anderen als nur einen »dissidentischen« Politikbegriff geknüpft ist. Mit Folgen für das Leben. Anna L. wird ihre »Dissidenzerfahrung« schneller und gründlicher als andere mit einem Begriff des Politischen verbinden, der es ihr ermöglichen wird, das Dissidentische in eine Form von Politik zu übersetzen, die nicht auf Weigerung und Radikalopposition eingeschränkt bleibt. Anna L. wird mehr als andere Dissidenten das Medium der Öffentlichkeit als Forum der eigenen politischen Identität besetzen können. Nicht zuletzt deshalb, weil für sie Geschichte und Lebensgeschichte in so intimer Weise von Anfang an verwoben waren.

Die persönliche Biographie mit Ereignissen der Geschichte in Beziehung zu setzen, ist eine geläufige Form, sich selbst als »geschichtliches Wesen«, als *zoon politikon* wahrnehmen zu können. Entscheidend ist die Art, wie diese Koinzidenz in die eigene Lebenskonstruktion einbezogen wird. Es sind insbesondere zwei Modi, die bei solchen Selbstinterpretationen immer wieder Verwendung finden. Zum einen die Integration der »historischen Parallele« zum eigenen Leben als Ausdruck von Größenphantasien, zum anderen die Adoption einer *Opferperspektive*. Die »historische Astrologie« solcher Parallelisierung beschert die Möglichkeit, Konstellationen von Grandiosität und Ohnmacht zu entwickeln, die vielfältig, aber nicht beliebig, variiert werden können.

Für Anna L.s persönliches Erleben ist der Tod des Vaters ein Verrat, ein Verlassenwerden, das sie nachhaltig auf die Schiene der Mutter bringt. Die »Vatertochter« wird die Erfolge ihres Lebens unter den Maximen der Mutter erringen. Unter dem Gebot zu *lernen*, das ihr die Mutter nicht als abstrakte Leistungsanforderung präsentierte, sondern als eigenen, in ihrem Leben nicht hinreichend verwirklichten Wunsch. Anna L. wird, hier mit der Mutter identifiziert, ihr Leben auf dieses Prinzip bauen – aber sie wird es gleichwohl »im Namen des Vaters« tun. Denn das Ziel allen Handelns bleibt der Wunsch, das Verlorene wiederherzustellen. Das rationale Lernen kann sich mit dem magischen Motiv des Ungeschehenmachens verbünden. Das ist, letztlich, auch das Wesen des Politischen: Die Kunst, etwas vom Kontrafaktischen in der Realität unterzubringen. Ein gutes Feld für die Verknüpfung von Realitätssinn und Magie. Das »Magische« findet Anschluss an die Wirklichkeit, wenn es gelingt, den imaginativen Impuls an das rationale Prinzip des Lernens zu binden. Das magische Prinzip, »Aufgaben zu erfüllen«, damit etwas Unmögliches eintritt, in die Form des Politischen zu bringen, heißt, die Aufgaben zu redefinieren, heißt, die infantilen Wünsche auf eine *mögliche* Realität zu beziehen. Eben dies ist der Prozess, den die Politikerin Anna L. machen wird, nachdem sie erkannt hat, dass ihre höchstpersönliche Utopie, die Wiederherzauberung des Vaters, kein Resultat haben kann. »Ich kann meinen persönlichen Wunsch nicht erfüllen, aber ich kann dafür sorgen, dass es für eine ähnlichgelagerte Not bessere Bedingungen der Abhilfe gibt« – so könnte man ihre Maxime benennen. Die Rationalisierung des Wunsches im Prinzip des Lernens und die Verwandlung der Magie in Arbeit sind glänzende Voraussetzungen dafür, politische Utopie in der Grammatik der Realpolitik zu reformulieren. Anna L. wird genau das zu leisten versuchen: Als Dissidentin Politikerin zu werden und nicht bei der »Antipolitik« (Havel) des Dissidentischen stehenzubleiben. Sie wird dies *auch* deshalb können, weil sie gelernt hat, den entscheidenden Verlust ihres Lebens zu bearbeiten. Sie hat das Loch, das der Vater in der symbolischen Repräsentanz der Welt hinterließ, füllen können, indem sie sich der Realität zuwendete.

Alexander Mitscherlich hat zwischen zwei Arten der Vaterlosigkeit unterschieden, die die modernen Gesellschaften auszeichne: der »Vaterlosigkeit ersten Grades«, dem »Unsichtbarwerden des leiblichen Vaters« und jener »zweiten Grades«, in dem sich »die personale Relation der Machtverhältnisse« auflöse. (Mitscherlich 1971, S. 342) Schwäche die erste die basalen frühen Objektbeziehungen, so führe die »Bildlosigkeit« der Machtverhältnisse dazu, dass das Kind »zum herrenlosen Erwachsenen aufwächst, es übt anonyme Funktionen aus und wird von anonymen Funktionen gesteuert. Was es sinnfällig erlebt, sind seinesgleichen in unabsehbarer Vielzahl.« Mitscherlich bewertete dies seinerzeit als typisch für den Vorgang der »Vermassung« – eine Zauber- und Angstformel der Kulturkritik zur Zeit der »formierten Gesellschaft« in Westdeutschland. In Übertragung der kulturellen Vaterlosigkeit auf das persönliche Schicksal Anna L.s – ihren *realen* Vaterverlust – könnte man sagen: Ihr magisches Bewahren des Vaterbildes, die Verleugnung des Verlusts hat ihr geholfen, eben *nicht* in der Masse unterzugehen. Ihr Akt der öffentlichen Renitenz ist Ausdruck einer Treue, die nicht nur die zu ihr selbst, sondern auch zu jenem frühen Objekt war, das ihr »das Politische« als Teil des Persönlichen leiblich repräsentierte.

Anna L. hat frühzeitig gelernt, *Bilder* zu bewahren und den Verlust äußerer Objekte durch den Aufbau innerer Repräsentanzen zu kompensieren. Für sie ist die Vaterlosigkeit Teil ihrer politischen Geschichte. Der Verlust des Vaters, das einschneidendste Ereignis ihrer persönlichen Biographie kehrt in ihrer politischen als Antrieb wieder, öffentlich etwas wiederherzustellen, was es persönlich schon einmal gab. Politik unter diesem Aszendenten wäre die Umkehrung von Geschichte als Zeichen enttäuschter Hoffnung. Die Wiederherstellung eines befriedigenden Zustands: eines Zustands, der auf die Zeit *vor* dem Mangel zurückgeht. Ihr zentrales Verhaltensprinzip, das sich auf die Vaterlosigkeit zurückführen lässt, besteht darin, Realitäten nicht vorbehaltlos anzuerkennen, ohne sie deshalb verleugnen zu müssen. Bei ihr ist das Identitätsmotiv ihres dissidenten Handelns eng mit der Realitätswahrnehmung verknüpft, die es ihr gestattet, ihre Dissidenzerfahrung später in politisches Handeln zu transformieren, das die Machtdimension ernst nimmt. Mag es auch »machtkritisch« sein, so nimmt es doch Macht als notweniges Moment jeden politischen Aktes wahr. Anna L. leidet nicht an »Vaterlosigkeit zweiten Grades«. Sondern ihr Leben hat viel damit zu tun, die Vaterlosigkeit ersten Grades so zu kompensieren, dass das daraus folgende Identitätsproblem sich nie von einer Realitätswahrnehmung ablöste, die das Problem der Macht vernachlässigte.

»Wir *müssen* ja zusammen«, sagt Marion H. über ihre Parteifreunde aus dem Osten. Einfach sei das nicht, denn sie als Westfrau stoße bei ihren Ostkolleginnen auf eine merkwürdige, ihr oft nicht verständliche Zurückhaltung und mangelnde Offenheit.

»Und ich habe immer die Vorstellung, es hat was damit zu tun, dass, ja, also, dass dieses Dissidentische bei vielen, mit denen wir was zu tun haben, eben auch immer hieß: Alles Wichtige findet irgendwie in der Küche oder hinter geschlossenen Türen statt. Oder es gibt nicht diesen emanzipativen Schritt, dass man sich auch in irgendeiner größer definierten Öffentlichkeit traut, den Mund aufzutun. Ich fand das immer katastrophal, weil alles, was politisch wichtig war, nicht gesagt wurde, und das erfuhr man dann zufällig drei Tage später. Also, das war ein Teil dieses Problems, dass man immer das Gefühl hatte, man weiß nie, wo man dran ist.«

Es klingt fast wie eine familiäre Szene: Das Entscheidende wird in der Küche oder im Schlafzimmer – »hinter geschlossenen Türen« – ausgemauschelt. In Marion H.s Rede über ihre aus der DDR stammenden Parteifreunde schwingt nicht nur das übliche Verdikt über deren Öffentlichkeitsscheu mit, sondern eine interessante Konfrontation: Die Gegenüberstellung des »Dissidentischen« und des »Politischen«, so als handele es sich um zwei konträre Prinzipien.

Marion H. hat, wie Anna L., den Vater früh, im Alter von acht Jahren verloren. Auch für sie war es ein traumatischer Bruch ihrer frühen Lebenserfahrung. Aber sie schildert ihn zunächst nicht aus ihrer eigenen

Perspektive, sondern als die Katastrophe der Mutter – und als eine *Konsequenz* des politischen Handelns. Der Tod des Vaters erscheint als Teil einer Kette von Nöten, Bedrohungen und Lebensabbrüchen, die allesamt mit jenem ominösen Bereich der Politik zusammenhängen, der sie, wider Willen tief geprägt hat. Er ist aufs Engste verknüpft mit der Lebenswelt und -geschichte der Mutter. Marion H.s psychische »Erblast« ist das politische Engagement ihrer Mutter zur Zeit des Nationalsozialismus. Letztlich zieht Marion H. im Gespräch ihre ganze Lebensgeschichte durch das Nadelöhr dieser Prägung. Es ist eine Geschichte, die wie kaum eine zweite von der Wucht einer *Vor*geschichte bestimmt scheint. Einer Vorgeschichte, die von Tod und Opfer handelt, und die Marion H. nirgends richtig von ihrer eigenen trennen kann.

Der »erste Mann meiner Mutter ist *auch* umgebracht worden«, sagt sie im Interview, so als wolle sie damit ausdrücken, das sei auch das Schicksal des zweiten, ihres Vaters gewesen, nachdem er die Welt der Mutter betreten hatte. Die politischen Aktivitäten ihrer Mutter als junge Frau – sie war Mitglied einer antifaschistischen Widerstandsgruppe –, erscheinen in seltsamem Zwielicht. Als moralisch hochstehende, gesinnungsethisch begründete Handlungsweise – und als mörderisches, fast wie fremdbestimmt wirkendes Schicksal. Politik, so erläutert Marion H. das Bild, das ihr die Mutter davon vermittelt habe, sei etwas Isolierendes, Tödliches: »In ihrer Beschreibung ist das so, dass dieses Politisch-Sein für sie bedeutet hat, aus der Familie ausgeschlossen zu werden, Freunde zu verlieren.« *Dieses* »Politisch-Sein« ist politisches Handeln im Zeichen von Verschwörung und Geheimhaltung wie es das Engagement gegen den NS-Staat notwendig auszeichnete: Hier war kein Platz für Öffentlichkeit, Politisch-Sein konnte nur heißen, ein »Doppelleben« zu führen. Von der Mutter habe sie – Marion H. schildert das bitter als die »Geschichte meiner Jugend« –

»als Grundeinstellung gelernt, man muss irgendwie aufpassen und sich immer bedeckt halten und möglichst einen guten Eindruck also auch in den wohlanständigen Kreisen machen. Das war dann sozusagen der Familie gegenüber, dass man Erfolge nachweisen muss, um akzeptiert zu sein und hieß also: möglichst politische Debatten vermeiden.«

Auf der anderen Seite war sie gehalten, sich politisch zu engagieren – und tat dies schon in jungen Jahren in durchaus exponierter Position. Als der

Interviewer, leicht irritiert von der doppelten Botschaft einwirft: »Das klingt ein bisschen – ich übertreibe mal – wie so ein Undercover Agent, also, der nicht auffallen darf. Es klingt wirklich wie ein Leben in der Illegalität (...)«, widerspricht ihm Marion H. Nicht um Illegalität sei es gegangen, »die Botschaft war: *Nicht auffallen* (...), sich nicht auffällig machen, sondern zunächst mal den Standards, die gefordert sind, entsprechen. Und, also, sie hat sich nicht mehr politisch betätigt.«

Ohne es zu bemerken, hat Marion H. das Subjekt der Rede gewechselt: Das Gebot der unauffälligen Normerfüllung und vorsichtigen Angepaßtheit, das *ihr* von der Mutter auferlegt wurde, wird plötzlich als deren eigenes dargestellt: Als späte Konsequenz eines noch viel härteren politischen Schicksals. Der erste Mann der Mutter ist, als Mitglied derselben »dissidentischen Gruppe«, der sie auch angehörte, Mitte der 30er Jahre im Gefängnis gestorben. Auch ihre Mutter ist in dieser Zeit inhaftiert gewesen. Auf Nachfrage stellt sich heraus, dass der erste Mann durch die Denunziation eines Familienangehörigen in Haft geraten ist. Der Tod, die Familie und die Politik, all das scheint also auf seltsame Weise miteinander verknüpft. Aber wie?

Aus der Tatsache, dass der erste Mann ihrer Mutter von der eigenen Familie verraten wurde, leitet Marion H. ihre »Grundhaltung« gegenüber allem Familiären ab. Sie erläutert diese Haltung ausführlich – aber so, dass die Zeiten und Orte, die Handlungsbühnen ebenso wie die dramatis personae gründlich durcheinandergewirbelt werden:

»**M. H.**: *Das ist sozusagen meine Grundhaltung, dieses Grundmisstrauen, also dass Verwandte eigentlich auch grundunzuverlässig und eigentlich potenziell alle unzuverlässig sind. Das kriegt man dann auch schon ziemlich heftig mit.*
Interviewer: *Das heißt doch auch, dass irgendwie abweichend zu sein, gefährlich ist. Also, während des Nationalsozialismus war es ja fraglos sehr gefährlich gewesen. Und wenn man dann noch nicht einmal Rückhalt kriegt in der eigenen Familie, und sich da auch noch irgendwie durchlavieren muss, ist man ja schwer einsam.*
M. H.: *Ja. Meine Mutter hat auch, (...) also, ich habe das natürlich auch so erlebt (...) also, wir waren dann auch sozusagen immer wieder diese allein erziehende Mutter. Ich war acht, als mein Vater starb. Das war ja damals auch noch relativ ungewöhnlich. Das gab es ja in meiner ganzen gymnasialen Szene nicht, da gab es überall Väter, die noch recht erfolgreich waren. (...) Und insofern war*

es schon immer, für mich das Empfundene, also, nicht als einsam. Meine Mutter habe ich immer als problematisch empfunden. (...) Allerdings nie als eine verhärmte Person, weil sie in der Zeit, als ich noch zu Hause war, noch sehr aktiv war, und diese kulturelle Szene da in D. hatte, aber letztlich war es schon auch klar, daß das lebenszerstörerisch war, also so diese ganze Erfahrung.

Interviewer: Ja.

M. H.: Sie ist auch immer krank gewesen. Hatte so etwas Schreckliches, ist auch ziemlich früh gestorben.

Interviewer: Ihre Mutter?

M. H.: Ja.

Interviewer: Wie alt waren Sie da?

M. H.: Wie alt ich war?

Interviewer: Ja.

M. H.: Sie hat relativ spät auch erst Kinder gekriegt. Also, ein Kind ist gestorben. Ich war noch keine 30, nur 28.

Interviewer: Haben Sie noch Geschwister?

M. H.: Nee, eben nicht. Dieses eine Kind, was es noch gab, das ist als Kind gestorben.

Interviewer: Kam es nach Ihnen oder vor Ihnen?

M. H.: Das eine Kind kannte ich gar nicht.

Interviewer: Hm.

M. H.: Also, das war auch ein Kriegskind.

Interviewer: Hm.

M. H.: Aber das vermute ich, dass das auch mit diesen ganzen Anstrengungen und auch dauernden Krankheiten zusammenhing, dass dieses Kind nicht lebensfähig war. Also, das war noch eine zusätzliche Belastung auch.

Interviewer: Da ist ja relativ viel Tod in der Geschichte drin.

M. H.: Ja.

Interviewer: Also, wenn Ihr Vater, wenn ich mal so reden darf, im Gefängnis gestorben ist und ihr Geschwistervorgänger als Kind gestorben ist (...).

M. H.: Als kleines Kind.

Interviewer: Also, nicht im Kindbett offenbar, sondern das war schon ein größeres Kind.

M. H.: Ja, das war ein 3/4 Jahr alt. Ja.

Interviewer: Was ja fürchterlich sein musste für Ihre Mutter.

M. H.: Ja, sicher. Ja, sicher. Ich habe das natürlich auch alles hochaggressiv besetzt gehabt, diese ganzen Schrecklichkeiten, weil, ich glaube hauptsäch-

lich deshalb, weil meine Mutter immer krank war und weil ich immer diese
Unlust hatte, immer Rücksicht nehmen zu müssen. Ich musste dann
zwischendurch immer irgendwo anders untergebracht werden, wenn meine
Mutter mal wieder im Krankenhaus war. Und das ist was, wo ich schon den-
ke, das ist eine sehr starke – also auch durch diese Einbrüche – also wirklich
auch zerstörtes Leben.«

Die Passage wimmelt von Missverständnissen, Verwechselungen und
Verschiebungen. Nicht Marion H.s Vater ist im Gefängnis gestorben (=
ermordet worden), sondern der erste Mann ihrer Mutter, den sie nie
hatte kennenlernen können. Die von Interviewer angesprochene
Gefahr der Abweichung im Nationalsozialismus wird von Marion H.
auf den Status ihrer Mutter als »Alleinerziehender« nach dem Krieg
appliziert. Und das »Grundmisstrauen« Marion H.s wird flugs von der
Naziperiode auf ihr eigenes Leben projiziert. Den zeitlosen Kern all
dieser vertauschten Geschichten bildet der Gedanke: Politik ist eine
schreckliche Anstrengung, die krank und »nicht lebensfähig« macht.
Daran sterben Väter und Kinder, Mütter werden todkrank und erheben
terroristisch Anspruch auf Rücksichtnahme. Politik erscheint wie der
Garant für »zerstörtes Leben«. Als der Interviewer dies mit der Bemerkung anspricht, dass für Marion H. Politik offenbar »sehr gefährlich,
krankmachend, sogar todbringend« sei, stimmt Marion H. zu – sofern
es ihre Mutter betrifft. Für sich selbst führt sie ins Feld, dass sie über
die »dissidentische Gruppe« ihrer Mutter schon als Kind »die ganzen
50er-Jahre-Themen« mitbekommen habe: »Und das war irgendwie
klar, also, dass das auch ein lebendiges, nicht nur ein abgestelltes und
getötetes Interesse ist, sondern daß da auch viele Auseinandersetzungen stattfinden, und dass das auch was absolut Akzeptables ist.« Sie
selbst ist denn auch schon »als Schulkind schulpolitisch tätig geworden«, weil ihr mit der forcierten Anteilnahme am Leben der alleiner-
ziehenden Mutter »absolut klar (war), dass das eigentlich auch so zum
Leben dazugehört.«

An diesem Punkt gibt es eine Parallele zu Anna L., die ebenfalls
»das Politische« schon im Kindesalter als Teil des Lebens kennenge-
lernt hatte. Auch für Anna L. gab es eine Verbindung von Politik,
enttäuschter Hoffnung und Tod. Allerdings in einer anderen Verbindung. Bei Marion H. hat man den Eindruck, dass sie damit beschäf-

tigt ist, ein tödliches politisches Erbe antreten und für sich »entgiften« zu müssen. Ihr »Grundmisstrauen« gilt nicht nur allem Familiären, sondern auch allem Politischen, sofern es in der Form des Nichtöffentlichen auftritt. Offenbar ist es dieses Heimliche, hinter dem sich Betrug, Enttäuschung und Tod verbergen, tödlich wird es dort, wo sich die Kreise des Politischen und des Familiären überschneiden und vermischen, wo sich das Wesentliche im Verborgenen, hinter geschlossenen Türen abspielt. Für Marion H. ist das Integral dieser beiden Kreise »das Dissidentische«. Das Dissidentische ist ein schreckliches Prinzip, weil es durch die familiäre »Unzuverlässigkeit« gekennzeichnet ist. Der Dissident in diesem Sinne mag eine gesinnungsethische Lichtgestalt sein – er steht für Marion H. doch immer im Odium des jederzeit möglichen Verrats und der Lüge. Denn nur das öffentlich gegebene Wort hat verlässliche Garantien; solche, die das Vertrauen auf die persönliche Zuverlässigkeit übersteigen.

Als sie auf den Vater zu sprechen kommt, wird deutlich, wie stark die Vermengung von Politik und Familie Marion H.s Leben geprägt hat. Er hatte, derselben antifaschistischen, künstlerischen Gruppe wie die Mutter angehört, doch letzlich eine andere Entwicklung genommen. Ursprünglich von der Tochter hochverehrt, entpuppte sich »dieser unglaublich wunderbare Mensch«, »der nicht vorhandene Vater, der aber immer mir versprochen wurde« als »ambivalente Person«:

»Der muss irgendwann nach dieser Gefängniszeit, also, um Aufträge zu kriegen, in den Nazikünstlerbund, eingetreten sein. (...) Also, das hat jedenfalls mein Bild von meinem Vater verändert. Nicht nur, dass er unzuverlässig war, er war auch politisch offenbar ein Umfaller und hat dann irgendwann mit den Wölfen geheult.«

Nicht nur das: Nach dem Krieg hat er auch seine künstlerische Berufung verraten und »als Kapitalist« Karriere gemacht. Nachträglich erfüllt auch der Vater das Schema der familiären »Unzuverlässigkeit«. Die Enttäuschung darüber entstellt noch in der nachträglichen Rede die kindliche Verehrung – und führt auf eine weitere Parallele zu Anna L. Auch Marion H. hat den Vater, den sie allerdings kaum wirklich gekannt hat, nicht sterben lassen können. Sie hat ihn nicht magisch wiederaufleben lassen, sondern sich eines anderen Mittels bedient.

»*M. H.: Also ich habe meine ganze Jugend über einen kontinuierlichen Traum gehabt, dass ich meinen Vater treffe und irgendwie mich beschwere und sage, wieso kommst du denn jetzt erst, man hat mir immer erzählt, du seiest verunglückt, und irgendwie ist das doch totaler Unsinn. Also, ich habe mir dieses Totsein immer wenig vorstellen können. Ja, das ist auch etwas besonders Merkwürdiges, aber eigentlich gibt es den noch. Und ich werde dann irgendwie da in die Irre geführt.*

Interviewer: Also, Sie werden betrogen.

M. H.: Ich werde betrogen, nochmal, und man sagt mir nicht, was los ist und wie das mit dem Unglück war. Ich war da nicht mehr so klein, ich war acht Jahre alt. Irgendwas muss da stattgefunden haben, dass mir dieses Totsein so schwer gemacht worden ist: überhaupt zu realisieren, was das heißt. Und ich vermute, es hat was mit dieser Fiktion zu tun, in der er sich eh immer bewegt hat.

Interviewer: Ja, ja, weil er nie richtig da war, kann man nicht glauben, dass er ganz weg ist.

M. H.: Ja. Ja. So ähnlich.

Interviewer: Ja. Das heißt, er muss Ihnen doch sehr gefehlt haben.

M. H.: Ja sicher. Ich habe mich ja auch betrogen und verraten geglaubt. Klar, so ein gänzliches Wegtauchen ist ja auch immer was, wo man das Gefühl hat, dass das nun eine besondere Strafe nochmal ist.

Interviewer: Für alle möglichen Dinge, wo man Schlimmes gemacht hat.

M. H.: Ja. Ich weiß auch nicht wofür. Auf jeden Fall, klar, ich habe immer von ihm geträumt, also, als diesem wunderbaren Menschen, den ich ja aus dem Realen kannte.

Interviewer: Ja. Hm.

M. H.: Real war das eigentlich immer anstrengend und schwierig. Um so heftiger hat er bei mir immer diese Wunschfigur abgegeben.«

Marion H. lässt den Vater im Traum wiederauferstehen, innerlich selbst zerrissen zwischen dem Wunsch, ihn anzuklagen und ihn endlich zu besitzen. Anders als bei Anna L. ist der Wunschgehalt von einer Irrealität gezeichnet – von einer Spaltung der mütterlichen und der väterlichen Welt. Der Vater war auch so »wunderbar«, weil er – als abwesender – etwas anderes vertrat als die Dimension des politischen Opfers. Mit seinem überraschenden Tod scheint er in Marion H.s Phantasiewelt doch wieder in die seltsam undurchschaubaren Welten der »Geheimpolitik«, die tödliche Welt der Mutter, eingetreten zu sein. Sein Tod ist ein *Wegtauchen* – wie bei einem, der in den Untergrund geht. Wer unter Bedingungen eines Doppellebens aufwächst, steht permanent vor dem Problem der Fiktionalität – und dem der Lüge und Täuschung: Jederzeit kann man betrogen und systematisch »in die Irre geführt« werden. Die Phantasie des Doppellebens fiktionalisisert selbst den Tod; er ist – möglicherweise: wer weiß das schon? – nur das Leben »auf der anderen Seite«.

Der Mutter zuliebe hält Marion H. den Kontakt zum väterlichen Teil der Familie aufrecht. Als die Mutter stirbt, bricht sie ihn abrupt ab: »Ich stand stellvertretend für sie, weil ich irgendwie fand, sie hat das alles viel zu lange ertragen – auch irgendwie sich nicht gewehrt. Und erduldet.« Dass die Mutter – und sie – schließlich noch in der Erbregelung betrogen wurden, passt ins Bild der »verräterischen Familie«.

Nach dem Abitur beginnt Marion H. ein Jurastudium:

»Jura, fand ich, glaube ich, das war irgendwie was mit aktiv Eingreifen in Lebenverhältnisse. (...) Ich bin dann in M. gewesen, weil es eine gute juristische Fakultät dort gab. Und bin da abtrünnig geworden, weil, ich glaube, auch aus so relativ plattem Verständnis heraus, dass man mit dem Interesse, irgendwie zu intervenieren, ja doch Schaden nimmt.«

Die ursprüngliche Entscheidung für ein Studium, das für *rechtschaffende* Berufe qualifiziert, wird in dem Moment revidiert, als ihr in der juristischen Praxis deutlich wird: »Da werden immer die Armen bestraft.« Der Anspruch, für Gerechtigkeit zu sorgen, bekommt eine andere Dimension. Es scheint wichtiger, die Bedingungen zu verstehen, die gesellschaftliche Ungleichheit schaffen. Die Verhältnisse müssen durchsichtig, *transparent* werden. Betrug ist am besten in der Klarheit des *öffentlichen* Lebens vorzubeugen. Marion H. beginnt ein sozialwissenschaftliches Studium. Anfang 1968 tritt sie dem SDS bei. Hier verfolgt sie zunächst schweigend die Debatten der Männer – und ergreift das erste Mal das Wort bei einer Debatte, die heute als Wendepunkt in der Geschichte der westdeutschen Protestbewegung angesehen wird. Es geht um die Debatte über die berühmte »Schlacht am Tegeler Weg« und die damit »auf neuem Niveau« aufgeworfene Frage nach »revolutionärer Militanz«: »Und ich gehörte natürlich zu denen, die fanden, es war keineswegs ein Durchbruch, sondern so was sollte es nicht geben.«

Gewalt – mit der Folge von Verletzung, Leid und Tod – soll kein Inhalt von Politik mehr sein dürfen. Dieser Punkt ist für Marion H. so essentiell, dass sie ihre bis dahin gepflegte Zurückhaltung aufgibt und das Wort ergreift. Mit ihrer öffentlichen Stellungnahme ergreift sie Partei für ihre eigene Geschichte, denn sie artikuliert einen Begriff des Politischen, der die Elendserfahrung ihrer Familie nicht fortschreiben soll. Marion H.s politisches Engagement kennt feste Schwerpunkte: Transparenz, Öffentlichkeit, Gewaltlosigkeit und Aufdeckung von Betrug – auch in den eigenen Reihen. Es soll keine Heimlichkeiten geben und keinen Traum von noch so »emanzipatorischer« Gewalt. Denn beides führt – das ist ihre höchstpersönliche Erfahrung – nur zu Toten. Zur Zeit ihrer SDS-Zugehörigkeit mag sie es sich noch nicht eingestehen, aber ihre politische Haltung ist eindeutig reformistisch. Marion H. ist eine Demokratin, also das, was im damaligen SDS wenig Platz hatte: Eine Demokratin. Die von ihren Genossen ersehnte Revolution steht für sie in dem Bereich des Politischen, gegen den ihre ganze Lebenserfahrung sich sträubt:

»*Ich habe nicht geglaubt daran, dass damit die Gesellschaft in eine sozialistische zu verwandeln ist. Sondern ich habe diesen Impuls als viel stärker angesehen, der auf die Universitäten sich bezieht und der grundsätzlich auch Auswirkungen darauf hat, wie man Kinder erzieht und wie überhaupt dieses Grundmodell von Beziehungen zwischen Menschen sich verändert.*«

Sie schreibt ihre Diplomarbeit über gestörte Kommunikation und versteht es, ihre Qualifikation in Projekten unterzubringen, die ihr eine kontinuierliche Entwicklung ihrer beruflichen und politischen Positionen erlauben. Vielleicht ist es die persönlich erreichte Sicherheit, die Marion H. die 68er-Bewegung als eine letztlich politisch erfolgreiche bewerten lässt – jedenfalls nicht als eine dissidentische: »Also ich finde auch, dass die 68er-Bewegung keine dissidentische, sondern eine eher irgendwie Aufbruch produzierende (war). Also, dissidentisch ist ja immer dieses, ja, es nicht hinkriegen.«

»Dissidentisch« wird Marion H. zum Codewort für das Unglück der politischen Geheimbündelei, die ihr Heil im Verborgenen sucht, sich auf »unmögliche« Konfrontationen mit der Macht einlässt und deshalb scheitern muss. Dissidentisch ist die Politik ihrer Mutter gewesen und ihres ersten Mannes. Und, letztlich, ihres Vaters, solange er von der Mutter abhängig gewesen ist. Was er danach getan hat, war ein voreiliger Seitenwechsel, ein Verfallen an den Konformismus, der, so scheint es, auch nichts als den Tod bringt. Marion H.s politische Maxime kann man als die persönliche Konsequenz der ihr von ihrer Familie repräsentierten Begriff des Politischen verstehen: Den Weg der Mutter nicht fortsetzen, ohne auf den des Vaters auszuweichen. Und, der Mutter treu bleiben, ohne auf den Erfolg des Vaters, seine Integration ins Leben, die er in der Awesenheit von der Familie gewann, verzichten zu müssen. Marion H. hat das beherzigt. Sie ist nie »dissidentisch« gewesen, sondern hat es verstanden, das tödliche Politische für sich zu zivilisieren und lebbar zu machen. Ihre Vorstellung von Politik scheint aus einer zweifachen Negation erwachsen zu sein: Zwischen dem selbstzerstörerischen Antifaschismus der Mutter und dem »Umfallen« des Vaters, das ihn doch nicht vor dem Tod schützen konnte, einen dritten Weg einzuschlagen, der die Klippen von Betrug und Tod umschifft. Es ist ein pragmatischer, der nicht auf große Parolen, revolutionäre Hoffnungen und »kompromisslose Haltungen« setzt. Reste davon entdeckt Marion H. in der persönlichen Rückschau mit Schaudern und Verwunderung – und an einem Punkt, in der ihre Lebensgeschichte sie doch zur Kompromisslosigkeit genötigt hat: »Ich habe«, sagt sie, als könne sie es nicht glauben, »neulich jemanden auf einer Tagung getroffen, der behauptet hat, ich hätte unglaublich rigide vertreten, was damals ja auch Mode war, dass Zweierbeziehungen von Übel waren. Und ich habe mich kolossal erstaunt: Das kann unmöglich sein. Aber offenbar war das so.«

Aus ihrer Geschichte scheint Marion H. gelernt zu haben, dass die reinen Dyaden schädlich sind. »Tertium datur« ist ihr unausgesprochenes Lebensmotto. Vielleicht, weil dieser Dritte in ihrem frühen Lebensabschnitt so schmerzlich fehlte. Möglicherweise ist es die Trauer um diesen Verlust, die ihr einen Weg in die Politik gewiesen hat, der wohl dissidentische Motive hat; der aber von Anfang an darauf gerichtet ist, sich von den Fußangeln des allzu Privaten fernzuhalten, zu dem Marion H. letztlich auch das Dissidenzverhältnis rechnet. Marion H.s Nonkonformismus jedenfalls zielt auf Politik und Öffentlichkeit als Gegenentwurf zum tödlich »Dissidentischen«.

Die lebensgeschichtlichen Parallelen zwischen Anna L. und Marion H. sind frappant. Nur zwei Jahre im Lebensalter getrennt, haben beide den Vater früh verloren. Beide sind unter der Ägide einer starken Mutter aufgewachsen, die es jeweils verstanden hat, »das Politische« als imprägnierende Kraft des Lebens verständlich zu machen. Beide sind von einer starken Vatersehnsucht im Freudschen Sinne durchdrungen. Einiges in ihren Biographien deutet darauf hin, dass diese Sehnsucht – als Ausdruck eines existenziellen Mangels – gerade auch ihr in der Adoleszenz gebildetes *politisches* Handeln beeinflusst hat. Beide finden sich schließlich in derselben politischen Partei wieder – und vertreten hier, über die Ost-West-Differenz hinweg, sehr verwandte Positionen. In dem, was sie unterscheidet, wird die ganze Wucht der immer noch waltenden Superdifferenz zwischen den beiden deutschen Kulturen auch in psychologischer Hinsicht deutlich. Es geht dabei um die kulturelle Differenz dessen, was Freud als den »nachträglichen Gehorsam« bezeichnete. Er ist eben nicht aus dem kulturellen Rahmen zu lösen, in dem Filiation und Generationsbeziehung stattfinden. Dieser formiert nicht nur deren inwendige Psychologie, sondern selbst noch die Bedingungen der Möglichkeit, sich an die frühen Objekte und ihre Wirkung auf die eigene Person zu *erinnern*.

Letztlich geben die beiden Geschichten von Vaterlosigkeit, Verlust und existenziellem Mangel Auskunft über den grundlegenden Unterschied zweier Kulturen, in denen im Prinzip identische psychische Konstellationen unterschiedliche prozessiert, d. h. nach anderen kulturellen Regeln verhandelt werden. Von ihnen gehen Imperative einer je persönlichen Erinnerungspolitik aus, die völlig andere biographische Konstruktionen ermöglichen.

Anna L., die Vatertochter, scheint zu keinem Zeitpunkt ihrer Lebensgeschichte von der Idee angekränkelt gewesen zu sein, ihr Vater falle unter den mörderischen Zweifel, der die West-68er antrieb. Als er starb, war sie zu jung, um den Vater nach politischen Kriterien zu beurteilen. Aber ihre ganze Lebenskonstruktion und spätere Lebensgeschichte verrät nirgends auch nur die Spur eines *nachträglichen* Zweifels am Vater, der sich anderen Beurteilungsmaßstäben als den kindlichen verdankte. Es war in ihrer Kultur schlicht nicht nötig. Eine solche »Naivität« war im Westen spätestens seit »68«, d. h. seit der politisch artikulierten außerparlamentarischen Opposition der 60er Jahre nicht möglich. Kein Vater blieb hier auf die private Rolle des »Vati« reduziert. Jeder geriet unter den extremen politischen Verdacht von Täterschaft und Mitschuld; selbst dann noch, wenn es gute Gründe für eine Ausnahmestellung gab. Die einzig anerkannte politische Differenz war die zwischen Tätern und Opfern, die praktisch das Negativ der nazistischen Perspektive repräsentierte: *Wirklich* unschuldig konnte für den Blick der protestierenden Generation nur Juden und Kommunisten, die mit dem Tod bedrohten Verfolgten des Regimes sein.

Das war, zumindest, was den Kommunismus angeht, auch das Bild der offiziellen Kultur der DDR. Allerdings mit dem Unterschied, dass alle in ihrem Staatsgebiet Angesiedelten, die nicht unliebsam auffielen, den antifaschistischen Persilschein sicher hatten. Anna L.s Vater stand weder öffentlich noch familiär je im Schatten jenes Zweifels, der für den Generationenkonflikt der 68er im Westen typisch war – ganz egal ob, wie und wo er an irgendeiner Front Soldat gewesen sein mag. Es ist die Antifa-Kultur, die Anna L. so selbst *nachträglich* noch entlastet; die ihr, ohne dass sie je darüber nachzudenken gezwungen war, das persönliche Vaterbild in einen unproblematischen politischen Rahmen bringt, so dass die frühe magische Periode, in der sie den Verlust zu bearbeiten versuchte, intakt bleibt. Ihre private kindliche Konfliktlösung gerät nicht in Gefahr, später durch eine neue politische Betrachtung, ein neues Beurteilungskriterium entwertet zu werden, wie das vielfach im Westen der Fall war. Eben dies können wir am Fall Marion H.s studieren. Für sie gilt, dass sie, auf dem Hintergrund ihrer generationellen Positionierung in der westdeutschen Kultur, selbst einen eindeutig antifaschistischen Vater *nachträglich* in den Schatten des Zweifels zieht. In der Konfrontation der beiden Fälle wird deutlich, wie die je verschiedene soziale und politische Konstruktion der Vater*position* sich unterschiedlich mit der psychischen Vater*repräsentanz* verbindet und jeweils völlig differente Resultate der Wahrnehmung und Erinnerung zeigt: Der Vater ist, je nach politischer Kultur, auch in anderer Weise »unsicher«. Er repräsentiert, als fehlender, auch eine jeweils ganz andere Form des Mangels, jedenfalls eine andere Art der *Interpretation* des Mangels.

Am deutlichsten wird das am Problem der Schuld. Anna L.s Vaterlegende etwa hat einen anderen Schuldindex als Marion H.s. Während Marion H.s Zweifel am Vater kontrafaktisch – jedenfalls bezogen auf die infragestehende Zeit des Nationalsozialismus – in Tropen der Schuld gehandelt wird, erscheint Anna L.s Vater in aller Unschuld sosehr auf die private Funktion des Familienvaters beschränkt, dass selbst der Interviewer es unterließ, nach den Realien seiner Biographie zu fragen. Die frappierende Ähnlichkeit der psychologischen Ausgangslage von Anna L. und Marion H. differiert unauffällig, aber entscheidend, in den kulturellen Bedingungen von Erinnerung und den daraus folgenden Möglichkeiten der biographischen Konstruktion. Offensichtlich ist die Frage des Zusammenhangs von Schuld, Abstammung und persönlicher Lebenskonstruktion in beiden Fällen gänzlich verschieden gelöst.

Für Anna L. gibt es im Umgang mit Vater und Vaterimago keinen plausiblen Schuldzusammenhang. Der Vater bleibt zeitlebens als Privatperson in der Erinnerung. Marion H.s Vater hingegen verwandelt sich in ihrer Biographie vom kindlich idealisierten Objekt in eine Person, die von der allgemeinen, gegen die Väter gerichteten Verdachtskultur nicht ausgenommen wird. Er erscheint spätestens der Adoleszenten als dubiose Gestalt – auch, entgegen der familiären Überlieferung, in politischer Hinsicht.

Ost und West halten völlig unterschiedliche *Containments* für die Generationsbeziehungen bereit, die sich eng an die Geschichtskonstruktionen der jeweiligen Staaten anlehnen. Daraus folgen jeweils andere Bedingungen für Identitätsbildung, Biographiekonstruktion und Selbstreflexion; letztlich auch dafür, was es heißt, »sich selbst treu« oder »abtrünnig« zu sein.

Auch dies wird an der Frage der Schuld am deutlichsten kenntlich. Die DDR hat einen kulturellen Rahmen bereitgestellt, der es erlaubte, auch unter Bedingungen des adoleszenten Bruchs mit der familiären Tradition, kindliche Positionen in der Wahrnehmung der Vorfahren unangetastet zu lassen. Gab es im Westen gegenüber den Eltern eine historisch und politisch begründete »Versöhnungsscham« als Folge der generationell verschobenen Schuldanerkennung, so zeigte sich im Osten eine gesamtgesellschaftliche Tendenz zur Verleugnung der Schuld, die den Generationenkonflikt entschärfte, privatisierte und zugleich aktualisierte. Die politischen Inhalte bezogen sich weniger auf die Vergangenheit als die Gegenwart, doch hier galt in der Mehrzahl eine Bedingung, wie sie im Westen in der Not der unmittelbaren Nachkriegszeit gegeben war. Die Gemeinsamkeit zwischen den Generationen war hinsichtlich des Außendrucks so stark, dass Konflikte in den Hintergrund geschoben wurden.

Die beiden »zweiten« Generationen nach dem Krieg unterschieden sich in Ost und West fundamental in einer Frage, die kaum als politische begriffen wurde: Im Osten waren die Väter erheblich »sicherer« als im Westen. Selbst da, wo sie fehlten. Oder, anders formuliert, im Osten gab es eine andere Trauer um die »verlorenen Väter« als im Westen. Sie war nicht durch das Prinzip der nachträglichen Entwertung verstellt. Damit ist eine tiefgreifende Differenz in der historischen Selbstreflexion verbunden, die sich am deutlichsten im Generationenverhältnis ausdrückt. Die DDR-Erinnerungspolitik bot gewissermaßen einen »dritten Weg« im Umgang mit der NS-Vergangenheit an, der sowohl die Diagnose von der »Unfähigkeit zu trauern« (A. und M. Mitscherlich) als auch die komplementäre des notwendigen kollektiven Beschweigens der Vergangenheit (H. Lübbe) konterkarierte. Zwischen Trauer und Schweigen eröffnete sie die Alternative einer Mischung von kollektiver Verleugnung der Verantwortung und lautstark *projizierter* Schuld. In der Rolle eines interessierten kollektiven Zuschauers der eigenen Geschichte hat sie eine »Individualisierung« des Problems folgenreich verhindert. Es gab *intra muros* keine politische Zurechenbarkeit der Schuld. Stattdessen eher so etwas wie eine kollektive *Scham* über das Geschehene. Bezogen auf die NS-Zeit repräsentierte die DDR, im Vergleich mit der alten Bundesrepublik, eine »Schamkultur«. Das erklärt einige sonst schwer verständliche Phänomene, z. B. die Differenz der Trauer, die wir am Beispiel der verlorenen Väter sahen. Die unverstellte Trauer um Personen ist nur dann möglich, wenn sie aus der geschichtlichen Ambivalenz herausgenommen werden. Scham als Konflikt zwischen Ich und Ichideal misst immer die Differenz eines *persönlichen* Vorhabens, eines Projekts zu seiner Realisierung aus. Schuld, der Konflikt zwischen Ich und Über-Ich, ist viel enger auf die *gesellschaftliche* Norm, respektive ihr Verfehlen gerichtet. So reduktiv und problematisch die Schuldfrage in der alten Bundesrepublik behandelt wurde. Die prinzipielle Anerkennung der Schuld hat, mindestens in bestimmten Eliten, stilbildend gewirkt.

Natürlich muss es seltsam anmuten, die DDR als eine »Schamkultur« zu qualifizieren, insbesondere, wenn man damit die von Ruth Benedict getroffene kulturanthropologische Typisierung verbindet. Was wir damit meinen ist lediglich das Gegenbild jener spezifischen »Schuldkultur«, wie sie sich nach dem Zivilisationsbruch in der alten Bundesrepublik herausgebildet hat. Die, aus dem staatlich garantierten Antifaschismus hervorgegangene Erinnerungskultur der DDR knüpft an die »zuschauende Scham« insofern an, als aus ihr für die Individuen die Bedrohung einer individuellen Desintegration hervorgegangen ist. Denn während Schuld eine Form sozialer Integration darstellt, wirkt Scham prinzipiell desintegrierend. Am Grund jeder Scham steht das Risiko, aus der Gemeinschaft ausgeschlossen zu werden. »Das Spezifische am Schuldgefühl«, so fasst Serge Tisseron seine Diskussion der Phänomene Schuld und Scham zusammen, »ist also, daß es Raum für Wiedergutmachung läßt, es ist eine Form der sozialen Integration. Anders die Scham: Sie destabilisiert das Individuum psychisch und drängt es in eine Außenseiterrolle.« (Tisseron 2000, S. 120) Jede Kultur entwickelt infolgedessen »Praktiken (...), um die desintegrierende Scham in integrierende Schuld zu verwandeln.« (ebd.) Die alte Bundesrepublik, die aufgrund ihres grundlegenden politischen Designs, dessen essentials Westbindung, Demokratisierung und eine antitotalitäre Vergangenheitspolitik waren, sich als Schuldkultur etablierte, schuf damit den kulturellen Rahmen für Individualisierungsprozesse und Identitätskonstruktionen eigener Art. Die DDR war das Gegenprogramm dazu. Ihre vergangenheitspolitische Grundoption der deklamatorischen Schuldprojektion auf die »neoimperialistische« Bundesrepublik als Nachfolgestaat des nationalsozialistischen, trug, sicherlich gegen den Willen der Vollstrecker dieser Politik, dazu bei, eine einzigartige »Schamkultur« zu erzeugen. Diese ist bis heute wenig verstanden – aber durchaus von großer praktischer Bedeutung beim nicht gelingenden Zusammenwachsen beider Kulturen.

Literatur
Hegel, G. W. F. (1970): Enzyklopädie der philosophischen Wissenschaften. Gesammelte Werke. Bd. 9. Frankfurt/Main (Suhrkamp).
Heim, Robert (1999): Utopie und Melancholie der vaterlosen Gesellschaft. Psychoanalytische Studien zu Gesellschaft, Geschichte und Kultur. Gießen (Psychosozial).
Mitscherlich, Alexander (1971): Auf dem Weg zur vaterlosen Gesellschaft. München (Piper)
Schneider, M. (1981): Väter und Söhne, posthum. In: Den Kopf verkehrt aufgesetzt oder Die melancholische Linke. Darmstadt (Luchterhand.)
Szymborska, W (1996): Hundert Freuden. Frankfurt/Main (Suhrkamp).
Tisseron, Serge (2000): Phänomen Scham. Psychoanalyse eines sozialen Affekts. München (Reinhardt).

Scham und Schuld

Die Unterscheidung von Scham- und Schuldkulturen durch die kulturanthropologische Schule der Ethnologie, namentlich Margaret Mead und Ruth Benedict[1] hat mittlerweile viel Kritik erfahren. In der Tat krankt sie systematisch an zwei Stellen, nämlich erstens der implizierten Hierarchisierung von »primitiven« und »entwickelten« Gesellschaften. Zweitens werden Scham und Schuld in dieser Konzeptualisierung als *konträre* Konzepte betrachtet, ohne systematisch den Blick auf die Übergänge zwischen beiden Phänomenen zu richten. Nichtsdestotrotz bleibt die generelle Unterscheidung heuristisch wertvoll, weil sie Beschreibungen von Kulturen in ihren unterschiedlichen Arten von Konformismus, Individualisierung, Bewertung von Öffentlichkeit und Kollektivität ermöglicht.

Leon Wurmser siedelt die sogenannte Schamangst, d. h. die Angst vor beschämender öffentlicher Entblößung vor allem in Gesellschaften an, in denen die Öffentlichkeit permanent präsent ist; Gesellschaften, die wenig Privatsphäre zulassen und einem »formalisierten Verhaltens- und Ausdrucksstil« frönen. Eine Verletzung der öffentlichen Form wird in diesen Gesellschaften als »Verrat an den Normen« angesehen. Dieser Verletzung folgen Schande und »Gesichtsverlust«, die immer mit tiefer Scham verbunden sind. Aus Scham*angst* resultiert zuallermeist eine Scham*haltung*, die man als Schüchternheit, Gehemmtheit oder auch Öffentlichkeitsscheu bezeichnen kann. Diese Haltung hat Präventionscharakter: Sie soll sicherstellen, dass der Einzelne vor dem »großen Bloßgestelltsein« beschützt wird.[2]

Gesellschaften, die derart funktionieren, sind durch ein spezifisches Verständnis von Öffentlichkeit und durch eine spezifische Konstellation von Individualität und Kollektivität gekennzeichnet. Sich persön-

---

[1] Vgl. Margaret Mead (1937): Cooperation and Competition Among Primitive Peoples und Ruth Benedict (1946): The Chrysanthemum and the Sword. Patterns of Japanese Culture in dem die japanische Gesellschaft als klassische Schamkultur dargestellt wird. Zur Kritik insbesondere T. S. Lebra: Shame and Guilt: A Psychocultural View of the Japanese Self. In: R. L. Levy (Hg.): Self and Emotion. Ethos 11, S. 192ff.

[2] Vgl. Wurmser: Die Maske der Scham, S. 122.

lich zu exponieren, sich nicht kontrollieren zu können oder gegen die Sitte zu verstoßen, verletzt das Schamgefühl der anderen und stellt eine Bedrohung für die Gemeinschaft und ihre Ordnung dar. Jedes Verhalten und jede Situation, die eine Beschämung und Gesichtsverlust nach sich ziehen könnten, müssen deshalb unbedingt vermieden werden. Diese Sensibilität gegenüber der eigenen wie auch der Scham der anderen, die sich in respektvollem, konfliktvermeidendem Verhalten äußert, ist in nicht-okzidentalen Gesellschaften eine hochgeschätzte Norm. In dieser Funktion bewacht die Scham die menschliche Würde wie auch die soziale Ordnung. Scham hat, worauf Agnes Heller hinwies, »als Gefühl die Funktion, die eigenen Handlungen in Übereinstimmung mit den Werten und Normen der Gesellschaft zu bringen«. (Heller 1982, S. 215–228) Heller hat solche Gesellschaften als kollektive Schamgemeinschaften gezeichnet, in denen ein starkes kollektivistisches Wir-Bewusstsein auf der Grundlage der Unantastbarkeit der grundlegenden Rituale entsteht: diese besitzen absolute Gültigkeit und dürfen selbst dann nicht hinterfragt werden, wenn ihre Irrationalität offensichtlich ist. Schamkulturen haben offenbar einen *kollektivistisch-transitiven* Öffentlichkeitsbegriff: Öffentlichkeit ist für sie immer vorhanden und reicht tief in die Sphäre der Intimität. Sie ist das Privileg einer beobachtenden Macht. In solchen Kulturen lässt sich Öffentlichkeit nicht in der Weise *herstellen* wie uns das vertraut ist. Sie ist nicht von Individuen als Appellationsinstanz anrufbar.

Schuldkulturen haben demgegenüber einen *individualistisch-intransitiven* Öffentlichkeitsbegriff. Öffentlichkeiten sind hier Foren der Aushandlung. Sie werden zu diesem Zweck hergestellt. (Was nicht darüber hinwegtäuschen kann, dass sie auch hier weitgehend nach Machtkriterien vordefiniert sind.) Es sind Schauplätze, auf denen man sich zeigt. Der Begriff der Öffentlichkeit ist hier eng mit der Sphäre des Individuums verknüpft. In Schamgesellschaften mit ihrer verbindlichen kollektiven Moral gibt es nur eine negative Beziehung zwischen Öffentlichkeit und Individualität. Hier stellen Schamgefühle Einzelner »die Basis der moralischen Kontrolle von Gemeinschaften dar, in denen es kein eigentliches Individualitätsbewusstsein gibt, wo Symbole des Glaubens hoch bewertet werden, der Ritualismus stark ausgeprägt ist und infolge dessen Fehlverhalten eindeutig spezifizierbar und formal bestimmbar ist.« (Neckel 1991, S. 14) Diese, auf »traditionelle«

Gesellschaften gemünzte Aussage Neckels, lässt sich nahezu eins zu eins auf die Gesellschaft der alten DDR abbilden. Das Besondere der Scham, das, was sie von der Schuld abgrenzt, nämlich ihre Angewiesenheit auf Intersubjektivität und Öffentlichkeit,[3] besteht letztlich in ihrem kollektivistischen Zuschnitt. Kollektivismus, transitiver Öffentlichkeitsbegriff und mangelnde Individualisierung sind ihre Kennzeichen. Gesellschaften dieses Typs sind stark, solange ihre »Glaubensgrundlage«, d. h. der unterstellte Konsensus unangetastet ist. Ihre Kehrseite ist die dauernde Gefahr der Desintegration, die mit dem Schamparadigma gegeben ist. Gerade deshalb sind okzidentale Kulturen, die aus Gründen der Tradition dem Begriff des Individuums zentrale Bedeutung einräumen, darauf angewiesen, Praktiken zu entwickeln, die geeignet sind, »die desintegrierende Scham in integrierende Schuld zu verwandeln« (Tisseron). Dies hatte in der DDR eine seltsame Pointe: Zeit ihres Bestehens waren solche Praktiken bis zu einem gewissen Grad Sache und Kennzeichen der *Gegen*kultur. Einige der nicht in der offiziellen Staatskultur aufgehenden Gruppierungen – prominentestes Beispiel: die Kirchen – bildeten gewissermaßen »Schuldenklaven« innerhalb des gesellschaftlichen und staatlichen Selbstverständnisses. So wurde selbst die nächstliegende Schuld, die Beteiligung vieler Deutscher – und zwar auch solcher, die in der DDR lebten und in ihr Funktionen innehatten – an den NS-Verbrechen, verleugnet. Die »offizielle« DDR verschob die Schuld durch Projektion auf die andere Seite der Grenze. Das musste zum Konflikt mit den klassischen protestantischen Normen führen, auf denen doch die moralische »Alltagsregulierung« eines nicht kleinen Anteils der Bevölkerung nach wie vor beruhte. Es waren denn auch nicht zufällig jene christlich-kirchlichen Gruppen, aus denen sich wichtige Kerne der Bürgerbewegung bildeten, die als »Schuldenklaven« innerhalb der kollektivistischen »Schamkultur« wirkten. Sie repräsentierten ein völlig anderes Ethos als die staatlichen Organisationen – mit entsprechenden Folgen für die jeweilige Identitätskonstruktion ihrer Anhänger. So lässt sich Anna L.s Konflikt

---

[3] »Scham ist das Gefühl der Schande und Demütigung, das einer entdeckten Übertretung folgt, Schuld das Gefühl verborgener Verderbtheit, das mit einer unentdeckten oder noch nicht entdeckten Übertretung einhergeht.« (Geertz 1991, S. 188)

zwischen den beiden Gruppen, der kirchlichen und der FDJ, auch als Normenkonflikt zwischen diesen beiden großen unterschiedlichen Leitorientierungen deuten. Als sie in einem klassischen Bestrafungsritual der Öffentlichkeit ausgeliefert wird, um ihr die Scham des Ausgestoßenseins zu demonstrieren, definiert sie die Situation um. Indem sie sich in der genannten Situation nicht zu der ihr *angetragenen* »Schuld« bekennt, sondern die Verantwortung für ihr Handeln übernimmt und damit eine autonome Schuld anerkennt, unterläuft sie die Regeln der Schamkultur. Ihr Entschluss, sich selbst treu zu bleiben, weist ihr den Weg zur *entlastenden* Schuldübernahme, d. h. zur Überwindung der dissozialisierenden Scham[4].

Dieses Konfliktmodell der Konfrontation einer christlich geprägten »Schuldidentität« mit der staatlichen »Schamidentität«, findet sich immer wieder in vielen Initialszenen von Dissidenz, auch, wie wir gesehen haben, in Dutschkes dissidentem *coming-out*. Es koinzidiert bei denjenigen, die solche Situationen im genannten Sinne umdefinieren konnten, regelmäßig mit einem persönlichen Öffentlichkeitskonzept, das sie aus dem Konformismus der Schamkultur heraushebt und sie für die wichtigsten sozialen Sanktionen des Staates unempfindlich macht. Öffentlichkeit als Ort des freien Austauschs und der Kommunikation ist der Gegenentwurf zu jenen Orten der beschämenden Strafrituale, in denen Einzelne öffentlich zur Schau gestellt, den Blicken der anderen ausgeliefert werden. In beiden Fällen beruht die Öffentlichkeit auf einer *forensischen* Situation, denn sie ist der Platz, auf dem über die Rechte Einzelner verhandelt wird. Eben dies war in der DDR schon aufgrund der grundlegenden Konstruktion einer prästabilierten Harmonie von Individuum und Gesellschaft als Strafaktion und Akt der Beschämung angelegt. Schuld zog notwendig Scham nach sich.

---

[4] »Ein durchgehender Zug der menschlichen Psyche besteht darin, daß das Individuum in einer Situation, die es nicht beherrscht, sich in der Phantasie zum Verantwortlichen aufschwingt. Durch das Schuldgefühl entgeht das Individuum gewissermaßen dem Blick des Anderen und bekennt sich in seinen eigenen Augen schuldig. (...) Je tiefer die Scham, d. h. je größer der narzisstische Zusammenbruch, desto stärker ist die Neigung zu allumfassenden Schuldgefühlen. Im Schuldgefühl bewahrt das Individuum seinen Glauben, daß die Dinge von ihm abhängen und es sie gewissermaßen in der Hand hat.« (Tisseron 2000, S. 120f.)

Auf der Ebene des gesellschaftlichen konformen Handelns wurde die Reflexion einer möglichen Schuld umgangen, indem man sich, ganz im Sinne der offiziellen Staatsphilosophie, als Teil eines unschuldigen Kollektivs begriff, das dem schuldigen als diametral entgegengesetzt begriffen wurde. Eben diese Identifikation hat dazu beigetragen, die Bindung an dieses entlastende Kollektiv durchaus eng, ja *symbiotisch* zu machen.[5] Zu den Gesetzmäßigkeiten symbiotischer Bindungsformen gehört die »Alles-oder-Nichts«-Struktur der Inklusions-Exklusionsbeziehung. So auch hier: Die Zugehörigkeit zum Kollektiv der transzendental Unschuldigen schloss die Schuld kategorisch aus – und damit automatisch die Angst ein, von ihm verstoßen zu werden. Denn der Ausschluss aus dem Kollektiv musste aufgrund der dichotomischen Struktur unweigerlich den Sturz in die von ihm gebannte Schuld – und damit eine unausmessbare Scham zur Folge haben.

Bezogen auf die NS-Schuld im Generationenverhältnis der alten Bundesrepublik, kann von einer »Versöhnungsscham«, d. h. der aktiven Aufkündigung des politischen Generationenvertrages durch die 68er gesprochen werden. Im Osten hingegen herrschte entweder die bewusste Schuldübernahme in den genannten Außenseiterkollektiven vor, oder, mehrheitlich, die »passive Scham«, die Angst, aus dem Kollektiv ausgeschlossen und isoliert zu werden. Das wurde besonders in dem Moment deutlich, als das System zerfiel, aber seine ehedem tragende Institution, die Partei, noch existierte. Die Frage, die sich tausende SED-Mitglieder nach dem Sturz der Regierung vorlegten: Ob man ihr noch angehören sollte oder nicht, wurde zum exemplarischen Nachspiel der Frage nach dem Selbstwertgefühl als Teil des sozialistischen Kollektivs. Daraus ergab sich ein Problem, das sich schon bald als ein Vorspiel der bis heute unentschiedenen Frage nach einer »ostdeutschen Identität« im neuen Deutschland erweisen sollte. Es reflektiert die Problematik von Schuld- und Schamkultur in einem neuen Aspekt.

> »Diese Partei ist uns Heimat gewesen. Wir hatten keine andere. Den meisten von uns war Zugehörigkeit schon einmal infrage gestellt worden. Sei es als Täter oder Opfer oder als Kind von Tätern und Opfern (...). Wir wollten brave Kinder sein. Uns Lob verdienen. Frühzeitig hatten wir gelernt, daß man uns Zuwendung und Liebe entziehen konnte (...) Wir sehnten uns nach Gebor-

---

[5] Vgl. dazu Engler: Zivilisatorische Lücke, S. 111.

genheit. Ein Gemeinschaftsangebot, bei dem es auf unser Ich nicht ankam, war für uns gefährlich wie eine Droge.
Wir waren zutiefst romantisch und religiös. Unsere Rituale hatten ihren Sinn. Etwa die Aufnahme in die Gemeinschaft. Wie bewegte es unsere Seele, daß es Paten oder Bürgen gab, die für uns einstanden; daß wir unsere Zugehörigkeit bescheinigt erhielten, durch ein Dokument, von dem man uns sagte, dies sei fortan unser wichtigstes; und dann natürlich die Vertraulichkeit der Anrede. Nichts fürchteten wir so sehr wie den Liebesentzug der Gemeinschaft. Die Partei war uns Vater und Mutter. Und wie wir bei diesen ersten Liebesobjekten uns entschuldigt und entschuldigt hatten, nur um weiter lieben zu können, waren wir auch hier zu Kompromissen, zum Verdrängen bereit.«
Engler 1992, S.109

Die Furcht, vom omnipotenten Liebesobjekt verstoßen zu werden, ist der Gipfel der Isolation, auf die Scham als dissozialisierndes Gefühl gerichtet ist. Das gilt, wie bei allen psychisch tiefen Bindungen, selbst noch dort, wo das ehedem omnipotente Liebesobjekt real entwertet und entmachtet wird. Im Augenblick der Niederlage beginnt sich jedoch die Schicht des Ideals von der der Realität zu lösen. Wer nach dem Fall der alten DDR der Partei treu blieb, bewies seine Treue zur Idee – und damit auch die wirkliche Liebesbindung, jenseits opportunistischer oder machtgeleiteter Interessen. Die Frage von Treue, Abtrünnigkeit oder Anpassung, ging damals quer durch viele Familien:

»Meine Frau, seit 20 Jahren Genossin, ist heute ausgetreten, weil sie nicht mehr die Kraft hat, für die künftigen harten politischen Auseinandersetzungen. Ich habe diese Kraft noch und sage es ganz offen, daß Honecker, Mittag, Stoph, Kisch und Konsorten mir eines nicht nehmen konnten, nämlich meine tiefe innere Überzeugung von der richtigen Sache eines humanen Sozialismus (...). Wer jetzt noch aus der SED austritt, gibt diesen Lumpen, die uns so in die gesellschaftliche Misere geführt haben, noch nachträglich nach. Ich und viele andere wollen diese Partei erneuern, aber so gründlich, daß sich in Zukunft kein Genosse der SED mehr schämen muß, seinem parteilosen Nachbarn in die Augen zu sehen.«
Engler 1992, S. 112

Die Scham gilt hier der Korrumpierung des Ideals – und der Tatsache, dass nun die ehedem selbstwertstabilisierende Zugehörigkeit zur Elite[6] selbst Grund eines Ausschlusses geworden ist. Sie folgt aus der gefürch-

---

6 Denn die Parteimitglieder empfanden sich durchaus als etwas Besseres als die Nichtmitglieder.

teten Verbannung aus dem »Kollektiv des Volkes«, das umfassender ist als die Partei. Indem diese in der Situation des gesellschaftlichen Umbruchs de facto zur Anti-Elite geworden ist, wird es um so dringlicher, sich der Elemente zu versichern, die sie einmal zur idealen Gemeinschaft gemacht haben.

Engler zitiert eine »Genossin der unteren Ebene«, die nach langem »inneren Kampf« sich wegen »der alten Genossen, die sich wegen ihrer Ideale in den KZs umbringen lassen mussten«, zum Bleiben in der Partei entschließt: »Soll ihr Kampf, den sie mit Herz und Verstand kämpften, umsonst gewesen sein?« Die beiden letztzitierten Äußerungen machen zusammengenommen etwas vom vertrackten Wechselspiel von Scham und Schuld deutlich. Im Ideal der alten Genossen ist die Gegenwelt zu jener der Schuld beschlossen: in der Opferidentifikation steckt eine garantierte Unschuld und eine ideale Gemeinschaft, die zum Kampf anhält. Mit dem Zusammenbruch dieser Gemeinschaft wird ihre Illusion deutlich: die reale Lücke zwischen dem alten Ideal und der im Kampf immer zitierten Zukunft – das Ausbleiben der Gegenwart. Der Wunsch, dass sich »in Zukunft kein Genosse der SED mehr schämen muß«, ist die Aufrechterhaltung des parteilichen »Kampfauftrags« – und die Anerkennung des realen Ausschlusses durch die Umstrukturierung der gesellschaftlichen Macht. Den zitierten Parteigenossen trifft die Scham in dem Moment, wo die alten Parolen der Parteikultur kein Fundament mehr haben. Dies möchte er durch seine Arbeit der »Umgestaltung« wettmachen

Primo Levi berichtet davon, wie das Auftauchen der sowjetischen Befreier bei den durch sie geretteten KZ-Insassen eine Welle der Scham auslöste: an ihnen konnten sie den Abstand der ihnen aufgezwungenen Lebensumstände zur »Außenwelt« wahrnehmen. Sie sahen sich in ihnen mit der eigenen Unwürdigkeit konfrontiert, schämten sich für ihr unfreiwilliges Unterlaufen menschenwürdiger Normen und fühlten sich durch den plötzlich hereinbrechenden Kontrast aus der menschlichen Gesellschaft ausgeschlossen. Bei aller nicht weiter zu thematisierenden Differenz, bezogen auf die Schamreaktion scheint sich bei vielen SED-Mitgliedern zu Zeiten der Wende etwas Ähnliches abgespielt zu haben. Dass die zitierte Genossin für ihren Entschluss, der Partei »treu zu bleiben« eine Traditionslinie, ja eine »Genealogie« wählt, die ins KZ zurückgeht, ist kein Zufall. In der Zeit einer Identitätskrise setzt

sie den höchstmöglichen Einsatz an *Idealität* ein, um jeden Gedanken
einer möglichen Schuld a limine abzuwehren.

>»Der Gedanke an das Ende einer Entwicklung, den Abbruch einer Kontinu-
> ität, die dem eigenen Lebensvollzug Halt und Ausrichtung überhaupt erst
> verlieh, besitzt etwas so Unerträgliches und Unzumutbares, daß sie nicht
> zugelassen und schon gar nicht handlungswirksam werden darf.«
>
> Engler 1992, S. 113

So kommentiert Engler das Zitat. Zu ergänzen wäre: Die Erinnerung an
die aus der Schuld der anderen resultierende Opferherkunft dient der
Abwehr eines überwältigenden Schamgefühls, des Gefühls, in der Partei,
von der Partei betrogen worden zu sein und selbst am Betrug teilgehabt
zu haben. In der Situation eines realen Ausschlusses durch die sich neu
konstituierende *Gesellschaft* wird die Wucht des immer gefürchteten
möglichen Ausschlusses durch das omnipotente Liebesobjekt *Partei*
deutlich. Die Konformitätsbedingungen hatten sich radikal verändert,
nun fiel negativ auf, wer sich vorher im schützenden Schoß der Partei
verstecken konnte.

In der DDR hat sich das »Nichtauffallenwollen«, das die meisten
Deutschen schon im Nationalsozialismus übten, und das sie als nahezu einzige, hilflose Lehre nach dessen Niederlage ins jeweilige neue
Deutschland mit hinüber nahmen, vermutlich noch länger gehalten als
in der alten BRD. Auffallen war hier einfach mit größeren Risiken
verbunden. Das Grundprinzip der Unauffälligkeit ist, nicht sichtbar zu
sein: wer den Blicken entzogen ist, ist auch nicht greifbar, nicht angreif-
bar, nicht verantwortlich. Sehen ist immer auch ein aggressiver Akt (im
Sinne des »aggredi«), ein narzisstischer zumal. Das Prinzip »Sehen und
gesehen werden« einer individualistischen Gesellschaft ist die Kurz-
formel für den Zusammenhang von Aggressivität und Narzissmus: das
Sichtbarwerden als *sich darbieten*, die Präsenz als das Abstecken eines
gesellschaftlichen claims. Die militärische Weisheit, »Sicht geht vor
Deckung«, findet ihre Begründung in der Überlegenheit des Über-Blik-
ks gegenüber der Un-Sichtbarkeit. Sie nimmt das Risiko der Sichtbarkeit in Kauf, um mit der aktiv erworbenen Wahrnehmung Urteils- und
Handlungsfreiheit zu gewinnen. Im Sehen exponiert man sich. Model-
le des reziproken Sehens, der wechselseitigen Sichtbarkeit bilden eine
soziale Grundkonfiguration von basaler Bedeutung für die Regulation

des individuellen Selbstwertgefühls. Gesellschaften oder gesellschaftliche Segmente, die den Typ »Sehen und gesehen werden« als soziale Grundposition favorisieren, schaffen für jede *individuelle* Entwicklung einen völlig anderen Rahmen als jene, die den Konformismus der Unsichtbarkeit bevorzugen. Wo Deckung vor Sicht geht, ist das Gesehenwerden meist eine peinliche, manchmal eine tödliche Angelegenheit. Sie ist das Kennzeichen von »Schamkulturen«.

Scham ist die zentrale Regulationsinstanz zwischen Innen und Außen, der »Hüter der Grenzen des Selbst«. Die Scham sichert den Binnenraum der Intimität gegen das gesellschaftliche Außen; aber sie ist in unserer Ontogenese zugleich die notwendige »Störung« des omnipotenten Selbstgefühls – sie setzt uns dem Blick des anderen aus und beweist seine Macht.[7] Mit der Scham unterbrechen wir die Interaktion mit unserer Umwelt – teils um uns ihrer Übermacht zu entziehen, teils um Verhaltensstrukturen zu verändern, alte gegen neue Selbst- und Objektkonzepte mit neuen Interaktionsmöglichkeiten auszutauschen.

> »Scham ist, wie alle Gefühle, nur im Kontext ihrer Umwelt angemessen zu verstehen.« Sie ist also per se keine Pathologie, sondern gewinnt »erst dann pathologischen Charakter mit entsprechenden nachfolgenden Fehlentwicklungen, wenn Schamerlebnisse in ihrer Häufigkeit oder Heftigkeit nicht mehr zu neuen, angemesseneren Konzepten vom Selbst, von den Objektbeziehungen und der Umwelt führen können, sondern umgekehrt entweder zur dauerhaften Ausprägung eines schamresistenten Größenselbst oder zu einem fragilen narzisstischen Gleichgewicht mit ständigen Selbstzweifeln und der Neigung zur Idealisierung anderer Personen.«
>
> Hilgers 1997, S. 18

Ob dies eintritt, hängt nicht zuletzt vom kulturellen Umfeld ab. Gesellschaften, die etwas gegen Individualismus (das heißt: gegen das Individuum) haben, pflegen schon frühzeitig Ansätze zu *individuellem* Narzissmus und Größenselbst zu unterbinden. Sie halten für Ausbrü-

---

[7] »Scham wacht über die Grenze der Privatheit und Intimität«, sagt Leon Wurmser und begreift sie damit als Gegenprinzip zur Schuld: »Schuld beschränkt die Ausdehnung der Macht. Scham verdeckt und verhüllt Schwäche, während das Schuldgefühl der Stärke Schranken setzt. Scham schützt ein integrales Selbstbild, während Schuld die Integrität des anderen beschützt.« (Wurmser 1998, S. 85)

che aus dem konformistischen Schema des Kollektivs Demütigungsrituale bereit, die bis in die Intimität ihrer Untertanen dringen. Beim Individuum zu Strafzwecken Scham zu erzeugen, hat einen besonders tiefgehenden Effekt, weil Scham ansteckend ist: so sehr man sich am Beschämten affektiv schadlos zu halten meint, so stark ist doch die kollektive Ansteckung derer, die dem beschämenden Akt beiwohnen. Deshalb ist das Herausbrechen des Einzelnen aus der Gruppe, das *ihn der Scham Aussetzen*, ein doppeldeutiger Akt. Das Publikum wird Mittel der Strafe, und zugleich fließt der Effekt des Strafakts, die Beschämung, auf die Betrachter zurück. Das Ansteckende der Scham trifft immer auch die Zuschauer. Sie werden nicht nur zu Komplizen, sondern zu »Infizierten«. Das dissozialisierende Element von Schamritualen besteht darin, *jedem*, der an ihnen teilhat, die größtmögliche Bedrohung vor Augen zu führen, die das Individuum kennt: den Ausschluss aus dem Kollektiv. Die eigentliche Wirkung beschämender Rituale liegt in der latenten Drohung der Exklusion gegenüber jedem Einzelnen, der im vom Kollektiv Beschämten sich selbst als potenziell Ausgeschlossenen wiedererkennen kann.

Das ist ein wichtiger Punkt bei den Inszenierungen des neuen Kollektivismus der sozialistischen Gesellschaften, z. B. bei den Moskauer Prozessen gewesen. Die hier heftig diskutierte Frage der Schuld ist lediglich *ein*, wenn auch selbstverständlich wichtiger Teil dieser Inszenierung. Gerade bei den zu »Verrätern« Gestempelten, die sich doch in aller Regel als überzeugte Kommunisten verstanden und darstellten, bestand das Spiel der Anklage darin, sie bei diesem Anspruch zu nehmen – und sie damit zu unterwerfen. Die entscheidende Prozedur war auch hier die Umwandlung von Schuld in Scham: Die Umwandlung eines Außenkonflikts in einen Binnenkonflikt. In der Schuld hat man »nur« etwas in der Welt verletzt, in der Scham etwas in der eigenen Person.

Die Schlussgeständnisse der Angeklagten, in denen sie sich schuldig bekannten, sind vor allem Zeugnisse der Scham. Der wirklich erniedrigende Prozess der Zurichtung, die in der Selbstbezichtigung Ausdruck fand, bestand darin, ihnen die Erkenntnis aufzuzwingen, dass sie ihr *eigenes* Ideal verletzt, nicht nur eine äußere Norm übertreten hatten. Die Prozedur der »Schauprozesse«, (die nicht zufällig so heißen) basiert auf der Verwandlung von Schuld in Scham. Gelingt das, dann *muss* der schamhaft Schuldige selbst nach dem Henker rufen, um seine eigene, ihm aufgezwungene Dissozialität zu richten. Der Tod ist dann der letzte Akt des Verbergens, zu dem jede Scham nötigt.

Dahinter verbirgt sich eine eigenartige Logik der Anerkennung, die wiederum an das Hegelsche »Moralproblem«[8] anknüpft. Was den Verrätern vorgeworfen wird, ist letztlich Hybris, Selbst-Sein, Heraustreten aus dem kollektiven Ideal. Sie hätten sich das Recht genommen, es auf ihre, *individuelle und »besondere«* Weise zu interpretieren – und sich damit über *die anderen* gestellt: sie beschämt. Nun falle die Scham – zurecht – auf sie zurück.

Das Erschütternde an der Scham ist die volle Wucht des wiederkehrenden *infantilen* Konflikts und die mit ihm neuaufgelegte *Einsamkeit* des Affekts. Jede Schuld, selbst die neurotische, hat einen »erwachsenen«, sowohl individuellen wie sozialen Anteil. Schuld ist ein sozial synthetisierendes Weltverhältnis. Scham ist nicht weniger sozial bestimmt, jedoch in der negativen Form der »Dissozialisierung«. Sie ist der Spiegel jener im ersten Kapitel zitierten »Einsamkeit der Anomie«, die weltlos und infantil-abhängig macht.

Im Dezember 1937, ein knappes Vierteljahr vor seiner Hinrichtung, schreibt Nikolai Bucharin, Hauptangeklagter des dritten der großen Schauprozesse, aus der Lubjanka einen mit den Vermerken »Streng geheim/Persönlich/Ich bitte, daß dies *kein anderer* ohne Erlaubnis J. W. Stalins liest« versehenen Brief an Stalin:

Josef Wissarionowitsch!

Ich schreibe diesen Brief wahrscheinlich als meinen letzten Brief vor meinem Tode. Deshalb bitte ich, obgleich ich Häftling bin, mir zu gestatten, diesen Brief frei von allen offiziellen Normen zu schreiben, um so mehr, als ich den Brief nur an Dich schreibe und damit die Tatsache seiner Existenz oder Nichtexistenz völlig in Deiner Hand liegt. Jetzt wird die letzte Seite meines Dramas und vielleicht auch meines physischen Lebens aufgeschlagen. Ich habe unter Qualen nachgedacht, ob ich zur Feder greifen soll oder nicht – jetzt zittere ich vor Aufregung und tausend Emotionen und bin kaum Herr meiner selbst. Doch gerade weil es sich um die äußerste Grenze handelt, möchte ich mich vorher

---

[8] »Vgl. Dissidenz als Krankheit im ersten Kapitel.

von Dir verabschieden, solange es hierfür noch nicht zu spät ist, solange meine Hand noch schreiben kann, solange meine Augen noch sehen können und mein Gehirn noch irgendwie funktioniert. Damit es keinerlei Missverständnisse gibt, sage ich Dir von vornherein, daß ich vor der Welt *(der Gesellschaft) 1. nichts von dem, was ich niederge-schrieben habe, zurückzunehmen beabsichtige; und 2. daß ich Dich* diesbe-züglich *(und in diesem Zusammenhang) auch nicht um irgend etwas bitten, Dich nicht beschwören will, was die Angelegenheit aus dem Gleis bringt, auf dem sie läuft.* Doch ich schreibe zu Deiner persönlichen Information. *Ich kann nicht aus dem Leben scheiden, ohne Dir diese letzten Zeilen zu schreiben, denn ich bin von Qualen so aufgewühlt, von denen Du wissen mußt.*

Am Rande des Abgrundes stehen, aus dem es kein Zurück gibt, gebe ich Dir mein allerletztes Ehrenwort, daß ich die Verbrechen, die ich während der Untersuchung zugegeben habe, nicht begangen habe. (...)

Mir blieb kein anderer »Ausweg«, als Anschuldigungen und Aussagen anderer zu bestätigen und auszubauen: Denn sonst hätte das bedeutet, daß ich »die Waffen nicht strecke«. Außer äußeren Momenten habe ich mir, als ich über das, was vor sich geht, nachdachte, etwa folgende Konzeption zurechtgelegt: Es existiert irgendeine große und kühne politische Idee *einer generellen Säube-rung, a) im Zusammenhang mit einer Vorkriegszeit, b) im Zusammenhang mit dem Übergang zur Demokratie. Diese Säuberung erfasst a) Schuldige b) Verdächtige und c) potentiell Verdächtige. Dabei konnte man ohne mich nicht auskommen. Die einen werden auf die eine Weise, die anderen auf eine ande-re und die dritten auf eine dritte Weise unschädlich gemacht. Eine Vorsichts-maßregel ist es auch, daß die Leute unvermeidlich übereinander reden und sich ständig* misstrauen *(ich gehe von mir aus: Wie erbost war ich über Radek, der mich schlechtgemacht hatte! Und dann habe ich selbst diesen Weg eingeschla-gen ...). Auf diese Art und Weise bekommt die Führung* vollständige Sicher-heit.

Verstehe das um Gottes willen nur nicht so, daß ich hier – sogar beim Nach-sinnen – insgeheim Vorwürfe äußere. Ich bin den Kinderschuhen lange genug entwachsen, um zu verstehen, daß große Pläne, große Ideen und große Inter-essen über allem stehen, und es wäre kleinlich, angesichts der welthistori-schen *Aufgaben, die vor allem auf Deinen Schultern lasten, die Frage nach der eigenen Person aufzuwerfen.*

Das aber ist für mich die größte *Pein und das quälendste Paradoxon.*

Wäre ich völlig davon überzeugt, daß Du genauso denkst, so wäre es mir *bedeutend leichter ums Herz. Was soll's! Was sein muß, muß sein. Aber glaube mir, das Herz blutet mir, wenn ich daran denke, daß Du mir die Verbrechen zutrauen und selbst fest daran glauben könntest, daß ich all diese entsetzlichen Dinge wirklich begangen habe. Was würde das dann heißen?*

Daß ich selbst dazu beitrage, daß eine Reihe von Menschen verloren geht (bei mir selbst angefangen!), das heißt, daß ich ausgesprochenes Übel anrichte! Dann ist das durch nichts zu rechtfertigen. Und in meinem Kopf gerät alles durcheinander, ich könnte laut aufschreien und mit dem Kopf gegen die Wand rennen: Denn ich bin es, der den Tod anderer verursacht. Was soll ich nur tun? Was tun?

Ich zürne nicht im geringsten und bin nicht verbittert. Ich bin kein Christ. Aber ich habe meine Eigenarten. Ich glaube, daß ich die Strafe für jene Jahre bekommen habe, in denen ich wirklich einen Kampf geführt habe. Und falls es Dich interessieren sollte, am meisten bedrückt mich ein Umstand, den Du vielleicht schon vergessen hast: Einmal, es war, glaube ich, im Sommer 1928, war ich bei Dir, und Du hast mir gesagt: Weißt Du, warum ich mit Dir befreundet bin? Weil Du zu keiner Intrige fähig bist. Ich sagte: Ja. Und gleichzeitig bin ich zu Kamenew gelaufen (»das erste Treffen«). Du kannst es glauben oder auch nicht, doch gerade diese Tatsache geht mir nicht aus dem Kopf, wie Judas' Erbsünde. Lieber Gott, was war ich doch für ein naiver und dummer Kerl! Und jetzt zahle ich dafür mit meiner Ehre und mit meinem Leben. Das verzeih mir, Koba. Ich schreibe und habe Tränen in den Augen. Ich brauche schon nichts mehr, und Du weißt selbst, daß ich meine Lage eher verschlimmere, weil ich mir erlaube, all das niederzuschreiben. Aber ich kann nicht, kann nicht einfach schweigen, ohne Dir ein letztes Mal »verzeih« zu sagen. Eben darum zürne ich auch niemandem – von der Führung bis hin zu den Untersuchungsführern –, und ich bitte Dich um Verzeihung, obwohl ich bereits so gestraft bin, daß alles verblaßt ist und die Dunkelheit sich auf meine Augen gelegt hat.

Als ich Halluzinationen hatte, sah ich Dich einige Male und einmal auch Nadeshda Sergejewna. Sie kam zu mir und sagte: »Was hat man nur mit Ihnen gemacht, N. I.? Ich werde Josef sagen, daß er sich für Sie verbürgen soll.« Das war so real, daß ich beinahe aufgesprungen wäre und an Dich geschrieben hätte (...), damit Du Dich für mich verbürgst! So waren bei mir Wirklichkeit und Wahn verwoben. Ich weiß, daß N. S. keinesfalls geglaubt hätte, daß ich Böses gegen Dich im Schilde führen könnte, und es ist kein Zufall, daß das Unterbewußtsein meines unglücklichen »Ichs« diese Wahnvorstellung hervorgebracht hat. Mit Dir aber habe ich mich stundenlang unterhalten (...) Ach

*Gott, gäbe es doch nur ein Mittel, damit Du in meine zerrissene und gemar-
terte Seele blicken könntest! Wenn Du nur sehen könntest, wie ich Dir innerlich verbunden bin, ganz anders, als all die Stezki und Tal! Gewiß, das ist ja
alles »Psychologie«, verzeih. Jetzt gibt es keinen Engel, der Abrahams Schwert
abwenden würde, und das Verhängnis nimmt seinen Lauf! (...)*

*Josef Wissarionowitsch! Du hast in mir einen Deiner fähigsten, Dir wirk-
lich treu ergebenen Generale verloren. Doch das ist schon Geschichte (...) Aber
jetzt schreibe ich noch, obgleich ich Kopfschmerzen und Tränen in den Augen
habe. Jetzt habe ich Dir gegenüber ein reines Gewissen, Koba. Ich bitte Dich
um ein letztes Verzeihen (nur im Geiste, und nicht anders). Deshalb umarme
ich Dich in Gedanken. Lebe wohl für immer und behalte mich Unglückseli-
gen nicht in schlechter Erinnerung.*

N. Bucharin

Wurmser unterscheidet bei den »strafenden Handlungen des Beschä-
mens« zwischen zwei Schritten. Der erste besteht darin, die Person
bloßzustellen, sie »an den Pranger« zu bringen. Der zweite Schritt
hingegen bewirkt, »die Person zum Verbergen zu bringen. Der Ernie-
drigte wird gemieden und ignoriert. Er wird in die Einsamkeit geschik-
kt.« (Wurmser 1998, S. 144) Die Sequenz von »Erniedrigung« und
»Verschwinden« wiederholt sich auf Seiten der Subjekte: Mit der Intro-
jektion der Strafe »fühlt (man) den Drang zu bekennen, um danach
wieder Anerkennung zu erlangen – und gleichzeitig möchte man
verschwinden oder wenigstens nicht mehr an das beschämende Ereignis denken – es auswischen, ausradieren.« (ebd.) Eben dies tut Bucharin, der nach dem Genossen Stalin wie der Säugling nach der nähren-
den Mutter schreit; der um seine Anerkennung bettelt und seine
beschämende Schuld zum Verschwinden bringen will – und wenn das

---

9 Kafkas Prozess, vielfach als literarische Antizipation der Totalitarismen des 20.
Jahrhunderts und ihrer Schauprozesse interpretiert (wie immer bei solchen
»Vorgriffen«: zu Unrecht) endet mit dem Tod des unschuldig Schuldigen
Joseph K. und den hellsichtigen Worten: »Es war, als sollte die Scham ihn überleben.« Darin ist die Erfahrung aufgehoben, dass am Grunde des uneinsichti-
gen Schuldproblems, das der Protagonist durch den ganzen Roman trägt, eine
Scham steht, die nicht einmal mit der Sühne durch den Tod »aus der Welt
geschafft« werden kann. Und in der Tat, wenn Schuld ein Lebensproblem ist,
so Scham ein Überlebensproblem.

»Ausradieren« letztlich dem eigenen Leben gilt[9].

Die Moskauer Prozesse bezeichnen den Höhepunkt der sogenannten »Säuberungen« innerhalb der KPDSU: eine Form der nach innen gerichteten Gewalt, die über Jahrzehnte in den sogenannten sozialistischen Staaten inwendig wirksam blieb; auch, weil sie in verschiedenen »Bruderländern« zyklisch kopiert und wiederaufgelegt wurden. Die von diesen Säuberungen ausgehende Einschüchterung für alle, die sich dem Projekt Sozialismus verschrieben hatten lässt sich kaum ermessen.[10] Allein der Terminus »Säuberung« deutet darauf hin, dass es für die in diesen Prozess Verstrickten um einen tödlichen *Schamkonflikt* ging. In gewisser Weise bestand die stalinistische Praxis darin, Schuld zu ubiquitarisieren – und damit zu liquidieren. Uneinsehbare Schuld regrediert auf den Status angstvoller Schambereitschaft: den Zustand des »Eingeschüchtertseins«.

Interessanterweise ist in dem Text, der für Havels *Versuch, in der Wahrheit zu leben* vorbildhaft war, in Solschenizyns Manifest *Lebt nicht in der Lüge*, die Aufforderung, das Reich der Lüge zu verlassen, mit einer »Schamkategorie« verknüpft:

> »Somit, laßt uns unsere *Schüchternheit* überwinden, und möge jeder wählen, ob er bewußt Diener der Lüge bleibt (...) oder ob die Zeit für ihn gekommen ist, sich als ehrlicher Mensch zu mausern, der die Achtung seiner Kinder und Zeitgenossen verdient.«
>
> Solschenizyn 1974, S. 62

In diesem Sinne wäre Dissidenz, die Überwindung des Lebens in der Lüge, eine Überschreitung der Schamkultur: Die Schüchternheit – wir würden vorziehen zu sagen – die Einschüchterung – zu überwinden und damit Achtung zu gewinnen, sind Schritte der Individuation und des »Kampfes um Anerkennung«, wie sie für Schuldkulturen typisch sind. In der DDR war dieses Problem aufgrund der nach wie vor gegebenen systemischen Spaltung und des immer gegenwärtigen Systemvergleichs mit der BRD mit einem eigenen, spezifischen Index versehen. Jede systemimmanente »Gegenwelt« war, je nach politischer Option, zunächst darauf zu prüfen,

---

[10] Manchmal sind Zahlen nützlich, um sich Dimensionen klar zu machen. Allein in der Zeit von 1936 bis 1938 wurden 690 000 Parteimitglieder im Zuge der Säuberungen liquidiert.

wie sie sich zur immer schon existierenden »Systemalternative« verhielt. War das bei den alten Linksoppositionellen vom Typus Janka eine, wie wir sahen, vorentschiedene Sache – der Kapitalismus *konnte* keinen wirklichen Gegenentwurf bedeuten – so hatte sich das in den Folgegenerationen durchaus verschoben. Hatte sich sowohl die Generation der »Kriegskinder« als auch die der »Aufbaukinder« in expliziter, meist ablehnender Haltung gegenüber dem Westen definiert, so bekam diese Blickweise bei der jüngsten »Widerstandsgeneration«, den sogenannten »Mauerkindern« eine neue Note: Ihre Abgrenzung gegenüber der BRD bekommt zum ersten Mal den Aspekt von Trotz – und *Scham*:

> »Daß man nichts gemein hat mit der Bundesrepublik, das war irgendwie klar. Vor allen Dingen, und da habe ich der hiesigen damaligen Regierung Recht gegeben. Diese Aufarbeitung des Antifaschismus, war ich überzeugt, ist in der DDR besser gelaufen. (lacht) Die Aufarbeitung des Faschismus. Davon war ich auch überzeugt, daß die da nicht richtig aufgeräumt hatten, und das fand ich auch verwerflich. Es gab auch immer wieder Sachen, da hat man zur Stange gehalten. Daß man in der DDR die Wurzeln tiefer ausgerissen hatte. Und dann eben immer diese leidigen, dicken Westverwandtenpäckchen, –briefe, –besuche, wo man dann immer gemerkt hat, daß die völlig anders sind. Und wo man sich immer so ein bißchen geschämt hat. Es war sehr viel Scham dabei, so gegenüber den Westdeutschen, und da hat man dann so aus Trotz so 'ne Gegenidentität aufgebaut. Also meine Mutter und ihr Bruder waren irgendwann gleich, und dann zieht der Bruder in den Westen und wird dort ein Geldmann für uns, und riecht anders, besser, und ihm geht es besser mit Haus und Auto. Der hat es eben zu was gebracht, und da mußte man sich ja irgendwie dagegen definieren oder das begründen. Das hat man dann versucht, mit 'ner Wärme zu begründen.«
>
> Lutz 1999, S. 120[11]

Es wäre offensichtlich verkürzt, diese Schamdimension allein auf die ökonomische Überlegenheit des Westens zu beziehen. Auch wenn dieses Motiv in der zitierten Passage in den Vordergrund gerückt wird, steht die Metapher vom »Geldmann« nicht nur für die ökonomische Prosperität,

---

[11] Lutz unterscheidet drei verschiedene »Widerstandsgenerationen« in der DDR, die »Kriegskindergeneration« der Geburtsjahrgänge 1939 bis 1943, die Generation der »Aufbaukinder«, die zwischen 1948 und 1953 geboren wurden und die der »Mauerkinder«, die sie auf die Jahrgänge zwischen 1959 und 1968 festlegt. Wir diskutieren an dieser Stelle nicht die Triftigkeit dieser Periodisierung, sondern bedienen uns dieser Zuordnung als deskriptiver Konzepte.

sondern auch für eine, ambivalent bestaunte Freiheitsdimension westlicher Lebenswelten. Die Scham im Systemvergleich, die die eine Seite zu ökonomischen Verlierern stempelt, zitiert beinahe automatisch die Notwendigkeit eines Gegenentwurfs. Die größere zwischenmenschliche »Wärme«, die – mittlerweile ein Klassiker im Rahmen solcher Vergleiche – dazu dienen soll, Unterlegenheitsgefühle abzuwehren, macht dabei eine seltsame Dimension der Identifikation deutlich. Der ökonomische Erfolg des – ursprünglich »artgleichen« – Geldmanns im Westen wird tatsächlich als durchaus selbstverständlich, ja als richtig und angemessen unterstellt – auch, wenn er mit allerlei emotionalen Verlusten erkauft sein mag. Die Scham bezieht sich offensichtlich darauf, dass eine vergleichbare Entwicklung im *eigenen* System nicht möglich ist. Für die Generation der »Mauerkinder«, die diesen Nachteil nicht mehr ungebrochen mit der »Überlegenheit des Sozialismus« kompensieren kann, wird der Systemvergleich in dieser Dimension tatsächlich zum Anlass, eine Gegenidentität aufzubauen – was schon sprachlich impliziert, dass sich die Initiative, die *vorgegebene Identität* auf »der anderen Seite« befindet. Dass hier intersystemisch – Scham entsteht, ist ein Fingerzeig darauf, dass die alte Konstellation der Schuldentlastung durch Projektion nicht mehr hinreichend trägt. Die zitierte Aussage des »Mauerkindes« zeigt die eher trotzige Wiederholung des alten Klischees vom (nach)faschistischen Staat auf der einen und des antifaschistischen auf der anderen Seite. Leider mit der bedauerlichen Pointe, dass das Leben in der systemischen Wahrheit von Antifaschismus und Sozialismus offenbar keine entsprechende lebensweltliche Gratifikation bereithält. Das war auch in den Osten gedrungen, und zwar zu einem kritischen Zeitpunkt, denn offensichtlich hatte sich für die »Mauerkinder« die »antifaschistische Kultur« inhaltlich weitgehend erschöpft. Sie wird zwar – gerade gegen den »Systembruder« im Westen – trotzig aufrechterhalten, aber ob man noch an seine Segnungen glaubt?

Zu einem bestimmten Zeitpunkt hatte sich das *eine* Basisversprechen sozialistisch-kommunistischer Gesellschaften: »Wohlstand für alle« zu schaffen, verbraucht, d. h. als nicht realitätshaltig erwiesen. Das bis in die späten 70er Jahre ungebrochen aufrechterhaltene Versprechen, den Kapitalismus auch ökonomisch zu »überholen«, begann in den 80ern schal zu werden. Wenn es das nicht war, dann mussten andere Werte her, die die Überlegenheit des eigenen Systems beweisen konnten. Dies umso mehr, als sich mittlerweile die politischen Verbindungen zwischen den beiden deutschen Staaten verändert hatten. Just in dieser Zeit wurde die Ausreise eine zwar problematische und im Vorfeld dornenreiche, aber immerhin akzeptierte und nicht mehr ohne weiteres kriminalisierbare Alternative. Argumente dafür, dass die DDR das *bessere Deutschland* repräsentiere, mussten angesichts der offenkundigen ökonomischen Niederlage im Wettbewerb der Systeme nun endgültig aus moralischen, ästhetischen, emotionalen Quellen gewonnen werden. Der Verweis auf »menschliche Wärme« *in Verbindung* mit einer systemischen, d. h. aus dem Vergleich entspringenden Scham, macht darauf aufmerksam, dass sich die Bedingungen der Identitätsbildung in Ost und West verändert hatten. Offensichtlich hatte sich in der DDR der Mechanismus der Schuldprojektion abgenutzt.[12] Es ging für die nachwachsenden Generationen nicht länger, jedenfalls nicht mehr in erster Linie um die Frage der NS-Nachfolge bzw. der politischen Bewältigung »des Faschismus«, sondern ganz deutlich um die Differenz des je persönlichen Lebensstils in den beiden deutschen Staaten: Es ging um Konsummöglichkeiten, private Freiheitsräume und die Frage des Zusammenhangs und der Verkehrsbedingungen von Individuum und Gesellschaft.

In der DDR war der Mechanismus der Schuldverschiebung konstitutiv für eine Schamkultur gewesen, die am Ende, als die politischen Loyalitäten brüchig wurden, die Scham plötzlich im Systemvergleich selbst wiederfand. Für die jüngste der »Widerstandsgenerationen« in der DDR war die gültige Geschichtskonstruktion, die aufs KZ zurückverwies, nicht mehr als Konstruktionsprinzip der eigenen Identität triftig – und nicht mehr bindend. Auch darauf verweist die Redeweise von der größeren »Wärme«; es ist die ins »Private« übersetzte Exposition ehedem *politischer* Tugenden, wo die »Wärme« noch den stolzen Namen Solidarität trug.

In der alten BRD gab es für die dortigen Nonkonformisten seit den 60er Jahren das fast spiegelbildliche Problem eines angemessenen Umgangs mit der *Schuld* ihrer Eltern. Sie wurde nicht *projiziert*, sondern *introjiziert*; in beeindruckend politischer Konsequenz wie in ebenso seltsam hysteriformer Weise *übernommen*. Auch die West-Dissidenten handelten auf dem

---

12 Das ist wahrscheinlich auch der Sinn der Fehlleistung in der zitierten Aussage des »Mauerkindes«: die mit einem Lachen vermerkte Verwechselung von Faschismus und Antifaschismus, d. h.: der Verwechselung der Seiten, wo es darum geht, die Vorzüge der einen hervorzuheben.

Hintergrund einer Spaltung, die mit der Gesellschaftskonstruktion ihres Staates zusammenhing. So ergibt sich aus den beiden deutschen Teilbildern ein bemerkenswertes Gesamtbild: die *räumliche* Spaltung. Die *»paranoide«* des Ostens ergab die Möglichkeit der Schuldprojektion auf »die andere Seite«, d. h. sie eröffnete das Szenario einer *horizontalen* Gut-Böse-Spaltung. In dem Maße, wie sich diese »andere Seite« als die »bessere«, d. h. wirtschaftlich erfolgreichere erwies, musste eine ungeheure Moralisierung des eigenen Systems erfolgen. Übrigens eine Strategie, die für die Ost-Dissidenten am wenigsten nachzuvollziehen war. Die *»hysterische«* Spaltung der West-Dissidenz war eine *zeitliche.* Eine, die zwischen dem Nationalsozialismus und jenen, die im Sinne eines ewigen »Wehret den Anfängen« selbst nicht damit beginnen konnten, die Realität einer, wenn auch durchaus »störanfälligen« Demokratie ernstzunehmen. West-Dissidenz im Sinne des »68er«-Weltbildes litt buchstäblich unter Reminiszenzen, die *persönlich* genommen und fürs eigene Handeln bestimmend wurden. Zur Hysterie gehörte, dass die der 68er-Generation *nicht zustehende* Schuld stellvertretend übernommen wurde. In Wirklichkeit ging es auch bei den 68ern um einen (kindlichen) Schamaffekt. Ihre Scham war, mit schuldhaft befleckten Eltern konfrontiert zu sein, die versuchten, sich im Schweigen unsichtbar zu machen. Es war eine ähnliche Situation wie in der biblischen Geschichte von Noahs Trunkenheit: Als nach der Sintflut der betrunkene Noah entblößt auf dem Boden liegt, weidet sich der eine Sohn, Ham, an der Blöße des Vaters, während der andere, Japhet, sie zu bedecken versucht. Die Protestgeneration im Westen tat beides, sie wies anklagend auf die Blöße, aber sie arbeitete auch daran – dieser Aspekt hat in der bisherigen Diskussion von '68 wenig Beachtung gefunden – die von den Eltern ausgehende Beschämung wegzuschaffen. *Zur Überdeckung der eigenen Scham wurde die Schuld der Eltern übernommen.* Es ging eben, auf der psychologischen Ebene, durchaus nicht nur um die Übernahme von »Verantwortung« – der einzigen realen Möglichkeit nachgeborener Generationen, sich zu den Taten ihrer Vorfahren zu erklären und zu verhalten –, sondern buchstäblich um die schamentlastende Schuld, die gewissermaßen erschlichen werden musste.

Die Ost-68er waren offiziell »schuldfrei« herangewachsen, aber – anders als ihre West-Peers – permanent mit der Möglichkeit der moralischen Verstoßung konfrontiert worden – gerade dann, wenn sie die ihnen vorgesetzten politischen Parolen ernst nahmen. Sie waren die Generation, die kein Geheimnis in der *Vergangenheit* der Elterngeneration aufspürte, sondern in deren Gegenwart ihre *Unzulänglichkeit* entdeckte: ihre Ohnmacht. Schuldlos wurden sie auf eine Schamposition zurückgeworfen, die sich in der weiteren Entwicklung der deutschen Doppelstaatlichkeit und des Systemvergleichs unerwartet um eine systemische Komponente erweiterte. Man hatte, rebus sic stantibus, den Kürzeren gezogen. Man war ohnmächtig gegenüber einer Führung, die die entscheidenden, die identifikationsfähigen Ideale für sich okkupiert hatte und sie verriet, und einer prinzipiell für falsch erklärten »System-Alternative« unterlegen.

In dieser Konstellation war die von Hirschmann für das Verhalten systemkritischer Minderheiten in totalitären Staaten exponierte »exit-voice«-Alternative, d. h. zu gehen oder demonstrativ das Wort zu ergreifen, auf eine verzweifelte Wahl geschrumpft. »Exit« bedeutete für die Hardliner der Dissidenz Verrat und »voice« den Weg in die Kriminalisierung. Angesichts dieser Alternative blieb nur die Wahl zwischen einer vollends ironischen und einer tödlich-ernsten Position.

Für die dissidente Szene der DDR war nicht das kleinste Problem, sich der offiziellen Schamkultur entziehen zu müssen, um überhaupt im Sinne ihrer politischen Vorstellungen und Ideale handlungsfähig zu werden. Zugleich bestand die Gefahr einer als Schuldkultur konstituierten Gegenwelt soweit zu verfallen, dass politisches Handeln geradewegs in Formen der Selbstverletzung hineinlief.

Für die parallele westliche Szene jedenfalls kann man konstatieren, dass ihr Versuch, die eigene Schamproblematik durch Schuldübernahme zu überbrücken, dort tödlich endete, wo die Scham als Ausdruck der Ohnmacht wiederkehrte und »mit allen Mitteln« bekämpft wurde. Auch wenn sie in dieser Formulierung stark verkürzt ist, führt eine Linie von der brennenden Scham, den Verbrechen in Vietnam ohnmächtig zuschauen zu müssen, zur stellvertretenden Schuld, Bomben erst ins Bewusstsein der Indifferenten und dann ins Leben der vermeintlich neuen Schuldigen zu werfen. Der Terrorismus, die ultima ratio westlicher Dissidenz, ist der vielleicht konsequenteste Versuch, Scham durch Schuld zu löschen. Er zeigt den unauflöslichen Zusammenhang dieser beiden ungleichen Brüder: Schuld bindet und Scham isoliert. Wenn beides ineinanderspielt, und dazu der Schuldhintergrund aus Leichenhaufen besteht, vor denen keine Scham genügen kann, wird die Isolation leicht tödlich. Sowohl für den, der seine Scham zu verbergen sucht als auch für jene, vor denen sie versteckt werden soll. Welch intrusive Macht die DDR-Schamkultur für die Einzelnen darstellte, wird mittlerweile aus der Perspektive der Nachträglichkeit immer deutlicher. Der Leipziger Psychoanalytiker Jochen Schade berichtet von einem Patienten, der »nachträglich die Scham über seine Unterwerfung unter die Vertreter des Systems, die er wegen ihrer Mittelmäßigkeit und Borniertheit verachtete«, entdeckte. Er kann an diesem Fall zeigen, wie stark der nachträgliche Schamaffekt ihn selbst, als »gleichbetroffenen DDR-Bürger« infiziert, und zwar so sehr, dass ihm in der Ähnlichkeit der beschämenden Erfahrung zeitweise die »analytische Distanz« zum Geschehen verloren ging und er sich mit dem Patienten als Teil einer ehedem beide prägenden Kultur identifizierte.

> »Lebten wir in der DDR der letzten Jahrzehnte nicht in einer Dauerkonstellation, die Scham generieren mußte? Ich meine die Scham, die doch entstehen sollte, wenn man sich der verordneten Dummheit unterwirft, sich bedingungslos Redeverboten fügt und Demutsgesten vollbringt. Wer von uns kennt nicht die erfahrungsnahe, geradezu körperliche Registrierung peinigender Gefühle in Situationen der Subalternität, die der öffentliche Alltag im Sozialismus so oft bereithielt. War deren Wahrnehmung mit unserem Ich-Ideal vereinbar? Wollten wir nicht oft davonlaufen und blieben mit dem Gefühl quälender Selbstmängel doch in der Situation? Mußten wir nicht die ungeheure Tatsache verdrängen, die es jedem kritischen Menschen unter uns verwehrte, in öffentlichen Situationen seine unzensierte Meinung über gesellschaftliche Vorgänge zu formulieren? Heute sagen viele selbstkritische Ostdeutsche, daß sie sich den Zwängen stärker beugten als unbedingt notwendig. In dieser Differenz zwischen dem wirklichen Handeln und den Handlungsmöglichkeiten müssen die Schamquellen nisten.«
>
> Schade 2000, S. 2

Schade berichtet von der typischen Konstellation, die die Scham auch im analytischen Diskurs so schwer zugänglich macht. Da Scham meist hochgradig abgewehrt wird, bleibt sie oft unentdeckt; gibt es nicht selten gemeinsame Abwehrbündnisse zwischen Analytiker und Analysand gegen sie. Gerade die geteilte empirische Realität und die mit ihr gegebene Möglichkeit, die Ohnmacht und Kränkung der DDR-Erfahrung in sich selbst wiederzuerkennen, macht es dem Analytiker möglich, »die Folgeerscheinungen der lange unterdrückten Scham zu verstehen: Depressivität, Minderwertigkeitsgefühle, chronische Wutbereitschaft und projektive Mechanismen.« (ebd.) Liest es sich nicht wie der Katalog jener Vorwürfe, die den Ostdeutschen stereotyp auf wechselnden Foren unterstellt werden?

Schade formuliert dafür eine interessante ätiologische Hypothese: »Die gleichen Dispositionen, die unsere Subalternität beförderten, verhinderten auch das Entstehen von bewußten Schamgefühlen und ersetzten sie durch andere Affekte, wie Kränkung, Wut und Depression.« (ebd., S. 5) Auf dem Hintergrund dieser Erkenntnis ließe sich die psychische Fortexistenz der Schamkultur in den ihr ehedem Unterworfenen zu einem komplementären Bild des seltsamen Schweigens verdichten, das nach 1945 zum Signum der westdeutschen Kultur wurde. Alexander und Margarete Mitscherlich hatten nicht zuletzt auf das verbissene Schweigen der Nachkriegszeit, in dem die Mitschuld Vieler am Nationalsozialismus und seinen Verbrechen versteckt wurde, ihre Diagnose der »Unfähigkeit zu trauern« bezogen. Schade eröffnet ein komplementäres Szenario für die Nachwendezeit in der ehemaligen DDR:

> »Unliebsame Tatsachen werden schamhaft verschwiegen. Das Verschweigen aus Scham oder aus Angst zu beschämen gehören zu der Dynamik der Konstellation und verweisen auf ihre Entstehungsbedingungen. Die Erfahrungen von Subalternität und Angleichung sind nicht leicht in ein gesellschaftliches Gespräch einzubringen. So verzehren wir Ostdeutsche uns nicht selten in der Abwehr gegen westdeutsche Vorwürfe, haben aber kaum einen eigenen Diskus begonnen.«
>
> ebd., S. 7

Die Überlegungen des Leipziger Analytikers

> »verweisen auf beschädigte Individualisierungsprozesse und unterdrückte Scham als Folge und Reproduktionsbedingung der Subalternität in der DDR. Sie verweisen gleichzeitig auf sie als Werkzeuge zur Unterdrückung eines breiten gesellschaftlichen Gespräches über diese Fragen. Für mich ist der Gedanke wesentlich geworden, dass nicht die Schuldabwehr oder ein Äquivalent der ›Unfähigkeit zu trauern‹ (Mitscherlich) die mächtigsten Abwehrkräfte gegen das Verständnis der DDR und ihrer Hinterlassenschaft sind, sondern die Schamabwehr.«
>
> ebd.

Gerade die von Schade für die DDR genannten *kollektiven* Schambedingungen verweisen auf eine seltsame Lücke der analytischen Schamtheorie, jedenfalls sofern sie sich auf die ursprüngliche Freudsche Konzeptualisierung stützt. Dessen »unterkomplexer« Schambegriff (Verweyst 2000) leidet stark an einer gleichsam monadologischen

Konzeptualisierung. In den *Drei Abhandlungen zur Sexualtheorie* wird der Scham als phylogenetisch angelegte Regulierung des Triebs eine nahezu »naturgeschichtliche Qualität« gegeben. Später wird sie weitgehend auf eine »exquisit weibliche Eigenschaft« (Freud 1974, S. 562) reduziert. In beiden Versionen wird Scham als *Eigenschaft* konstruiert, nicht, wie es gerade in ihrer kollektiven Gestalt deutlich wird, in ihrer intersubjektiven Bedeutung, die im Akt des Schämens nachdrücklich die Bedeutsamkeit »des Anderen« aufweist. Oder besser: *der* Anderen. Die Differenz im Numerus drückt eine zentrale sozialpsychologische Unterscheidung aus, die erkenntnistheoretische Konsequenzen zeitigt. Zu zeigen wäre das z. B. an der Konzeptionalisierung der Scham in Sartres Philosophie. Sartres Schambegriff als »Gefühl eines Sündenfalls, nicht weil ich diesen oder jenen Fehler begangen hätte, sondern einfach deshalb, weil ich in die Welt gefallen bin, und weil ich die Vermittlung des Anderen brauche, um das zu sein, was ich bin« (Verweyst 2000, S. 179) expliziert zwar die Scham als exquisit *interaktionelles* Geschehen, reicht aber in der Verkürzung auf *den* Anderen nicht an die Realität von Schamkulturen, wie wir sie skizzenweise erläutert haben. Die Konstruktion *des* Anderen setzt stillschweigend immer eine »neutrale Umwelt«, eine kulturelle Bedingung voraus, die den beschämenden Akt als Ausnahme fasst.[13] Schamkulturen dagegen ersetzen *den* Anderen durch seine kollektivierte Gestalt. Sie arbeiten im Zeichen *der* Anderen; sie bezeichnen die Scham als Normalfall, ja als Norm, gegen die sich kehrt, wer die Schambedingungen für sich aufzu-

---

[13] So, typischerweise, Verweyst in seiner Sartre-Interpretation: »Gerade in ihrem plötzlichen Durchbrechen meiner alltäglichen Coolness und Souveränität macht die Scham ›mir‹ deutlich, wie tief ich affiziert bin vom anderen, wie sehr der Sinn meiner Existenz von dem anderen ›getragen‹ wird. Im Schamerleben mache ich nicht bloß anderen, sondern in erster Linie mir ein Geständnis: ich gestehe mir ein, daß ich in meinem Sein vom anderen abhängig bin.« (Verweyst 2000, S. 179)

[14] Verweysts Deutung des Schamgefühls zeigt das in typischer Weise: »Das Schamgefühl ist jener Affekt, der in einem ursprünglichen Sinn mir 1. den anderen als evident und als Subjekt gibt. 2. Erfasse ich in ihm und durch ihn meine Abhängigkeit vom anderen, ich erleide sie. 3. ist die Objektivierung, die ich im Schamgefühl erleide, nicht einfach pessimistisch als Verdinglichung meiner Freiheit zu fassen, sondern gleichzeitig kommt in dieser Objektivierung die Bedeutung des Anderen erst zur Geltung.« (Verweyst 2000, S. 179)

heben sucht.[14]

Die von Schade konstatierte »nachträgliche Scham« ist ein Ausbruchsversuch aus einer auferlegten (und mitgetragenen) Schamkultur. Sein Patient ist in dem Moment, in dem er die veralltäglichte Subalternität als Scham verspürt, aus den damals geltenden Bedingungen ausgebrochen. Er vollzieht damit auf einer diachronen Zeitachse das, was der DDR-Dissident synchron tat: die Verwandlung von Scham in Schuld. Die nachträglich entdeckte Scham eröffnet die Perspektive einer nachholenden Verantwortung: dann nämlich, wenn die Scham *kommunizierbar* wird.

Möglicherweise lässt sich hier wirklich eine Analogie zur »Unfähigkeit zu trauern« bilden, die, unter Bedingungen einer, wenn auch widerwillig getroffenen Schuldanerkennung der »offiziellen« Kultur, die Lücke zwischen der *Akzeptanz* der Schuld als Faktum und ihrer emotionalen *Repräsentanz* bezeichnete. Für die DDR-Bevölkerung der Zeit nach 1990 wäre in diesem Sinne von einer anderen »Unfähigkeit« zu sprechen. Für das Gros der DDR-Bürger bestand und besteht das Problem darin, die Beteiligung am System als *aktive Unterwerfung* zu verstehen, als eine Bereitschaft, die eigene Subalternität im Kollektiv anderen aufzuzwingen. Sie müssen nicht, wie die Deutschen nach '45, um millionenfache Opfer trauern – oder sich der Trauer verweigern. Das kollektive Syndrom, auf das wir hier treffen, könnte man als die »Unmöglichkeit sich zu schämen« bezeichnen. Die Unmöglichkeit sich zu schämen bedeutet, die offenbar tief implantierte Schamkultur psychisch nicht überwinden zu können. Für das Gros der DDR-Bürger gilt, dass es ihnen nicht gelingt, die alten Drohungen zu überwinden, die ihr Verhalten im SED-Staat unauffällig regulierten. Vielmehr scheinen sich viele sekundär noch einmal mit ihnen zu identifizieren. Sie drohen nach wie vor anderen mit Scham. In der Identifikation mit der beschämenden Macht drükkt sich eine seltsame Treue aus – die Identifikation mit dem *gestürzten* Aggressor. Daraus erklärt sich wahrscheinlich, was Jochen Schade als schwerverständliches Paradox beschreibt:

> »Die große Mehrzahl der Befragten (bei Umfragen zur DDR-Identität, d. A.) beschreibt ihre persönlichen Lebensverhältnisse als gut und besser als zur DDR-Zeit. Eine beträchtliche Anzahl davon beurteilt aber die allgemeine soziale Lage und gesellschaftliche Zukunft sehr negativ. Diese Differenz ist im Westen nicht annähernd so groß. Das ruft nach einer analytischen Erklärung. Warum besteht keine größere Übereinstimmung zwischen der persön-

lichen Situation und der allgemeinen Einschätzung? Ist es Ausdruck einer größeren Verantwortlichkeit für das Ganze oder Ausdruck antikapitalistischer Vorbehalte? Vielleicht ist es aber auch Ausdruck einer verstärkten vorbewussten Identifikation mit einem imaginären Kollektiv und der Schwierigkeit, individuell begründete Urteile abzugeben.«

Schade 2000, S. 6

Es geht in diesem Paradox um einen *Kampf um die Illusionen.* Die Realität kann nicht ertragen werden, weder die heutige noch die frühere. Aus der heutigen materiellen Besserstellung wird nun aber nicht nur die damals bedrückte Situation kenntlich, sondern gerade auch ihr Gegenteil, denn die DDR hat – auch dies ist Teil der seltsamen Schamkultur – ihren Bürgern hohe Illusionsmöglichkeiten geboten. Es gab für jene, die sich als Teil eines siegreichen Kollektivs der Anständigen fühlen konnten, durchaus beachtliche narzisstische Gratifikationen. An diesem Punkt gibt es eine gewisse Übereinstimmung von der »Unfähigkeit zu trauern« und der »Unmöglichkeit sich zu schämen«. Auch die DDR-Bürger hatten, darin analog den Deutschen nach 1945, ein Größenselbst zu verlieren, einen narzisstischen Status, der ihnen in der Zeit der NS-Herrschaft zugefallen war. Nur war dieser Status im Falle der DDR nicht mit Täterschaft verknüpft. Mit der Wiedervereinigung wurde der illusionierte omnipotente Opferstatus verdoppelt.

Die grundlegende sozialpsychologische Konstruktion der DDR bestand, wie wir gezeigt haben, in der kollektiven »antifaschistischen Entschuldung«. Viele ihrer Bürger fühlten sich – bezogen auf den Nazismus – als Opfer. Aber sie waren dies zugleich – bezogen auf die Zugehörigkeit zur gerechten und unaufhaltsam voranschreitenden Sache des Sozialismus – im Status des zukünftigen Siegers. Indem sie sich zum Projekt des Sozialismus – wie gebrochen und teilweise gezwungenermaßen auch immer – bekannten, waren sie Teil eines welthistorischen Siegerkollektivs, denn nicht umsonst hieß es »von der Sowjetunion lernen, heißt siegen lernen.«

Literatur

Bucharin, Nikolai (1993): Ein Brief an J. W. Stalin. In: Mittelweg 36, 2. Jahrgang. Heft Nr. 5, S. 69–71.

Engler, Wolfgang (1992): Die zivilisatorische Lücke. Frankfurt/Main (Suhrkamp).

Freud, Sigmund (1974): Neue Folgen der Vorlesungen zur Einführung in die Psychoanalyse. In: S. Freud: Studienausgabe, Bd. IX. Frankfurt/Main (Fischer).

Geertz, Clifford (1991): Dichte der Beschreibung. Frankfurt (Suhrkamp).

Heller, Agnes (1982): The Power of Shame. In: Dialectical Anthropology 6, (3), S. 215ff.

Hilgers, Micha (1997): Scham. Gesichter eines Affekts. Göttingen (Vandenhoeck & Ruprecht).

Lutz, Annabelle (1999): Dissidenten und Bürgerbewegung. Frankfurt/Main (Campus).

Neckel, Sighard (1991): Status und Scham. Zur symbolischen Reproduktion sozialer Ungleichheit. Frankfurt/Main (Campus).

Schade, Jochen (2000): Unveröffentlichtes Manuskript.

Solschenizyn, Alexander (1974): Lebt nicht mit der Lüge! In: Derselbe. Offener Brief an die sowjetische Führung. Darmstadt und Neuwied (Luchterhand).

Tisseron, Serge (2000): Phänomen Scham. Psychoanalyse eines sozialen Affekts. München (Reinhardt).

Verweyst, Markus (2000): Das Begehren der Anerkennung. Frankfurt/Main (Campus).

Wurmser, Leon (1998): Die Maske der Scham. Berlin (Springer).

Das Ende der Dissidenz: Macht oder Identität?

Im Dezember 1973 entstand in einer mittelgroßen deutschen Stadt eine linke Hochschulorganisation, die schon mit der Wahl ihres Namens Anspruch darauf erhob, an eine bestimmte Tradition anzuknüpfen. Der neugegründete »Sozialistische Deutsche Studentenbund Hannover«, der mit der Aufnahme des Ortsnamens in den Titel bedachtsam den Anspruch seiner politischen Wirkung begrenzte, fand mit seiner 1974 veröffentlichten »Gründungsresolution« eine zeitlang erhöhte Aufmerksamkeit in der bundesdeutschen Linken. Besonders bei jenen, die sich nicht für den damals betriebenen Parteiaufbau der K-Gruppen erwärmen konnten und ihr politisches Leben individualisiert als »Unorganisierte« fristeten. Die schmale Broschüre dokumentiert recht gut das politische Vakuum, das sich nach dem Zerfall des alten SDS und der vielfältigen antiautoritären Gruppierungen in der Linken eingestellt hatte. Nicht zufällig ist denn der Ausgangspunkt des mitabgedruckten »Gründungsbeschlusses« ein Rückblick auf die bereits als historisch eingestufte Protestbewegung und der Versuch, ein Resumee der »politischen Elendsgeschichte der unorganisierten Linken« nach deren Ende zu ziehen. Tatsächlich zeichnet sich die Broschüre durch einen eher selbstreflexiven Duktus aus, der sie, gemessen etwa an den damaligen programmatischen Äußerungen der Parteiaufbauer, zu einem lesenswerten Dokument macht – vor allem, wenn man die Lektüre unter das einfache Prinzip stellt, die reflexiven Rückblicke als Artikulation aktueller Ängste und Befürchtungen zu verstehen.

Die »Notwendigkeit von Organisation« wird aus der Insuffizienz einer auf Kampagnen beschränkten »Aktionsgeschichte« begründet, in der die »politische Initiative« stets von drei Übeln bedroht gewesen sei, nämlich »von Realitätsverlust, akademischer Deformation und subkultureller Randständigkeit«. Von heute aus gesehen darf man die ungewohnte Klarheit dieser Diagnose bewundern. Der Weg ins akademische Lager *oder* die Subkultur sollte sich tatsächlich in der Folge für viele derjenigen, die sich damals Gedanken über die Organisationsfrage machten, als eine reale Alternative erweisen. Etwas nackt hingegen steht die Drohung eines durch keinerlei Attribut eingegrenzten Realitätsverlusts da. Fürchtete man, den Kopf zu verlieren? *Welche* Realität stand auf dem Spiel? Der historisch Rückschau haltende Teil der Resolution gibt einen Fingerzeig darauf. Er ist überschrieben:»Zentraler Gehalt der Protestbewegung: die ›historische Initiative‹ verfügt über kein ›Subjekt‹ mehr.« Nun wird die Rede von einer Initiative *ohne* Subjekt semantisch unmittelbar sinnlos. Bedeutet der apostrophierte Realitätsverlust vielleicht, dass der Politiktypus, der sich selbst unter den Terminus der »Initiative« brachte, sich als *unmögliche* Option erwiesen hatte? Vielleicht. Die Neuauflage des SDS legt mit ihrer kritischen Bestandsaufnahme der Protestbewegung auch deren zentrales Manko wieder auf: Politik letztlich auf »symbolische Politik« einzuschränken, die keine wirkliche Anschlussmöglichkeit an die Realität gewinnen konnte. Aber um welche Realität ging es?

Die Bedeutung der Protestbewegung wird heute selbst von Konservativen in ihrer weitreichenden – und notwendigen – Resymbolisierungsleistung gesehen. Um es paradox, aus dem Blickwinkel der Nachträglichkeit zu formulieren: als den Beginn einer möglichen Erinnerungspolitik, die heute, in der sogenannten »Berliner Republik« das »Gedächtnisbild« des neuen Deutschland nach dem NS-Trauma prägt. Die symbolische Politik der Protestbewegung bestand darin,»der Gesellschaft« hartnäckig ihre mörderische Vergangenheit vorzuhalten und als unbewältigte Erblast begreifbar zu machen. Ihre Aktionen waren – durchaus hysterisch – Zurschaustellungen, Präsentationen *für andere*. Im Rahmen dieser Politik konnte sich kein »Subjekt« im klassischen Verständnis vernünftigen politischen Handelns entwickeln. Die »Erfahrung«, dass das vom Marxismus erkorene Subjekt revolutionären Handelns,»das Proletariat« die ihm zugedachte Rolle nicht spielen konnte, *war* keine. Das Erstaunen über die »Subjektlosigkeit« koinzidiert in Wahrheit mit dem vermerkten Realitätsverlust; es war der eigene – und zwar schon zu Zeiten der glanzvollen Tage des Aufbruchs in den späten 60er Jahren. Das Rührende des verspäteten SDS liegt in der Ernsthaftigkeit des Ansatzes, aus der *eigenen* Geschichte lernen zu wollen – und der Unmöglichkeit, das auch nur halbwegs angemessen zu realisieren. Die neugegründete Organisation vermochte zu keinem Zeitpunkt einen Begriff des Politischen zu formulieren, der die Kluft zwischen Machtstreben und Reflexionswillen, zwischen »realer« und »symbolischer« Politik hätte überbrücken können. Personen, die – wie einige unserer Gesprächspartner – an der Organisationsgründung teilgenommen hatten, versichern, dass die monatelange Vorbereitungsphase aus wenig anderem bestanden habe als der Formulierung der »Gründungsresolution«; und zwar nicht nur aus praktischen Gründen, etwa, weil verschiedene Fraktionen unter einen programmatischen Hut gebracht werden mussten. Die Teilnehmer waren gegenüber ihrer eigenen Erfahrung skeptisch genug, um sich nicht in größenwahnsinnigen Phantasien zu verlieren, die damals noch und gerade die kleinsten Zirkel auszeichneten. Stattdessen verlor sich die neugegründete Organisation in einem Zirkel ganz anderer Art: dem hermeneutischen. Ihr Gründungsbeschluss hält fest: »Die Grundeinheiten des SDS Hannover werden aufgefordert, den Resolutionsentwurf weiter zu diskutieren, und die Resolutionsredaktion wird verpflichtet, diese Diskussion aufzunehmen und auf einer der ersten ordentlichen Mitgliederversammlungen eine überarbeitete Fassung zur Diskussion und entgültigen (sic!) Abstimmung vorzulegen.«

Die Gründung als unendlicher Prozess: Das ist nicht die Sprache einer Organisation, die es auf die Macht abgesehen hat. Es geht also nicht um Politik im klassischen Sinne, sondern um den Versuch einer Selbstreflexion, der sich – die Resolution ist voll davon – hinter Stereotypen alter und neuer politischer Sprachen verbirgt, in der Hoffnung auf *irgendeine* Relevanz wenigstens im hochschulpolitischen Sektor. Das hier dokumentierte Politikverständnis schließt damit nahtlos an die von »'68« ausgehende »symbolische Politik« an. Sie war zu großen Teilen der Selbstreflexionsprozess einer Generation, die ihn nur demonstrativ *gegen* – und damit gewissermaßen stellvertretend für – die ihr vorangehende leisten konnte. Eine zeitlang gelang es ihr, ihre »präsentative Symbolik« mit realen Machtproblemen zusammenzubringen. Die daraus gewonnenen Größenphantasien vermochte diese Generation mehrheitlich nicht mehr *politisch* zu verstehen. Entweder schauderte sie vor der realen Machtdimension zurück oder sie verfiel ihr in der regressiven Wiederauflage von Phantasien der »Gegenmacht«, die eigentlich nur Formen der Gegengewalt waren. In beiden Fällen war die Struktur ein blankes Entweder-Oder. Nicht ohne Witz deshalb die Erkenntnis der SDS-Wiedergründer, dass die verbleibende »politische Realität« *nach* 1969, die sich der inkonsistenten Form der Kampagne bediente, bereits ein neues Generationsbewusstsein treffe:

> »Stellt sich in dieser Verlaufsform der Kampagnen deren Unangemessenheit als ausschließliche Organisationsform dar, so ist dennoch festzuhalten: Für die ›zweite Generation‹ der Protestbewegung war sie der adäquate, weil subjektiv notwendige Erfahrungsmodus von Politik.«

Die damit zum Besten gegebene »Erfahrung« ist die jener Vertreter der »ersten Generation«, die an der Transformation der *»machtkritischen«* Kampagnenstruktur in angeblich *machtbegründende* »Organisation« verzweifelt oder gescheitert sind. Ihr Vorschlag zur »Verstetigung« »notwendiger Erfahrungen« ist eine von ihnen selbst nicht durchschaute Selbstreflexion, die die Dimension der Macht zielsicher verfehlt. Eben dies ist das Kennzeichen von »westlicher Dissidenz«. Ihr »Leben in der Wahrheit« ist gegen eine Lüge gerichtet, die durchaus existiert, sich aber nicht dazu eignet, eine vergleichbare Antithese aufzuspannen wie die von Havel exponierte. Westdissidenz hieß, ein persönliches Selbst gegen die »Gehäuse der Hörigkeit« zu entwerfen und zu behaupten, die von der Nachkriegsgesellschaft vorgegeben wurden. Was nicht im Indifferenzgefilde des Schweigens versank, war mit kulturellen und politischen Feldern konfrontiert, die entweder noch vom Geist des Nationalsozialismus durchdrungen oder amerikanisiert waren. Das System jedenfalls, gegen das der lebensweltliche Protest der Dissidenz sich richtete, war vollständig anders als das im Osten. Es war »überdeterminiert«, vieldeutig und in ganz anderer Weise durch die Phantasien der Protestierenden konstituiert als das östliche. Dadurch, dass dissidente Regungen im Westen nicht so schnell und umfassend kriminalisiert wurden; dass es auch nicht so schnell zur innerstaatlichen Feinderklärung kam, konnte westliche Dissidenz einen erheblich größeren Formenreichtum annehmen. Allen diesen Varianten ist jedoch gemeinsam, dass es auf dem Hintergrund eines welthistorischen Geschehens um die Formulierung einer persönlichen Stellungnahme und Position geht. Die westliche Dissidenzposition kennt den Luxus, für die Formulierung der eigenen Identitätsproblematik die Weltgeschichte benutzen zu *können*. Die östliche kannte die Not, je individuelles Handeln im Zweifel *vor* der Weltgeschichte legitimieren zu müssen. Auch wenn die weltgeschichtliche Alternative der Stalin-Hitler-Ära vorbei war, so galt in der DDR doch nach wie vor die paranoide Situation eines agonalen Konflikts zwischen Kapitalismus und Sozialismus, in dem sich jeder Staatsbürger zu verorten hatte. Dissidenz im Osten hatte sich immer gegen die volle Wucht des großen Vernunft- und Emanzipationsprogramms zu richten, an dem die Weltgeschichte genesen sollte. Dissidenz im Westen war in sich gebrochen, ironisch, weil sie zwischen die Zeiten geriet. Sie wollte, als Identitätspolitik, die Weltgeschichte auf ihre Seite ziehen und auf ihrer Welle reitend, die deutsche Geschichte umschreiben.

Dissidenz West zeichnete sich durch eine andere Spaltung aus als die im Osten: War es hier die zwischen den Systemen, so im Westen in erster Linie die zwischen den Zeiten. Diktatur und Demokratie waren in der Sicht derer, die sich vom Konformismus der Nachkriegsgesellschaft distanzierten, »ineinander verrutscht«. Dissidenz dieser Art hatte aufgrund dieser Vermischung und Verwirrung der Zeiten von Anfang an einen »hysterischen« Zug. Die Westdissidenten litten tatsächlich an »Reminiszenzen« und einem empfindlichen Identitätszweifel. Deshalb ist das Moment der Identitätspolitik im Nachhinein auch der hervorstechendste Zug an der Protestbewegung und der sich an sie anschließenden Politikformen. Identitätspolitik dieses Typs ist durch die Notwendigkeit gekennzeichnet, das Gegenüber, den anderen als jemanden oder etwas zu »entlarven«, an dem sich die eigene Existenz konturiert. Im Moment der Entlarvung läuft das Selbst mit Bedeutung voll. Das ist solange ein normaler Vorgang wie der andere als Feind oder – wenigstens – Fremder gesetzt wird. Es wird dann problematisch, wenn man eben diesen Anderen zugleich als Adressaten, als resonante Gestalt haben möchte.

Die westliche Dissidenz von '68 stand genau vor diesem Problem. Sie setzte sich in wesentlichen Punkten nicht bloß als Minderheit und Gegenprinzip, sondern verstand sich als das Gegenprinzip, das zugleich den *Übergang* aus einer beschädigten Genealogie zu verantworten hatte. Im Westen ist der von Havel so hervorgehobene Aspekt von Dissidenz als Ausdruck einer »Krise der Identität« vielleicht sogar schärfer gewesen als im Osten, weil hier der Schuldkonnex zu den Eltern deutlicher war. Die Identitätsfrage war hier für jeden einzelnen historisch gebrochen – die westlichen Dissidenten, die wie der Kierkegaardsche Ironiker zwischen die Zeiten geraten waren, sprachen nie nur für sich. Sie fühlten sich immer als die Sprecher für historische Kollektive, sie sprachen für die »Ausgebeuteten der Dritten Welt« und überhaupt für die »Erniedrigten und Beleidigten«. Und sie sprachen, in ihrer unbewussten Identifizierung, vor allem für das Opferkollektiv, das ihre eigenen Eltern zu verantworten hatten. Sie waren als selbsternannte Sprecher der Opfer (als die sie sich selbst phantasierten) immer auch Sprecher der Toten, der Ermordeten. Das implizierte eine makabre, aber durchaus machtvolle Position: Der Sprecher der Toten erhebt seine Stimme als Anklage.

In diesem Punkt war die Sprecherposition der West-68er stärker als die ihrer Kollegen auf der anderen Seite der Grenze. Auch sie waren Sprecher, jedoch lebten sie in einer weniger komplizierten Zeitstruktur. Dissidenten, sagt Havel, sind »einfache Leute, die mit einfachen Sorgen leben und die sich von den anderen nur dadurch unterscheiden, daß sie das laut sagen, was die anderen nicht sagen können oder nicht zu sagen wagen«. (Havel 1980, S. 50) Havel unterscheidet dabei deutlich zwischen zwei Auslegungen von Dissidenz: Die eine, mit der er sich selbst identifiziert, die er von allen möglichen Idealisierungen befreien, entmythologisieren und veralltäglichen möchte, und einer zweiten Form, einem Idealtypus, der der Sprecherposition westlicher Dissidenz viel näher kommt. Das Musterbeispiel für diese dramatische Figur der Dissidenz ist Solschenizyn, denn seine »politische Kraft« beruhe »in der Erfahrung der Millionenopfer von Gulag, die er laut herausgeschrieen hat«. Solschenizyn, seinerzeit neben Sacharow die im Westen gefeierteste Dissidentenfigur, ist also der Sprecher eines Kollektivs von Opfern, eines Kollektivs von Toten. Er teilt ihre »Erfahrung« mit; nicht sachlich, sondern expressiv, er schreit sie heraus und spricht damit »Millionen ehrlicher Menschen« an. Der Dissident bricht das kollektive Schweigen im Namen einer Wahrheit, die die der Toten ist. Den »Sinn der dissidentischen Einstellung« sieht Havel in »dem Interesse *an anderen*, an dem, worunter die Gesellschaft als ganzes leidet, an all denen, die schweigen«. (ebd.)

Dissidenz als spezifische Sprecherposition ist der Kern ihres identitätspolitischen *cachets*. Die damit verbundene Figur: »das Schweigen brechen« muss zwangsläufig anderes ausfallen, je nachdem, welche reale, phantasierte übernommene Schuld oder Verantwortung mit dem Schweigen in Verbindung gebracht wird; welche Rolle dem zufällt, der »es ausspricht«. Die Rolle des Sprechers für ein Opferkollektiv bedeutet dabei nicht nur ein Vollaufen mit einer kaum steigerbaren moralischen Bedeutung, sondern letztlich auch einen Politikverzicht. Gemessen am Problem der vergangenen Morde bleibt ein »Wehret den Anfängen«, das letztlich nicht angemessen in Politik überführbar ist. Das Unfreiwillige an Dissidenz, ihr Status als »negatives Notprogramm« entfernt sie von der Politik:

>»Zum Dissidenten wird der Mensch nicht dadurch, daß er sich eines Tages für diese eigenartige Karriere entscheidet, sondern dadurch, daß ihn sein

inneres Verantwortungsgefühl, kombiniert mit einem ganzen Komplex von äußeren Umständen, einfach in diese Stellung stürzt. Er wird aus den existierenden Strukturen herausgeschmissen und in eine Konfrontation mit ihnen gestellt. (...) Dies bestätigt noch einmal, daß der ureigenste Raum, der Ausgangspunkt für alle Bestrebungen der Gesellschaft, sich dem Druck des Systems zu widersetzen, das Gebiet des ›vorpolitischen‹ ist, da die Parallelstrukturen ja nichts anderes als ein Raum des *anderen Lebens* sind, eines Lebens, das im Einklang mit seinen eigenen Intentionen ist, und das sich selbst im Einklang mit diesen Intentionen strukturiert.«

Havel 1980, S. 53ff.

Dissidenz ist demnach »ein gewaltloser Versuch der Menschen, dieses System in sich selbst zu negieren und ihr Leben auf eine neue Basis zu stellen – auf die Basis der eigenen Identität.« (ebd., S. 72) Als Ausdruck einer »umfassenden existentiellen Revolution« (ebd., S. 84) liegt sie damit permanent sowohl unterhalb als auch oberhalb des politischen Prinzips. Havel selbst bezeichnet das in seinem Fazit:

»Da, wo manche Menschen, die allzu sehr in den Fesseln der traditionellen Politik stecken, wohl ein Minus der Dissidentenbewegung sehen – nämlich in ihrem Abwehrcharakter – sehe ich im Gegenteil ihr größtes Plus. Nach meiner Meinung überwindet sie damit genau die Politik, von deren Standpunkt aus ihr Programm so unzulänglich erscheinen mag.«

ebd., S. 60

Etwas Ähnliches mag den Wiedergründern des SDS vorgeschwebt haben. In der Abwehr von Machtphantasien suchten sie sich der bedrückenden Alternative von Parteiaufbauern, die in Machtkategorien dachten und Terroristen, die sich dem Mythos der Gegengewalt verschrieben hatten, zu entziehen. Ihr zum Scheitern verurteilter Versuch bestand darin, das Dissidenzerlebnis von '68 organisatorisch wiederbeleben zu wollen. Es war eine »unmögliche« Kompromissbildung.

Legen wir die Kriterien des Havelschen Dissidenzkonzepts zugrunde, dann war das, was wir heute unter der Chiffre »'68« verstehen, ein genuiner Ausdruck von Dissidenz. Was danach kam, war bereits so sehr, positiv oder negativ auf das Kriterium »traditioneller Politik«, die Macht bezogen, dass es sich verbietet, von »dissidenter Politik« zu sprechen. In Westdeutschland bezeichnet '68 das Aufflackern – und das Ende der Dissidenz. Und es gibt sogar ein markantes Ereignis, an dem dieses Ende spürbar wird.

Das Ende von »'68« als dissidenter Bewegung

»Also für mich«, sagt Klaus Hartung im Forschungsinterview,

»gibt's ein definitives *Ende von '68. Das ist im Herbst '69, das ist die sogenannte, also diese* Schlacht am Tegeler Weg. *Und das* Ende war, dass es zum
ersten Mal ein richtiger Erfolg war. Nicht, also zum ersten Mal berichtete die
Bild-Zeitung sachlich: es waren mehr Verletzte auf der Seite der Polizisten, für
uns damals ein Erfolg, nicht? Die trugen damals noch die alten Tschakkos und
noch nicht die Helme. Und zum ersten Mal kämpften Lehrlinge mit (...). Das
Proletariat hatte sich gemeldet, eine der größten Fiktionen überhaupt, das
Proletariat. Und dann trafen wir uns alle im Audimax der TU. Und ich weiß
noch, dass der Christian Semler da 'ne Rede hielt, den Schlüsselsatz voran:
›Wir müssen das Niveau der Militanz aufrechterhalten.‹ Und, also für mich
war's damals klar, ohne dass ich die Konsequenzen daraus zog.* Das ist jetzt
ein Einschnitt. *Es geht nicht weiter. Was sollen wir noch weiter machen? Krieg
auf den Straßen führen? Da geht's dann wirklich um Quantitäten. Und ich
hatte sowieso immer den Eindruck, dass diese ganzen Formen im Kampf gegen
den Staatsapparat – das ist so meine DDR-Erbschaft – da ist also ein bisschen,
da ist ein großer Unernst dabei (...) Dass wir da einfach keine Chance haben.
Und, also gewissermaßen von innen her gesehen kann man die Geschichte von
'68 einteilen in Etappen: also einmal – das ist ein späterer Begriff – ›du hast
keine Chance, also nutze sie‹, also dieses Gefühl, mit dem Rücken gegen die
Wand zu stehen. Und dann das Entdecken von ungeheuren Möglichkeiten 'ner
bekanntermaßen kleinen Gruppe. Man muß eins dazu sagen: man kann '68
nicht begreifen, wenn man so mit Kategorien von Überschwang und Selbstbefreiung als solchen, letztendlich Boulevardkategorien arbeitet. Wir waren
dabei, also wirklich, wir lernten, die Machtverhältnisse in der Stadt zu analysieren, nicht, die Aktionen waren immer sehr genau. Die hatten auch ein Raffi-
nement, nicht, wir spielten immer auch mit der Gewalt. Wir wussten auch,
dass wir spielen mussten. Es durfte nur bis zu einem gewissen Punkt gehen. Es
durfte nie um wirkliche Kräfteverhältnisse gehen. Das war auch klar, dass wir
natürlich allein keine Revolution machen konnten, nicht, obwohl wir so rede-
ten. Und dann eben der Einschnitt in dem Moment, wo das nun wirklich 'n
Erfolg war, wo's um wirkliche Kräfteverhältnisse ging: da zerbrach's, also die
Gesellschaft. Und es liefen natürlich zu der Zeit schon immer Versuche, die
Basis zu verbreitern, besser zu organisieren, Führungsstrukturen zu schaffen,*

so Anzeichen von Fraktionen, aber erst nach dem Tegeler Weg wurden die richtig bedeutsam. Also, die hatten schon im Sommer '69 angefangen, da gab's schon die KPD/ML. Und das war noch nicht so gravierend. Aber danach begann das marxistisch-leninistische Sektiererwesen. Das war für mich so die trostloseste und schlimmste Zeit, da gab's auch viele Selbstmorde (...).«

Hartungs Konstruktion enthält einen Zeitsprung: die »Schlacht am Tegeler Weg«[1], eine Demonstration vor dem Berliner Landgericht anläßlich eines Ehrengerichtsverfahrens gegen Horst Mahler, hatte bereits ein Jahr früher, am 04.11.1968, stattgefunden. Die Zeitverschiebung könnte Ausdruck des Versuchs sein, das »eigentliche« '68 von der destruktiven Dynamik, die es beendete, augenfällig zu trennen und zugleich darauf hindeuten, wie nahe Symbolisierung und Desymbolisierung in diesem Prozess beieinander lagen. Der distanziertere Blick des ehemaligen DDR-Bürgers hat Hartung die Wahrnehmung für die Abgründe symbolischer Politik geschärft, wo sie die Grenze zur Gewalt überschreitet. Aber auch in seinem Erzähltext manifestiert sich der Einschnitt, den er damals deutlicher als andere empfunden hat, als ein Schnitt ins lebensgeschichtliche Zeitkontinuum. Im wirklichen Kräftemessen mit der Polizei gerät etwas vom Symbolisierungszusammenhang des Protests durcheinander. Ebenso wie Hartung 1978 rückblickend den Weg aus der

---

[1] Dazu heißt es in der Kleinen Geschichte des SDS: »Das Attentat auf Rudi Dutschke am Gründonnerstag, der gescheiterte Versuch, die Auslieferung der Springer-Zeitungen zu verhindern und das Inkrafttreten der Notstandsgesetze verstärkten noch das Gefühl der Studentenschaft, das Freiwild der bürgerlichen Gesellschaft zu sein. Aus dieser Situation der Ohnmacht heraus erklären sich die Ereignisse am Tegeler Weg«, wo »ungefähr 1000 Studenten unter der Führung einiger SDS-Mitglieder zum Angriff gegen die bereitstehenden Polizeieinheiten über[gingen], die zahlenmäßig in der Minderheit waren. Die Waffe der Studenten war der Pflasterstein. 130 Polizeibeamte und 21 Studenten wurden verletzt. Zwar blieben die Studenten in dieser taktischen Situation kurzfristig in der Offensive, doch bereits am Abend desselben Tages war sich der SDS darüber im klaren, dass beim nächsten Angriff die Polizei von ihren Waffen Gebrauch machen würde. Da aber eine solche Konfrontation – so der SDS in internen Einschätzungen – in letzter Konsequenz Bürgerkrieg bedeute, könne die Studentenschaft nur im Bündnis mit der Arbeiterklasse ihre jetzige offensive Politik fortsetzen. Dieses Bündnis zwischen einer Studentenschaft links von der SPD und der Arbeiterklasse kam jedoch nicht zustande: der SDS fraktionierte sich und löste sich auf.

depressiven Zeitlosigkeit der 50er Jahre als autopoietischen Symbolisierungsakt der Revolte hatte fassen können, kann er 1999 etwas von der Dynamik des antiautoritären Bewusstseins sichtbar machen.

Ihm zufolge nimmt das *Spiel der westlichen Dissidenz* seinen Ausgang von einer Art Diktaturgefühl, das darin besteht, isoliert und verzweifelt mit dem Rücken zur Wand zu stehen; gegen die wieder zur Herrschaft gekommene, zerstörerische Welt der Nazis, der der Befragte insbesondere in der *Spiegel*-Affaire zu begegnen meinte. Dagegen öffnete sich in der Revolte der politische Raum zu einer Fülle von Handlungsmöglichkeiten und einem ganzen Kosmos neuer Bedeutungen, die jedoch in einer von scheinbaren Erfolgen, Fortschrittsillusionen und Größenphantasien verdeckten kollektiven Rückkehr in die Situation mit dem Rücken zur Wand zu enden schien. Für viele Beteiligte ein Zerbrechen ihrer Hoffnungen, auf die sie mit schweren psychischen Krisen und sogar Selbstmorden reagierten. Dieser Einschnitt ist in Hartungs kleiner Fehlleistung festgehalten.

Hartung trennt '68 als »dissidentes Ereignis« sehr genau von der folgenden Phase »linker Politik«. Er zeigt, dass '68 bereits über alle Ingredienzien dieses neuen Politiktypus verfügte, sie jedoch, was die entscheidende Dimension der Macht angeht, unter den Vorbehalt des »Unernstes« stellte – '68 lernte man »die Machtverhältnisse analysieren«, man »spielte« mit der Gewalt. In der *Schlacht am Tegeler Weg* zerbrach, Hartung zufolge, diese spielerische Dimension. Mit dem »Erfolg« wirklicher Militanz, in der Gewalt manifest und Macht nicht mehr nur Gegenstand analytischer Bemühungen wurde, zerbrach der dissidente Rahmen der Bewegung. Man hatte bewiesen, dass man dabei war, die Position der Antipolitik, den »Abwehrcharakter«, von dem Havel spricht,

---

Einen Tag nach der Schlacht am Tegeler Weg nahm auf einer Veranstaltung im Auditorium Maximum der FU u. a. Prof. Dr. Helmut Gollwitzer zur Gewaltfrage Stellung: nur für Faschisten sei die Gewaltfrage kein Problem (...). Weder in West-Berlin noch in der Bundesrepublik bestünde gegenwärtig eine revolutionäre Situation. Deshalb sei jede Gewalt gegen Personen inhuman. ›Wer will, daß die studentische Bewegung zerfallen wird (...), der soll weiter solche Aktionen machen.‹ (Was Gollwitzer nicht sagte, war, daß sich am Tegeler Weg langaufgestaute Angst und Haß entluden und die Studenten ganz unüberlegt und unpolitisch Rache genommen hatten für den 2. Juni: ›Unser Widerstand gegen die Polizei (...) befreit uns aus der Lage des duldenden Opfers‹, so der Text eines anonymen Flugblattes vom 6. November.«

zu verlassen. Der Wunsch, sich endlich »aus der Rolle des duldenden Opfers« zu befreien, hatte die manifeste Form des Angriffs angenommen. Hartungs Einschätzung der Schlacht am Tegeler Weg folgt der Intuition, dass Dissidenz dort verbrennt, wo Gewalt und Macht positive Inhalte von Verhalten und Handeln werden.

Für den von Klaus Hartung zitierten Christian Semler ist dieselbe »Schlacht« ebenfalls ein Wendepunkt. Er begreift sie in erster Linie als die Überwindung der bis dahin aufgezwungenen Ohnmacht der politisch Opponierenden. Und zwar in einer ganz spezifischen Form, der Überwindung einer »furchtbaren Angst«. Einer Angst, die ihn seit den ersten Demonstrationen und nächtlichen Plakatklebereien Mitte der 60er Jahre begleitete, weil er Polizei-»Terror« und »Tote« erwartete:

»Also, mein Stiefvater, der emigriert war in Jugoslawien, ehe ihn die Nazis kaschten und er ins KZ kam, der fragte mich immer nach Demonstrationen: ›na, wieviel Tote hat's denn gegeben?‹ (lacht). Ja, der lebte in Frankreich, der hatte keine so nahe Beziehung dazu, aber für den war das ganz selbstverständlich. (lacht) Aber das ist halt die, wie soll man sagen, das ist diese Prägung, ja, wobei ich übrigens mich keineswegs als immun darstelle. Ich hab' die ersten Plakate, die ich nachts geklebt habe, hab' ich wahnsinnig Angst gehabt, ja, obwohl das völlig lächerlich war. Das waren einfach nur so Steckbriefe gegen den Schah, oder war es bei der John-B.-Aktion, irgendwas Mitte der 60er Jahre? Das war, glaube ich, vor dem Schah, ja, dieses Kleben von, diese lächerliche Aktion. Ich erinnere mich an die wahnsinnige Angst, die ich hatte, deswegen. Und die ersten Demonstrationen hatte ich auch furchtbare Angst. Übrigens als ich anfing, mich mit der Polizei zu prügeln, hatte ich überhaupt keine Angst mehr, aber es war dieses Vorher. (lacht)
(...) Das ist nicht besonders schwer zu erklären, weil zwischen der abstrakten Haltung – früher oder später machen die uns ein – und der konkreten Erfahrung, auch nur ein paar Prügel zu beziehen, ja, klafft eben ein ungeheurer Abgrund. Ja, so ist das eben nicht, mit dem, was man abstrakt kapiert und dem, was man dann erlebt. (...) Ja, es war ja auch furchterregend, wenn so eine Polizeikette auf einen zukam oder die Pferde oder was weiß ich, ja, ich habe auch Jahre nach der ganzen Studentenbewegung nachts von dieser, das war ja von diesem halluzinatorischen Lärm ja alleine, geträumt, das heißt, das hat einen schon sehr beeindruckt und erschüttert auch, ja, in seiner Lebensanschauung, ja, dass sowas passieren kann, dass man einfach verprügelt wird (lacht). Abgesehen

221

davon, dass mir die Polizei etwas später 1969 oder 1970 tatsächlich beide Netz-
häute zerkloppt hat, was ich Gott sei Dank noch rechtzeitig gemerkt habe. (...)
Ich denke eben, dass dieses Kesseltreiben, also jetzt sprach ich ja nur von der
unmittelbaren Konfrontation mit der Polizei, man muss es aber zusammen
sehen, natürlich jetzt von der Berliner Situation aus, darüber ist ja auch oft
geschrieben worden, eh, mit dieser totalen Mobilmachung und der wirklich sehr
starken Isolation, in einigen Quartieren, damals gab's ja noch nicht Kreuzberg,
es gab nicht Kreuzberg als ein, wie soll man sagen, ein Alternativstützpunkt, das
existierte damals überhaupt nicht (...). Da wohnten zwar eine ganze Reihe von
Studenten, aber es war kein Zusammenhang, kein politischer.«

Die Angst ist doppelt historisch kodiert. Sie ist über die Erinnerungen des
Stiefvaters und anderer Verfolgter, zu denen Christian Semler als Jugendlicher Kontakt hat, mit den Straßenkämpfen der Weimarer Republik, der
Gewalt der Nazis und der Realität des Krieges verknüpft: politische
Morde, Kesseltreiben durch die Polizei, totale Mobilmachung – diese
Bilder entstammen einer Welt, die der Befragte allein aus Erzählungen
kennt, aber er benutzt sie *wie persönliche Reminiszenzen,* die sein Erleben
des CDU-Staats strukturieren.[2] Als er, um die dem Stiefvater selbstver-
ständliche Frage nach den Demonstrationsopfern zu erklären, von
»dieser Prägung« spricht, um damit, wie es scheint, die Zurichtungen der
Gegner und Opfer des Nationalsozialismus zu bezeichnen, beginnt er,
ohne die Differenz kenntlich zu machen, von sich selbst zu sprechen, als
wollte er sagen: die Prägung, die Ausrichtung der Nazi-Gegner auf den
Kampf ums Überleben, sie hat mich nicht immun gemacht gegen die
»lächerliche« Angst vor den Schlägen der Polizisten, aber sie hat mich in
diese politischen Auseinandersetzungen hineingeführt, die ich als Fort-
führung ihrer Kämpfe und Leidensprozesse erlebt habe. In der Tat ist in
der Erzählung Christian Semlers der Nationalsozialismus überall gegenwärtig. In dem Euthanasiearzt, der die Belle-étage bewohnt, in den SS-
Tätowierungen der Bauarbeiter, als er als Schüler auf dem Bau jobbt, in
den Erzählungen ehemals Verfolgter. Man kann das als ein Leben in zwei
Welten lesen: der Welt der Nazi-Gegner, in der eine extrem traumatisie-
rende Erfahrung alle Maßstäbe zivilisierter Konfliktlösung außer Kraft

---

2 Am Ende des Gesprächs bekennt der Befragte, dass er sich bis heute gegenüber
   der deutschen Gesellschaft als »nicht dazugehörig« empfindet.

gesetzt hat und der aktuellen Welt der BRD der 60er Jahre, die eine Demokratie zu sein beansprucht. In den Augenblicken, in der die eine Welt mit der anderen zu verschmelzen scheint, endet der kritische Vergleich der neuen Demokratie mit der ihr vorhergehenden Ordnung des Terrors, den die Provokationen der symbolischen Politik für alle Zeitgenossen sichtbar machen sollen. Für Semler endet die Aktualisierung des gewaltförmigen »Vorher« mit dem Zurückschlagen. Die Überwindung der Angst wird zum Ende »der Ohnmacht«, das implizit mit einem Selbstzerstörungsprozess der Studentenbewegung verknüpft wird:

»Ja, das hing damit zusammen, dass dieses Leichte und das Spielerische der ersten Phase der Studentenbewegung ganz vorbei war, ganz zerstört war, muss man eigentlich sagen, ja, es war übrigens auch zerstört diese, diese Art von Kommunikation, also dieses alles offen besprechen, sich rechtfertigen müssen nachträglich, da gab es noch Reste davon ja, hier auf diesem teach-in, oder das mir auf mehreren teach-ins, das stimmt nicht, das war noch nicht ganz zerstört, aber fast, ja, das heißt diese Härte und diese als subjektiv zumindest empfundene Härte dieser Auseinandersetzung, die hat da auch sehr viel zerstört, ja, und diese Idee der Militanz, die bezog sich eben, die hatte was ganz, wie soll man sagen, orthodox-marxistisches, ja, man muss sich schützen gegenüber dem Gegner, aber sie hatte natürlich auch was ganz linksradikales, nämlich, wir werden jetzt unsere Ohnmacht überwinden, also diese Arbeitsgruppe bilden, zu Springer, wo Hartung damals auch mitmachte, da ist ein hübscher Band, zu dem ich das Vorwort geschrieben hab' damals, draus entstanden, also hübsch, weil es die Einstellung der kritischen Universität damals bezeichnete – sind meiner Ansicht nach sehr interessante Aufsätze, übrigens zum Teil von Leuten, die sehr stark von der Psychoanalyse inspiriert waren, ja, da war die These eben, das Problem der Bild-Leser ist nicht ihre Dummheit, sondern ihre Ohnmacht. Das heißt, der Grundgedanke war, die Bild-Leser wissen ganz gut Bescheid über die Klassendichotomie und über eigene Ausbeutung und Unterdrückung; aber sie, sie identifizieren sich gewissermaßen mit dem Angreifer, weil sie nicht anders können. (...) Na gut, und deswegen diese Feier der Militanz. Ich sagte ja damals, glaub' ich, auch dass eine neue Stufe der Militanz, oder irgendsowas, das bezog sich auf diesen Ohnmachtskomplex. Man muss die Ohnmachtsgefühle überwinden, ja man muss eben also nicht als Individuum, das auch, aber, nicht, als Kollektiv, ja, man muß stark werden und so, und deswegen, dass wir die Polizei da in die

Flucht geschlagen haben, ja das ist eine, oder die neue Qualität der Militanz,
d. h., das ist die Überwindung der Ohnmacht.«

Hinter der Überwindung der Ohnmacht sind in der Erzählung Christian Semlers zwei Ereignisse verborgen. Einmal die *Schlacht am Tegeler Weg* und eine mit ihr verbundene kommunistischen Parteigründung, an der der Befragte maßgeblich beteiligt war; sie ist im Kern in der Initialszene, in der Logik der Läuterung der Angst, bereits enthalten. Man könnte also behaupten, dass Semler denselben Ereigniszusammenhang betrachtet wie Hartung. Außerdem zeigt er einen Einschnitt zwischen »dem Leichten und Spielerischen« der ersten Phase des Protests und der selbstzerstörerischen »Härte«, die ihr folgte. Nach allerlei erzählerischen Irritationen – einem regelrechten kleinen Delir darüber, ob das Spielerische zu einem bestimmten Zeitpunkt »ganz vorbei«, »ganz zerstört« oder »noch nicht ganz zerstört« war –, unternimmt er einen zweiten Klärungsversuch, indem er der »subjektiv zumindest empfundenen Härte« die »Idee der Militanz« als Selbstschutz entgegensetzt. In gewisser Weise lässt er damit Härte (in der Bedeutung) als einerseits aggressiv-zerstörerisches und andrerseits defensiv-schützendes Handeln zusammenfallen, dazwischen vermittelt, als Allzweckwaffe symbolischer Transaktionen diesen Typs, der Begriff der Projektion. Denn Semler deutet die Militanz, auf dem Umweg über die Ohnmacht und die Gewaltwünsche der »Bildzeitungsleser«, implizit als projektive Identifizierung mit dem Aggressor. Damit kommt die Gewalt und die Härte von außen, die Selbstzerstörung ist vom Tisch, und die Differenz zwischen der Bonner Demokratie und dem NS-Staat ist implizit aufgehoben. Aber hat Christian Semler die Gewalt damals allein als von außen kommend erlebt? Haben wir, so die Frage von Klaus Hartung, unseren eigenen Analysen damals geglaubt?

Ihm ist bewusst, dass die Parteigründungen mit der Ohnmacht auch konflikthafte Bedeutungen beseitigt und zerstört haben; dass sie eine autoritäre Welt mit klaren Hierarchien und Führungsstrukturen, mit Schulungen statt Diskussionen und einem eingeschränkten Vorrat kodifizierter Bedeutungen hervorbrachten.

»Aber der richtige Entscheid wäre natürlich gewesen, 1970 zu versuchen,
irgendwie den Laden zusammenzuhalten und sowas zu machen wie die Züricher, die POCH, *das war so eine interfraktionelle Linkstruppe, die dann für*

*den Züricher Stadtrat kandidierte und tatsächlich durchgekommen ist, ja
(...). Und das hätten wir auch machen können. Ja und ich hab meinen Teil
von Verantwortung übernommen für diese totalen, dieses totale Auseinander-
sprengen, dieses doch sehr starken emanzipatorischen Ansatzes, der da in den
späten 60er Jahren sich herausgebildet hatte, ja, und dass das zumindest fünf
Jahr' lang doch einen sehr starken Rückschlag erlitten hat. Und sehr viele autoritäre Verhaltensweisen, die da einrasteten, und so weiter und so fort. Also, ich
mein zwar, dass das in Wirklichkeit alles sehr viel komplizierter ist und darüber möchte ich jetzt auch keine, keine ellenlangen Ausführungen machen, ja,
es gab diese, dieses Moment des Aufsaugens der politischen Bewegung durch
die Subkultur, die sehr sehr stark war und der man bis zu einem gewissen Punkt
auch hätte nachgeben müssen, zweifellos, ja, so sahen wir das damals, nicht,
wir wollten mit dem Kopf durch die Wand, ja, ich wollte halt meinen Teil von
Verantwortung dafür gewissermaßen ganz privat (lacht), übernehmen (...).«*

Semler leugnet keineswegs die liquidatorische und machtorientierte Intention der Parteiaufbauer, die den ganzen »emanzipativen Ansatz« als poli-
tikverschlingenden Moloch aus der Welt schaffen wollten. Er signalisiert,
dass er bereit ist, für die zerstörerischen Wirkungen des eigenen Handelns
die Verantwortung zu übernehmen, dass er aber auf keinen Fall in die
Tiefen und Fallstricke eines Rechtfertigungsdiskurses geraten will. Auf
diese Weise bleiben in der Nachträglichkeit seiner Betrachtungen die eigenen Motive eigentümlich stumm. Wenn die Provokationen der symbolischen Politik erreichen sollen, dass der »Gegner« sich zeigt, wie er »wirklich« ist, rechtsbrüchig und gewalttätig etwa, dann verschwindet hinter der
Realität der »gegnerischen« Gewalt die projektive Identifikation der Revol-
tierenden und hinter der Selbstverteidigung die eigene Gewalt. Die damit
verbundene Verwirrung ist in Semlers kleinem Delir aufbewahrt. Sie bildet
den alten als »Identifikation mit dem Aggressor« gefassten Vorgang nochmals ab, als würde eine Reflexion und Rücknahme der projektiven Identifizierung, wenn es denn eine war, die Verwirrung nochmals vergrößern.

Anders bei Hartung. Aus seiner Perspektive wird deutlich, dass das
Insistieren auf der eigenen Ohnmacht gegenüber der staatlichen Gewalt
in sich gleichsam eine machtstrategische Inversion enthält, die bereits
verfügbare Bedeutungen aus dem antiautoritären, dem dissidentischen
Kosmos mehr oder weniger bewusst verwirft. Das Widerspiel solcher
Ohnmachtserfahrungen lag nicht nur in deren radikaler Reflexion,

sondern in einer radikalen Lebenspraxis, die auf intellektuelle, sexuelle und affektive Befreiung gerichtet war.

Hier liegt die eigentliche Dynamik der resymbolisierenden Praxis des Protests. Auch wenn uns, so Hartung, Ereignisse »die Reaktionen diktierten« und den »Theoriebildungsprozess«, der eine einzige »Konkurrenz des Lesens« war, »immer mehr in die Handlungsdimension hineindrückten«, so war doch der »Zusammenhang, der dadurch entstand, (...) ein Zusammenhang, der sich permanent gegenseitig befruchtete und 'ne ungeheure Spannung erweckte«. Und die Botschaft war die der Reflexivität, in Hartungs Sprache:

»*Da war also unser Aktionsbegriff, also dieses Verhältnis von Theorie und Handeln, sehr zugespitzt, nicht? Also, die Schlüsselfrage war, bei der ganzen Auseinandersetzung mit dem Notstandsgesetz, nicht, wir können, es hat keinen Sinn, sie intellektuell zu kritisieren, weil wir da im Grunde in der Politik keinen Ansprechpartner haben. Wir müssen auf unsere eigene Existenz zurückgehen, uns fragen, was bedeutet unsere Existenz gegenüber diesem Geschehen? Und die Schlüsselformulierung war: die Germanistik ist eine Einübung, ein Einübungszusammenhang, ein Einübungsinstrumentarium einer intellektuellen Melancholie, die sich letztendlich mit allem abfindet. Und aus diesem müssen wir ausbrechen, nicht, und deswegen müssen wir das Seminar besetzen. (...) Aber die Genialität war zu sagen, nicht wahr: ich gehe davon aus, ich bin eine neurotische Persönlichkeit, und das ist mein Ausgangspunkt. (...) Es ging nicht darum, dass jeder mit jedem schlafen konnte, also, so platt nicht. Also, es ging darum zu sagen, also du selbst spielst 'ne Rolle. Du alleine bist wichtig. Überall ist hier die, kommt hier die Botschaft von Ohnmacht. Und du kannst es nur, wenn du dich irgendwie anerkennst und siehst dich in deiner ganzen Misere. Und deine Neurose, das ist nicht irgendwie einfach 'n Schaden, sondern das ist genau der Konflikt, den du fruchtbar machen musst.*«

Die Dissidenten handeln in ihrem Selbstverständnis aus der absoluten Ohnmacht dem absolut Falschen gegenüber. Ihre Politik besteht darin, aus der Ohnmacht eine öffentliche Position zu machen, aus der die Anklage moralisch gerechtfertigt erfolgen kann.

Die Politik-Figur der Dissidenz wird verlassen, wenn Versuche beginnen, doch in eine Machtposition zu kommen. Man legt nicht mehr nur öffentlich Zeugnis ab vom »Faschismus« der Polizei, indem man sich prügeln und einsperren läßt. Man organisiert vielmehr eine eigene Kampftruppe, um auch einmal zu gewinnen (Putztruppen), man organisiert eine Kaderpartei nach historischem Muster (K-Gruppen), man gründet eine eigene Partei (Grüne), man macht sich auf den langen Marsch durch die Institutionen bis zum Bundeskanzler. Aus Identitäts-Politik wird Machtpolitik (in verschiedenen Varianten).

»Dissidenz« wird der Boden auf doppelte Weise entzogen: Gesellschaftlich und politisch wird Dissidenz radikal unmöglich, indem das grundlegend Falsche der Welt, von dem Dissidenz sich abhebt, verschwindet. Das ist im Westen geschehen, indem zuerst das »Faschistische« und dann auch noch das »Kapitalistische« des Kapitalismus, in dem wir leben, sich verflüchtigte. Im Osten verschwand der »Kommunismus« überhaupt, er wurde besiegt – und das auch noch unter anerkannter Beteiligung der Dissidenten.

Individuell wird Dissidenz unmöglich, indem Politik dem verbleibenden Falschen gegenüber als Machtpolitik möglich wird. Dissidenz ist als soziale und politische Figur weniger attraktiv oder überhaupt verfügbar, wenn die Ohnmacht dem Falschen gegenüber sich mildert.

Wenn Dissidenz verschwindet, gibt es im Rückblick immer die zwei Positionen: Die einen sagen: Da war doch gar nichts, Eure Verzweiflung und Ohnmacht, die in die Dissidenz führte, beruhte auf Wahn. Es wäre doch sonst nicht heute einfach verschwunden. Endlich seid Ihr aus dem Wahn erwacht – willkommen in der erwachsenen Welt der Machtpolitik.

Die anderen sagen: Wir haben mit unseren verzweifelten Mitteln dazu beigetragen, das Falsche zu stoppen, es zu besiegen, zumindest das Schlimmste zu verhindern. Damals war mit geringeren Mitteln nichts zu erreichen – heute geht es auch mit einfacher Machtpolitik.

Die Position »Da war doch gar nichts« wird Ost-Dissidenten im Westen nie, im Osten selten vorgehalten. Ihre Schwäche ist, dass sie den Übergang zur Machtpolitik zumeist nicht geschafft und daher diese den alten Kadern und den neuen Alerten, den verschiedenen »Wendehälsen« überlassen hätten. (Die einzige Position, die Machtpolitik und Dissidenz geglückt verbindet, ist die Gauck-, jetzt Birthler-Behörde.) Der besiegte Kommunismus muss radikal falsch bleiben. Was wäre das sonst für ein Sieg?

Der siegreiche Kapitalismus hingegen hat nicht nur seine Schrecken verloren, er kann auch leichter rückblickend rehabilitiert werden. Sogar die seinerzeitigen Dissidenten können rückblickend unsicher gemacht werden – vielleicht war da wirklich gar nichts. Heute jedenfalls erscheint das Falsche des Kapitalismus weniger überwältigend, es ist nicht mehr der alte oder neue Faschismus, dessen Anfängen man wehren müsste oder der sogar noch immer oder schon wieder unauffällig an der Macht wäre und uns so gründlich beherrscht, dass die meisten es gar nicht merken. Auch sind politische Instrumente entstanden, die den Kampf gegen das verbleibende Falsche aussichtsreich machen: Bürgerinitiativen, Protestaktionen, Zugang zu Positionen in den politischen Apparaten, sogar eine eigene Partei. Dazu kommen praktische Rückzugspositionen von Auswandern und Land-Refugium bis zur Schwundstufe der Mülltrennung im Haushalt und des ökologisch korrekten Einkaufs.

Die Dissidenten sind in Ost und West verschwunden. Im Osten wird immerhin das historische Phänomen anerkannt, wenn auch nicht mehr so geehrt wie seinerzeit. Im Westen werden wieder Versuche gemacht, wenigstens rückblickend aus der Dissidenz doch einen Wahn zu machen. Die Figur des Joseph (»Joschka«) Fischer und der Definitions-Streit um die Vergangenheit dieser Figur steht paradigmatisch für diese Vorgänge. Er hat radikal die Wende von der Identitäts- zur Machtpolitik vollzogen und vorgeführt. Entsprechend wird ihm von verschiedenen Seiten Opportunismus der einen – Verlassen der radikalen identitätspolitischen Position – oder der anderen Art (er war immer schon machtgeil, hatte nie eine echt dissidente Position– vorgeworfen. Im »Gewalt-Diskurs« wird die gesamte seinerzeitige Dissidenz zum Wahn zurückzustufen versucht.

Derzeit gibt es keine Dissidenz mehr. Wenn die vergangenheitspolitischen Manöver gelingen, wird es sie demnächst jedenfalls im Westen nie gegeben haben.

Literatur
Havel, Vaclav (1980): Versuch, in der Wahrheit zu leben. Reinbek (Rowohlt).

Der Wendehals West:
Das Ende des Opportunismus

Der Opportunismus-Vorwurf

Nach 1989 wurde in der kulturindustriellen Politik die Bezeichnung »Wendehals« aufgegriffen und mit großer Freude verbreitet: der sagenhafte Vogel, der seinen Kopf um 180° drehen und daher seine Perspektive ebenso in ihr Gegenteil verändern kann. »Wendehälse« waren damals die Kommunisten, die plötzlich begeisterte Demokraten, Unternehmer, Spekulanten, konservative Politiker und generell Freunde des kapitalistischen Westens wurden. Verständlich, dass diese Wendigkeit der entmachteten Machthaber besonders in der DDR, und besonders den dortigen Dissidenten, Anlass zu Verbitterung, Ärger und Spott war. Aber auch im Westen erschien der wendige Opportunist und Karrierist zumindest als verächtlich, selbst wenn man ihn, z. B. in den Parteien, die Vertreter im Osten brauchten, gern benutzte.

Dem unbefangenen Blick ist freilich nicht so unmittelbar ersichtlich, was für den siegreichen Westen an dem Opportunismus-Spektakel so abstoßend sein sollte, denn wollten wir nicht immer, dass die alle Demokraten, Unternehmer, Spekulanten, konservative Politiker und generell Freunde des kapitalistischen Westens werden sollten? War es das nicht, worum es bei dem ganzen langdauernden Feldzug gegen den Kommunismus ging? Wollten wir auf einmal, dass sie starrhälsig Kommunisten bleiben sollten?

Was zur selben Zeit besonders beeindruckte, war die analoge Figur des Abschwörens von allem Antikapitalismus, den man dereinst stolz getragen hatte – der »Wendehals West«. Die unwahrscheinlichsten Leute hatten nun, da er endgültig gesiegt hatte, den Kapitalismus immer schon hochgeschätzt, nie in irgendwelchen kommunistischen Sekten gegen ihn gewettert, nie seine »Krise« beschworen und ihn schon gar nicht in bestimmten Symbolen und Ausdrucksformen bekämpft. Vor allem wurde Konsum als etwas Schönes wiederentdeckt. Freiheit war die freie Wahl der Waren, die den Ostdeutschen so lang vorenthaltene Banane avancierte zu ihrem beredten (wenn auch – weil zugleich provinziell – leicht belächelten) Ausdruck. Von 1989 auf heute verschärfte sich die Haltung so feindselig, dass »68er-bashing« zum stehenden Ausdruck wurde.

Diese Art von Opportunismus ist befremdlich – wenn etwas unlauter war, dann das nachträgliche Herumtrampeln auf dem zurecht untergegangenen real existierenden Sozialismus. Im Rückblick fiel auf, wie die Rechten (Franz Josef Strauß z. B.), dem von ihnen abgelehnten System durchaus etwas abgewinnen konnten, so lange es an der Macht war. Umgekehrt fand es Haider in Österreich jetzt auf einmal sinnvoll, auf die Abschaffung von Hammer und Sichel – als kommunistische Symbole – im österreichischen Staatswappen zu dringen. Vorher – so lange da noch Macht gewesen war – war ihm das nie eingefallen.[1] Das ist der unappetitliche Opportunismus, der vor der Macht kuscht und Machtlosen noch einmal nachtritt – besonders denen, die die Macht *verloren* haben.

Das gilt, wenn auch abgeschwächt, ebenso für »die 68er« in der BRD. Es gilt, weil auch sie keineswegs ihre hochfahrenden Ziele erreicht haben. Es gilt abgeschwächt, insofern einige aus dieser Generation heute durchaus in Machtpositionen zu finden sind – wo sie sich dem Opportunismus-Vorwurf besonders (und mit Recht) aussetzen.

»Opportunismus« hat durchaus zu unrecht eine so schlechte Presse, denn wenn er das Gegenteil von »Idealismus« ist, dann hat dieser wahrscheinlich schon mehr Unheil angerichtet als die vorsichtige Reaktion auf die Gelegenheiten und Möglichkeiten, die eine politische Situation gerade bietet. Sture Tapferkeit und die vor sich hergetragene unbeugsame Gesinnung sind eher unangenehme und im Zweifel gefährliche Tugenden – siehe den »Tugendterror« aller Art, der gleich von Beginn an die bürgerliche Revolution bestimmt hat. Wenn Opportunismus die Kunst des Möglichen ist, dann kann man wenig gegen ihn einwenden. Darüber hinaus ist es die gängige und geläufige Haltung der Umständen, dass man sie auf ihre Benutzbarkeit für die persönlichen Zwecke untersucht und entsprechend handelt. So verstanden sichert Opportunismus den Fortgang des »normalen« täglichen Lebens.

---

[1] Dass er sich außerdem belehren lassen musste, dass die Symbole für Arbeiter und Bauern – dazu die Mauer für die Bürger – unabhängig von irgendwelchem Kommunismus ins österreichische Staatswappen gekommen waren, störte ihn nicht weiter.

Der Opportunismus-, Verräter- und Renegaten-*Vorwurf* hat in politischen Bewegungen, schon immer die Funktion der Herstellung und Stabilisierung von Orthodoxie gehabt. Mit dem Verräter-Vorwurf wird noch einmal klargestellt, was die alten Ideale waren. Er ist auch gut zu gebrauchen, um die eigene Bedeutungslosigkeit nach dem Niedergang der Bewegung akzeptabel zu erklären. Die, die es in all den Jahren seither zu etwas gebracht haben, mussten dazu die alten Ideale verraten, wer das nicht tat, brachte es zu nichts. Ergo, wer es zu nichts brachte, beweist damit wenigstens seine Treue und Konsequenz. Insofern müssen gelegentlich gerade Erfolgreiche besonders heftig mit dem Opportunismus- und Verräter-Vorwurf hantieren, weil sie unter dem dringenden Verdacht des Ausverkaufs stehen und ihn so – vielleicht – abwehren können.

Daraus ergeben sich verschiedene Möglichkeiten, wie man den Opportunismus-Vorwurf kontert: Wer ihn erhebt, gehört wohl zu den Versagern, die vom Neid gefressen werden. Er gehört auch zu den Sturschädeln, die nicht imstande sind, die alten Ideale schlau und klug weiterzuentwickeln, damit sie unter neuen Verhältnissen wirksam bleiben können. Der Fundamentalist, dem sonst nichts einfällt, als das zum Dogma zu erheben, was irgendwann einmal, unter ganz anderen Umständen, vielleicht richtig gewesen sein mag, ist auch keine sonderlich beeindruckende Figur. Er kann als Dogmatiker immer verdächtigt werden, den Kontakt zur Realität verloren zu haben und sich damit selbst zur Wirkungslosigkeit zu verdammen.

Spiele dieser Art gehören zum Nachklapp jeder Bewegung. Ein paar können sich retten, indem sie den Normaldeutigkeiten dieser Denk- und Vorwurfs-Figuren entzogen sind. So kann der offensichtlich Erfolgreiche, der trotzdem die alten Ideale und Wissensbestände einklagt, nicht überzeugend mit dem »Neid der besitzlosen Masse«-Vorwurf angegangen werden. (Allenfalls kann man ihn verdächtigen, er sei so streng, um den heimlichen Ausverkauf – denn wie soll er sonst erfolgreich gewesen sein? – zu kaschieren.) Der offensichtlich Erfolglose, der sich trotzdem gegen die alten Dogmen wendet, sie womöglich zur Ursache seines Versagens erklärt, ist ebenfalls konsequent. Einer, der durch seine damalige Prominenz zu etwas gekommen ist und trotzdem die seinerzeitigen Selbstverständlichkeiten aufkündigt und zu Irrtümern erklärt, macht den Bruch zu seinem Erfolgsgeheimnis.

Überhaupt ist der deklarierte Verrat, der laut ausgesprochene, angesagte Opportunismus noch eine eigene Sache. Hier muss nicht von den anderen mühsam der Ausverkauf herausgefunden und aufgedeckt werden, vielmehr wird programmatisch und öffentlich abgeschworen: Es war alles ein Irrtum, wir waren damals verblendet, töricht und irregeleitet, vielleicht nur schlicht jung, jetzt wissen wir es besser. Wer auf den damaligen Positionen beharrt, ist nur unreif geblieben. Das freut die, die es immer schon anders wussten, die damaligen Feinde, die wenigstens die nachträgliche Genugtuung erfahren, recht gehabt zu haben. Das ärgert die, die nicht so große Distanz zu ihrer Vergangenheit gewinnen wollen.

Retrospektiver Opportunismus

Es ist dieser angesagte Opportunismus, der in der Bearbeitung der (eigenen) Vergangenheit Umkehr und Neuanfang markiert, der aber unter dem Verdacht steht, sich die derzeitigen Möglichkeiten auf Kosten dieser Vergangenheit (und damit aller, die an ihr festhalten) zu erschleichen. Der Verdacht kann auch sein, dass es sich ohnehin nur um Sensations-Macherei handelt: Wie bekommt man schon Aufmerksamkeit in der Diskussion um eine heroisierte Vergangenheit? Doch nur, indem man sie ent-heroisiert und für »so großartig auch wieder nicht« erklärt, und nicht, indem man im Chor der »Die-eigene-Jugend-Verklärer« mitsingt. Aber man arbeitet damit der Reaktion zu, die so nachträglich einen unverdächtigen Zeugen für ihr immer schon besseres Wissen gewinnt.

Alle diese Spiele der nachträglichen Umdefinition dessen, was damals gewesen sein mag und was man selbst damit zu tun hatte, laufen nicht nur für IMs (Informelle Mitarbeiter der Stasi) und andere Schändlichkeiten, sondern ebenso für die damalige Prominenz und die (nach seinerzeitigem oder späterem Verständnis) Heldentaten. Die Vergangenheit muss bekanntlich dauernd wiedergewonnen werden, die eigene wie die gesellschaftliche und sonst kollektive. Opportunismus ist eine der Formeln, in denen das Verhältnis zu dieser Vergangenheit sich organisiert und organisiert wird.

Freilich ist es fahrlässig, »Opportunismus« als Einbahnstraße anzusehen: erst authentische Rebellion, später opportunistische Anpassung. Schon der seinerzeitige Aufstand mag Züge der Anpassung getragen haben. Der halbwegs unbefangenen Erinnerung ist es klar, wie opportun es seinerzeit gewesen war, zur Gruppe der jungen Rebellen zu gehören – und möglicherweise war es später eine zeitlang besonders opportun, sich nachträglich hineinzudefinieren, jedenfalls für Zwecke der Zugehörigkeit zu der »alternativen« Subkultur, die stark und interessant war.[2] An den Universitäten hatten die Dissidenten manchmal den Vorteil, an gefragte Posten kommen zu können, vom Tutor über den Assistenten bis schließlich hin zu den Professuren. (Ohnehin spricht viel dafür, dass die Studentenbewegung an den Universitäten selbst mehr eine Assistentenbewegung gewesen war.) Das Opportunismus-Spiel wird also noch einmal komplizierter, indem es sich zeitlich verdoppelt, da man zwischen einem Opportunismus von damals und heute unterscheiden muss. Dann ist es ganz leicht möglich, dass das, was wie Opportunismus heute aussieht, tatsächlich authentisch ist, und nur im Kontrast zu dem, was damals opportunistisch war, heute so wirkt – Ironie des Zeitablaufs.

Eine Person, deren öffentliche Äußerungen in den letzten Jahren oft als provokant-programmatisches Abrücken von seinerzeitigen »linken« Positionen verstanden und kritisiert worden waren, beschreibt das damalige »Links-Sein« so: Man konnte damals »halt auch irgendwie dabei« sein, die Bewegung war an den Universitäten gegenwärtig genug, besonders mit einem Drang zur Prominenz: »jemand wie Rudi Dutschke, das war schon ein echtes Idol für mich«, so wird die Beschreibung der Studentenbewegung eingeleitet, und mit weiterem name-dropping (»Dany, Fischer«) fortgesetzt. Diese »großen Genossen« wurden »mit einer Mischung aus Bewunderung und Verachtung« wahrgenommen – wegen der Bewunderung wollte man in ihrer Nähe sein, die Verachtung entstand aus der durch Nähe vermittelten Einsicht, »wie stark die mit Wasser gekocht haben, zweitens, wie viel, sei es persönlich, sei es politisch Verlogenes dabei war«.

Das Kulturindustrie-Motiv, zu sehen, wie die »großen Genossen« ticken, ist auch dieser Untersuchung nicht ganz fremd – wir haben nicht

---

2 Auch gab es schon seinerzeit den sexistischen Spruch, dass man an der Attraktivität der teilnehmenden Frauen erkenne, wie erfolgreich eine Bewegung sei – die Annahme ist also, die schönen Frauen, was im Schnitt heißt: die Oberschicht-Frauen wären – opportunistisch – immer auf der Seite der Sieger und hätten ein besonders feines Gespür dafür.

nur irgendwelche Leute aus den entsprechenden Generationen befragt, sondern auch die öffentlich Auffälligen und Prominenten. Daher ist es nicht so überraschend, dass sich Sympathie einstellt mit einem, der dieses Motiv stark (und journalistisch erfolgreich) hat und zugleich auf Demontage aus ist. Aber es ist eine merkwürdige Sympathie – so wie die Provokation, die in der Sekundär-Dissidenz liegt, trägt sie nur ein Stück weit.

Insgesamt soll man es vielleicht schon ernst nehmen, dass die Jugend- und Studentenbewegung ohnehin ein Medien-Phänomen war. Sie hätte sich jedenfalls nicht bis nach Eichstätt, Bergisch Gladbach und Flensburg verbreitet, wenn das Fernsehen und der *Spiegel* die Leute dort nicht unter den Druck gesetzt hätten, »*auch* etwas zu unternehmen«. Insofern ist sie auch als »historisches« und retrospektiv zu bewertendes (und umzubewertendes) Phänomen vor allem für Journalisten und andere Öffentlichkeitsarbeiter interessant – und für Intellektuelle in diesen (vielleicht auch nur phantasierten) Aspekten ihres Funktionierens. Wir müssen uns zu einer »Studentenbewegung« ins Verhältnis setzen, die öffentlich vordefiniert ist als ein bedeutendes Ereignis der Revolte mit seinen Prominenten – zu diesen beiden Aspekten müssen wir unsere private Geschichte dieser Zeit in eine Beziehung bringen: Was war unsere persönliche Rebellion? An welchen wichtigen Aktionen waren wir beteiligt? Wen von den Prominenten haben wir wie gekannt? Und wenn das alles nicht so richtig der Fall war, was haben wir sonst getan? Und warum? Wir müssen dieses Verhältnis herstellen, weil wir danach gefragt und entsprechend eingeordnet und bewertet werden. Vielleicht müssen wir uns auch privat fragen, wie wir zu jener »großen Zeit« stehen, aber der Druck entsteht sozial: Ist das privatistische Insistieren auf Individualität, das uns damals in erster Linie beschäftigt hat, mit den politischen Ansprüchen vereinbar, die mit der Zeit verbunden werden? Ist das bisschen Schülerzeitung genug, um politische Aktivität nachzuweisen? Wissen wir nicht alle, dass es sich um eine »gestattete Rebellion« handelte, für die es keinen besonderen Heldenmut brauchte? Haben wir irgendetwas vorzuweisen, das über diesen gefahrlosen, sogar geforderten Bereich hinausgeht? Ist da etwas, das den Opportunismus der durchschnittlichen Teilnahme überschreitet?

Eine Möglichkeit besteht darin, wenigstens retrospektiv zu provozieren, indem man diese gemeinsame Fassade des Rebellischen als solche darstellt und damit heute zum Renegaten und »Wendehals« wird.

Hier kann man auch leicht die Bestätigung bekommen, dass man jetzt auf der Seite der Rebellion steht, denn die »Genossen« mögen diese Aufdeckung nicht so gern und reagieren beleidigt. Man kann also »sekundär rebellisch« sein, indem man sich heute erinnert, wie wenig aufrüherisch man damals tatsächlich war – und das öffentlich bekennt. Die Rebellion wird nachgeholt, indem man den angeblichen Revolutionären nachweist, wie wenig da war oder gar, wie autoritär sie selbst in dieser Zeit waren.[3]

> »Ich habe oft genug Dinge gesagt, die ich einfach nur deswegen gesagt habe, weil sie jetzt alle sagten. Das ist eine große Erfahrung in dieser ganzen Studentenbewegung, gerade wenn man so jung ist und die Großgenossen eigentlich alles schon wissen (...).«

Auch in dem, was man selbst geschrieben hat, werden nun retrospektiv die Schwächen ausgemacht und nicht geleugnet. Indem man zu diesen Fehlern steht, gewinnt man aus dem Eingeständnis die heutige Authentizität. Insofern hat man gegen Opportunismus gar nichts einzuwenden. Er wird vielmehr unter dem Muster des Reifens und Lernens eingeordnet. Der Fehler liegt in der Vergangenheit, damals war man opportunistisch, und das »kann einem passieren«. So heißt es über Mitterand:

> »(...) mich stört es überhaupt nicht, dass er in Vichy aktiv war, das ist so mit 18 oder 20, das kann einem passieren. Opportunismus oder Dummheit oder Blödheit oder so, das kann einem passieren.«

Die Zeit der Studentenbewegung übte einen starken Sog aus auf ehrgeizige Leute, auf Leute, die sich öffentlich äußern wollten, die auch plötzlich ermutigt wurden, sich öffentlich zu äußern. Dabei folgte man dem Vorbild der »Großgenossen«, die man freilich irgendwann hinter sich lassen musste. Erst ab diesem Zeitpunkt zählt das, was man zu sagen hat,

---

[3] Der historische Fehler besteht natürlich im Mangel an Differenzierung: Die Jugend- und Studentenbewegung hatte viele Fraktionen, darunter besonders im Spätstadium jene hoch autoritären, die verschiedene Kämpfe der Arbeiterbewegung – von den Leninschen Avantgardisten über die Weimarer kommunistischen Kämpfer gegen faschistische Banden bis zu Maos »Langem Marsch« – nachzustellen versuchten. Bekanntlich geraten historische Ereignisse beim zweiten Mal gewöhnlich zur Farce, was nicht heißt, dass das ohne persönliche Opfer geschieht. Aber es gab auch die anti-autoritäre Fraktion, die es schwer genug hatte, aber wahrscheinlich das ausmacht, was von dieser Bewegung kultur-revolutionär wirksam wurde und weiterhin interessant ist.

wirklich – obwohl man zu allen früheren Irrtümern deshalb steht, weil man damit auch den anderen ihre Irrtümer zurechnen kann. Erst dadurch gewinnt man selbst die überragende Statur.

Eine Typologie des Opportunismus-Vorwurfs

Ein erster Typus von Opportunismus-Vorwurf richtet sich darauf, dass es immer nur um persönlichen Gewinn, persönliche Macht, Intrige als Selbstzweck, Karriere, Mediengeilheit, Wichtigtuerei, kurz: unsachlich selbstbezogene Ziele geht und gegangen sei, nie um die »Sache« selbst. Der Karriere des Opportunisten wird eine stabile Dimension unterlegt, auf der die Struktur des Lebenslaufs »eigentlich« beruhe, die nie explizit sichtbar wird und die von den jeweils vertretenen (politischen) Inhalten unabhängig ist. Am häufigsten ist die Rüge zu hören, dass es immer nur um Machthunger und dem Wunsch nach Karriere ging. Der Vorwurf richtet sich auf einen »Opportunismus als *Gesinnungslosigkeit*«.

Davon gibt es eine Variante, in der diese grundlegende Dimension sehr wohl inhaltlich bestimmt werden kann, weil sie sich einmal doch gezeigt hat, gewöhnlich in einer frühen Phase, eventuell auch erst zuletzt, als Selbstentlarvung. Die Veränderung der Person wird damit für unglaubwürdig, eben »bloß opportunistisch«, erklärt. Tatsächlich bleibt der alte Kommunist ein solcher und der Nazi wird Grundeigenschaften des Nazi nicht mehr los. Im paranoiden Erklärungsmuster ist alles Spätere nur Camouflage und die alten (»ursprünglichen«) Ziele werden verdeckt weiterverfolgt. Es gibt also eine Denkfigur des Verdachts, in der bei »Ehemaligen« aller Art schlicht nach dem wie immer verdeckten Weiterleben von »damaligen« Eigenschaften, Haltungen und Überzeugungen gesucht wird. Eine »wirkliche« Veränderung, eine Umorganisation der Person aus ihren Erfahrungen, in Anpassung an eine neue Situation wird nicht geglaubt und nicht zugestanden. Eine scheinbare Neu-Organisation wird als bloße Verstellung angesehen. Dahinter lauert noch immer der alte Nazi, Kommunist, 68er, mehr oder weniger unverändert und unbelehrt. Der Vorwurf richtet sich hier auf einen »Opportunismus als *Maske*«.

Am anderen Ende des Kontinuums steht ein langsamer Wandel der Haltungen durch veränderte Lebensumstände und sich wandelnde äußere Anforderungen. So werden aus jugendlichen Revoluzzern gereifte Familienväter. Auch diese Anpassung an sich entwickelnde Wünsche nach Stabilität und Bequemlichkeit kann als opportunistisch kritisiert werden. Der Verweis richtet sich hier auf einen »Opportunismus als *Resignation*«, stärker formuliert sogar als *Verrat*.

Schließlich gibt es noch einen Opportunismus-Vorwurf, der zwischen dem der Feigheit und der Heuchelei liegt, in dem heute verleugnete Elemente seiner Vergangenheit aufgedeckt werden. In der Aufdeckung von Stasi-Spitzeltätigkeit, von früherer Nazi-Involviertheit, von alten Verbrechen, jugendlichen Gewalttaten, in den USA früheren sexuellen Fehltritten wird zugleich ein heutiger Opportunismus angeprangert. Viele möchten sich von dieser dunklen Vergangenheit und dem, was sie über die eigene Person (der damit Stabilität unterstellt wird) aussagt, aus Opportunität lossagen, man steht nicht einmal zu dieser Vergangenheit, sondern versucht sie zu verbergen, was zugleich als Hinweis auf ein schlechtes Gewissen (oder zumindest Wissen um die öffentliche Nicht-Vertretbarkeit) gesehen werden kann. Der Vorwurf richtet sich auf einen »Opportunismus als *Verleugnung*«.

Verteidigung und Gegenwehr ist zwar in jedem Fall mühsam und schwierig, wird aber je nach Art des Vorwurfs unterschiedliche Formen annehmen müssen.

Gegen den Vorwurf der *Gesinnungslosigkeit* könnte man *Glaubensstärke* nachzuweisen versuchen – stärker jedoch ist der Gegenangriff, denn in der Politik geht es um Macht, was sonst? Es geht um realistische Nutzung der jeweiligen Möglichkeiten, alles andere ist Dogmatismus und Fundamentalismus und führt nur dazu, dass man gar nichts erreicht. Der Gegenangriff beruft sich auf *Realismus*.

Gegen den Vorwurf der *Maskerade* könnte man in die *Leugnung* der Vergangenheit ausweichen, womit man sich aber eventuell nur neue Probleme einhandeln wird. Stärker ist auch hier wieder der Gegenangriff, der im Verweis auf die Erfreulichkeit von *Umkehr und Veränderung* und die Nachteile des sturen Festhaltens an alten Positionen bestehen kann. Notwendig ist dazu freilich der Nachweis einer wirklichen Veränderung, indem diese dramatisiert wird. »Wirkliche« Veränderungen dürfen nicht schnell und leicht gehen, sie sollen möglichst nicht Anpassungen an das sein, was gerade günstig ist, sie müssen in einer »Erweckung« oder einem »völligen Neubeginn« dargestellt werden, sie müssen auch eine Übergangs-Phase von einiger Schwierigkeit und Mühsal haben, damit sie Glaubwürdigkeit beanspruchen können.

Gegen den Vorwurf von *Resignation* und *Verrat* kann man defensiv die *Kontinuität* im eigenen Handeln aufzuweisen versuchen. Man kann vielleicht zeigen, wie ein heute verändertes Handeln tatsächlich immer noch den darunterliegenden Interessen entspricht. Offensiv wäre wieder der Nutzen von Veränderung hervorzuheben, vielleicht auch die damalige Haltung als »unreif« und »unrealistisch«, als jugendlich-idealistisch u. ä. zu relativieren.

Gegen den Vorwurf der *Verleugnung* hilft in der Hauptsache die gelingende Leugnung. In der offensiven Gegenstrategie würde man zu der Vergangenheit doch stehen und sie im besten Fall sogar zu einem positiven Zeichen (z. B. von Lebenserfahrung, Liberalität und Nichtverkniffenheit, jugendlichem Idealismus, Risikobereitschaft etc.) umdefinieren. Die andere offensive Gegenstrategie besteht im Nachweis, dass auch die anderen und besonders die Angreifer ähnlichen oder schlimmeren »Dreck am Stecken« haben.

Joseph Fischer:
Opportunismus-Vorwürfe und ihre Abwehr

Wahrscheinlich ist (schon aus Gründen der Prominenz) kein »68er« öfter mit Opportunismus-Vorwürfen konfrontiert worden als der derzeitige Bundesaußenminister Joseph Fischer, der sich selbst »Joschka« nennt. Am umfänglichsten ausgeführt ist der Opportunismus-Vorwurf in den Büchern *Wir sind die Wahnsinnigen: Joschka Fischer und seine Frankfurter Gang* von Christian Schmidt und *Das waren die Grünen: Abschied von einer Hoffnung* von Jutta Ditfurth. Die Hauptdimension des Vorwurfs ist Gesinnungslosigkeit, sogar zugespitzt zu: »Die Grünen sind in der Übernahme durch die ›Realos‹ für persönliches Machtstreben ruiniert worden«. Aber alle anderen Dimensionen werden auch verwendet – und das schwächt das Argument ein wenig, weil sie einander in den Weg geraten. Der Angriff in *Die Woche* richtet sich – jetzt aber zu diesem späteren Zeitpunkt – auch wieder auf Gesinnungslosigkeit: »Vom Grünen-Herold zum Staats-Schauspieler – Der Fall Joschka Fischer – Er hat seine Politik gewechselt wie seine Anzüge. Zerstören die Machtspiele des Außenministers seine eigene Partei?« (*Die Woche* 08.09.2000, S. 1)

Das Beispiel Joschka Fischer ist interessant und dazu günstig zu untersuchen, weil Fischer selbst in zahlreichen Büchern und sonstigen Äuße-

rungen Material zur Verfügung stellt.[4] Hier sollen zwei dieser Materialien
in den Mittelpunkt gestellt werden: Die Beschreibung einer völligen Neu-
Organisation in dem Buch *Mein langer Lauf zu mir selbst* (1999) und die
fehlende Schilderung der biographischen »Krise nach dem Ende der
Bewegung« 1976 bis 1981. Allerdings ist es 1999 eine völlig entpolitisiert
dargestellte persönliche Neu-Organisation seiner Person, die Fischer dem
staunenden Publikum vorführt. Er beschreibt die Wandlung vom über-
gewichtigen Provinzpolitiker zum drahtigen, durchtrainierten noch nicht
alten Herren in den besten Jahren, der damit auch die wirklich großen
Aufgaben übernehmen kann. Es ist die Darstellung einer persönlichen
Konversions-Erfahrung, vermischt mit dem Genre der Ratgeber-Literatur
– eine nicht ganz seltene Kombination, in der die »Erweckung« der
Lebenshilfe Dramatik und Glaubwürdigkeit gibt.

Es ist das nicht die erste dramatische Wende in dieser Biographie.
Da war zunächst die Wendung vom erfolglosen Provinz-Jugendlichen
zum Frankfurter Straßenkämpfer, dann die Abkehr von den militan-
ten Aktionsformen hin zum Grünen und »Realo«, die in die Karriere
des Berufspolitikers hinüberleitet. Diese Laufbahn hatte ihren ersten
Höhepunkt in der Bestellung zum Umweltminister in Hessen 1985.
Sie oszilliert von 1983 an zwischen dem Bundestag und Hessen und
kulminiert in der Bestellung zum Außenminister 1998. Sie erscheint
äußerlich in dieser Zeit relativ geglättet. Von außen betrachtet liegt der
größte Bruch dieser Biographie zwischen 1976 und 1981, dem Zerfallen der Sponti-Bewegung. Im Mai 1976 wurde Fischer verhaftet, nach
wenigen Tagen aber freigelassen, dann an Pfingsten 1976 hielt er auf
dem Frankfurter »Antirepressionskongress« seine immer wieder
erwähnte Rede mit der Aufgabe-Aufforderung an die RAF. Später dann
sein Beitritt zu den »Grünen«, mit dem er sich wieder – und jetzt in
einer ganz anderen Form – in die Politik begab. Über diese Krise gibt
es von Fischer selbst nur allgemeine Äußerungen. Stattdessen
beschreibt er in einem ganzen Buch, wie er 1996 durch das Ende seiner

---

4 Einen solchen Profi der öffentlichen Selbstdarstellung noch einmal mit einem
biographischen Interview zu belästigen, ist daher ebenso überflüssig wie
aussichtslos: Dass dabei neue Information gewonnen werden kann, ist
unwahrscheinlich. Die Gegenübertragungs-Äußerungen wären stärker, sie
treten aber auch gegenüber dem medial Übermittelten hinreichend auf.

(dritten) Ehe einen Anlass bekam, seine seit 1985 schiefgegangene Lebensweise (seit damals hatte er rapide zugenommen und über 100 kg erreicht) grundsätzlich umzukrempeln. Das Buch ist die Beschreibung einer Selbstfindung nach einer längeren Phase des allmählichen Abgleitens in der Politiker-Rolle. Der Prozess der Umorganisation des Lebens wird ausgelöst durch eine warnende Katastrophe. In gewissem Sinn ist der neue Fischer zu seiner 68er-Konstitution zurückgekehrt, die er in der ersten Phase seiner Politiker-Laufbahn verlassen und verloren hatte.

> »Und auch – da sei nicht darum herumgeredet – meine linksradikalen siebziger Jahre in der Frankfurter Spontiszene und im Häuserkampf verlangten ein hohes Maß an körperlicher Fitneß! (...) Auch ich verfügte damals über lausig wenig Geld, hatte aber jede Menge Zeit, und die nutzte ich unter anderem zur beständigen körperlichen Ertüchtigung mittels regelmäßigen Trainings. Tägliche morgendliche Liegestütze und Sit-Ups, mehrmals wöchentlich Bankdrücken mit Gewichten und Arbeit mit Hanteln und am Sandsack führten zu einem hervorragenden Trainingszustand und zum persönlichen Idealgewicht.«
>
> Fischer 1999, S. 24f.

An einer Stelle spricht er, selbst die Anführungszeichen setzend, von seinem »idealen ›Kampfgewicht‹ des Jahres 1985« (ebd., S. 52), bevor ihn der Politikbetrieb aus der Fassung gebracht hatte.

Schon die Ausgangssituation der Entscheidung wird so allgemein dargestellt, dass sie auch in der Einsicht bestehen könnte, eine bestimmte politische Strategie, z. B. die der Militanz im Straßenkampf, sei nicht weiterzuführen:

> »Die Alternative war plötzlich sehr einfach: Entweder mache ich so weiter wie bisher und gehe damit endgültig vor die Hunde, denn in dieser jetzt beginnenden Lebenskrise würde ohne Kehrtwende mein destruktiver Lebensstil ganz sicher noch um einiges weiter eskalieren, um es ganz milde zu formulieren. Oder ich mache jetzt – jetzt sofort! – einen radikalen Schnitt, ändere völlig mein persönliches Programm und lasse alles radikal hinter mir (...) und konzentriere mich fortan vor allem auf mich selbst.«
>
> Fischer 1999, S. 52

In der Folge ist vor allem »für die Dauer der kommenden Monate nichts anderes als Ausdauer und stures Durchhalten angesagt« (ebd., S. 53). Dazu ist in drei Schritten erstens ein Ziel zu definieren, »das einerseits hart und fordernd, andererseits aber zugleich realistisch ist« (ebd., S. 56), zweitens »mußte ich den Weg dorthin definieren« (ebd., S. 56) und »[d]rittens mußte ich Prinzipien oder Grundsätze formulieren, die mir ein Durchhalten ermöglichen würden, wenn ich sie nur konsequent genug befolgte« (ebd., S. 57). Dafür finden sich vier Tugenden: »Entschlossenheit, Durchhaltevermögen, Realismus, Geduld.« (ebd., S. 58) Das ist alles in hohem Maß tautologisch und also wohl eine Gruppe von Beschwörungen, die alle auf »Nicht Aufgeben!« hinauslaufen. Die Angst vor der eigenen Schwäche, vielleicht auch der drohenden Verzweiflung, die ein solches Programm der Selbstreform durch Selbstbeschäftigung nötig macht, muss beachtlich sein.

Fischer psychologisiert an dieser Stelle weiter und spricht von »Suchtverhalten« (ebd., S. 80ff.), das er freilich mit »Leidenschaft« gleichsetzt:

> »Wichtig dabei ist, daß zwischen einem körperschädigenden Suchtverhalten und einer körperkonformen Umsetzung derselben psychischen Energien auch ein qualitativer Unterschied besteht.«
>
> ebd., S. 82

Er kann und muss »In-sich-Hineinfressen« durch körperliches Ausagieren ersetzen. Gemeinsam ist ihnen die »Radikalität«:

> »(...) mit derselben Radikalität, mit der ich vorher gefuttert und gebechert hatte, nahm ich nunmehr die Kilometer unter die Laufschuhe.« (ebd., S. 84)

Daher muss es schließlich auch ein wirklich großes Ziel sein, an dem sich der »Umbau« beweisen und bewähren soll: weil es um Langlauf geht, der Marathon.

Es ist, wenn eine Zwischenbilanz gezogen werden soll, die antiphobische Bewältigungs-Strategie eines Menschen, der weiß, wie leicht er bodenlos abstürzt und wie wenig er Situationen aushalten kann, in denen er nicht aggressiv agieren kann. Es ist auch eine Bewältigungs-Strategie, in der mittelfristige Dauer durch genaue Planung hergestellt wird, auch mit Strategien der Selbst-Verpflichtung bis Selbst-Überlistung, um sich Durchhalten zu ermöglichen. Es ist schließlich eine Bewältigungs-Strategie der »eisernen« Disziplin, des Zähne-Zusammenbeißens, ein wenig Selbst-Quälerei im Dienst der Reproduktion einer gut funktionierenden Person ist auch dabei.

»Mein altes Leben (...) scheint mir heute eine Ewigkeit zurückzuliegen (...). Ich hatte mich bereits selbst aufgegeben (...). Mein ganz persönlicher Umbau bedurfte großer Anstrengung und einer eisernen Willenskraft ...« (ebd., S. 166)

Und es geht nicht um Glückszustände, diese werden sogar explizit verneint (mit allen Implikationen der expliziten Verneinung als Zurückweisung):

»Es wird zudem viel vom sogenannten ›Endorphin-Kick‹ gemunkelt, (...) aber meine persönliche Erfahrung läßt mich diese ganze Angelegenheit mit den Endorphinen, dem ›runner's high‹ und all den anderen Nettigkeiten als maßlos überschätzt begreifen.« (ebd., S. 87f.)

Eine »unglaubliche innere Entspannung« und das Gefühl der Tüchtigkeit des Organismus, das sind die Effekte, die geschätzt werden. Dazu kommt die herausragende Leistung, die damit erreicht wird. Man sollte schon bei den großen Anlässen dabeisein können, muss dort aber nicht unbedingt der Erste sein. Der Marathon ist eine so anspruchsvolle Veranstaltung, dass schon das solide Dabeisein und solide Durchhalten, egal in welcher Position, Auszeichnung genug ist, zumal für jemanden, der sich in kürzester Zeit dafür fit gemacht hat. Hier gibt es auch keine Scheu, sich in Form bringen zu lassen – freilich nicht von irgendwem, es muss schon ein deutscher Meister im Marathon wie Herbert Steffny sein, von dem man trainiert und betreut wird. Aber in diesem Rahmen ist man ein Team-Spieler, der sich auch führen lässt – selbst und gerade bei einer dann einsamen Dauer-Leistung.

Es ist nicht schwer zu erkennen, dass hier ein allgemeines Muster vorgeführt – und zur Nachahmung weiterempfohlen – wird, nach dem sich Lebenskrisen bewältigen lassen (und von dieser Person bewältigt werden). In der seinerzeitigen Krise von 1976–81 wurde es offenbar nicht gleich gefunden. Zunächst hat Fischer damals nach allen verfügbaren Zeugnissen mit Rückzug, süchtig und depressiv reagiert. Es ist seine Zeit als Taxifahrer, die jedenfalls rückblickend als Gewinnen von Lebenserfahrung vereinnahmt werden kann. Er selbst spricht 1978 von »Perspektivlosigkeit, Rumhängen und Nicht-wissen-was-tun«. (Krause-Burger 1997, S. 118) Spannend wurde das Leben erst wieder mit dem Versuch, bei den Grünen eine Basis für neue politische Attacken zu finden. Interessant wurde das Leben erst wieder durch neue Möglichkeiten der Zusammenarbeit mit seinen alten Freunden in einem neuen politischen Projekt.

Grenzen des Gewalt-Vorwurfs

Die zwei exemplarischen Beispiele der Personen, die dem »Wendehals«-Vorwurf ausgesetzt waren und sind, unterscheiden sich vor allem darin, dass im ersten Fall nichts von einer »Krise am Ende der Bewegung« berichtet wird. Die Umstände verschieben sich – man nutzt sie, wie sie eben sind. Vorher wie nachher ist da Distanz und nur bedingte Zugehörigkeit. Die selbst gewählte Position am Rand kann vorteilhaft für Berichte an die jeweils andere Seite genutzt werden. Die journalistische Position ist die auf der Stadtmauer, denn von hier kann man den Verlauf des Handgemenges schildern.

Fischer hingegen hat sich tief und riskant engagiert. Er hat sich durch Radikalität, gute Zusammenarbeit mit verlässlichen Freunden (seiner »Gang«) und geschickte Organisation und mittels Einsatz wichtiger Ressourcen (z. B. einer Zeitschrift) eine prominente und führende Position erarbeitet. Er war dabei offenbar nicht zimperlich in der Wahl der Mittel und hat sich entsprechend nicht nur Freunde gemacht. Er hat die Dynamik der Eskalation im offenen Kampf erfahren, sie ein Stück weit auch mitgemacht, sich ihr aber im letzten Moment doch entzogen. So etwas öffentlich zu tun, wie es von der Rede zum Gewaltverzicht auf dem Pfingstkongress 1976 berichtet wird,[5] verweist auf zuletzt doch politischen Realismus im Umgang mit einer in Fischers politischer Organisation, dem »Revolutionären Kampf«, kurz »RK«, auch selbst verfolgten Strategie. Ziel war es in den Auseinandersetzungen mit der Staatsgewalt nicht immer verlieren zu wollen, eine Eskalation der Gewalttätigkeit zumindest hinzunehmen, um sie zur Anklage gegen das so als »faschistisch« vorgeführte »System« verwenden zu können. Immerhin war da so viel Realitätskontrolle, dass noch zeitgerecht das Selbstmörderische dieser Strategie gesehen und eingestanden und diese Einsicht selbst noch einmal politisch eingesetzt werden konnte.

Es war also möglich, eine Niederlage und einen strategischen Irrtum einzugestehen. Die Neu-Orientierung war mühsam und dauerte einige Jahre, war aber tatsächlich eine politische Veränderung, die in dieser Phase des relativen Rückzugs erarbeitet wurde. Alles spricht jedoch dafür,

---

5 Am ausführlichsten ist die Darstellung von Michael Schwelien (2000): Joschka Fischer: Eine Karriere, S. 171–181.

dass die beim »Laufwunder« so stark betonten Eigenarten der plötzlichen Entscheidung, der entschlossenen Inangriffnahme eines harten
Umbauprogramms und der eisernen Disziplin im Durchhalten damals,
bei jener ersten großen Krise gerade *nicht* gelebt wurden. Alles spricht für
eine längere Phase der Ratlosigkeit und Depression, des Durchhängens
und Sich-gehen-Lassens. Ähnlich kann man die Zeit des politischen
Verfettens in Wiesbaden und Bonn als eine solche Phase des persönlichen Durchhängens bei beruflichem Aufgehen im politischen Betrieb
begreifen, die nun wirklich mit »eiserner Disziplin« beendet wurde.
Damit werden Person und Amt (vielleicht) wieder in einem Projekt zur
Deckung gebracht.

Sehr klar und durchsichtig sind die Projekte des Joseph Fischer
inhaltlich nicht, obwohl er die späteren jeweils mit Buchpublikationen
vorbereitet und begleitet hat. Das erste Projekt war, anders zu leben und
sich nicht alles gefallen zu lassen, um so eine andere Gesellschaftsver-
fassung entstehen zu lassen. Das zweite war real-grün[6] und führte ins
Umwelt-Ministerium. Das dritte zeigt sich staatsmännisch-menschen-
rechtlich.[7] Die Ziele sind von Mal zu Mal konventioneller geworden. Sie
sind nicht sehr zwingend mit einander verbunden, das jeweils neue kann
nicht leicht als die realistisch angepasste Version des vorhergehenden
interpretiert werden, vielmehr gibt es beide Male einen inhaltlichen
Schwenk. Der erste folgt auf eine Niederlage und war damit dem Reali-
tätsprinzip geschuldet. Der zweite folgt auf einen politischen Sieg und
muss daher wohl eine andere Begründung haben.

Jutta Ditfurth hat schon recht: Die Grünen haben sich enorm verändert seit ihren Anfängen vor mehr als zwanzig Jahren. Aber der von ihr
und anderen erhobene Renegaten-Vorwurf bleibt merkwürdig kraftlos.
Es fehlt ihm der Resonanzboden. Das Projekt einer linken Politik, auf
das er sich beruft, wirkt historisch und überholt, man kann sich daran
erinnern, aber es nicht wiederbeleben. Für die Jüngeren ist es ohnehin

---

6 Joschka Fischer: Von grüner Kraft und Herrlichkeit. Der persönliche Bericht
   dazu war (1987): Regieren geht über studieren: Ein politisches Tagebuch.

7 Joschka Fischer (1994): Risiko Deutschland: Krise und Zukunft der deutschen
   Politik. (1998): Für einen neuen Gesellschaftsvertrag: Eine politische Antwort
   auf die globale Revolution. Diesmal ist das persönliche Buch (1999): Mein langer Lauf zu mir selbst.

Vorgeschichte, die ihnen zu oft als »Stalingrad-Kämpfer«-Erinnerung vorgetragen wird. Die Älteren wollen die alten, verlorenen Kämpfe nicht aufwärmen, fühlen sich isoliert, haben sich selbst verändert, erinnern sich kaum.

Es ist nicht so schwer, Ditfurths Diagnose intellektuell zu teilen. Aber der Gestus, die Empörung, der Schaum vor dem Mund, die moralische Abscheu, das gelingt nicht allgemein oder sogar allgemein nicht. Damit ist der Wendehals-Vorwurf ebenso historisch abgestorben wie die Dissidenz. Doch beide gehören zusammen: ohne Dissidenz keine Renegaten.

Die CDU hätte das wissen können, als sie sich im Januar 2001 an der xten Auflage ihres Gewaltdiskurses versuchte, diesmal gegen die Vergangenheit des Außenministers Fischer gezielt. Eine Reihe von Anlässen hatte die Vorgabe gemacht, der man sich schwer entziehen konnte; rechtzeitig zum Weihnachtsgeschäft war Michael Schweliens neue Fischer-Biographie erschienen. Sie enthielt zwar keine neuen Fakten, hatte aber die Verkaufs-Maschinerie eines potenten Bestseller-Verlags und eines prominenten Journalisten-Kollegen hinter sich. Der Gestus des Buchs ist noch der Renegaten-, Opportunisten- und Machtmensch-Vorwurf, distanziert und ironisch abgeschwächt zwar, allerdings, schon verschnitten mit der Bewunderung für den Außenminister mit der farbigen Jugend. Dann kam der späte Prozess gegen den mit Cohn-Bendits Hilfe abgetauchten und wieder aufgetauchten Ex-RAF-Angehörigen Hans-Joachim Klein, in dem Fischer als Zeuge aussagen musste – »ein Medien-Ereignis der Sonderklasse« mit einem selbstreferentiellen Höhepunkt: Der »Reporter der New York Times mußte draußen bleiben« (Bildunterschrift und Schlagzeile der *Frankfurter Rundschau*, 17.01.2001, S. 21). Damit wurde auch die Ein-Frau-Kampagne der Journalistin Bettina Röhl – Tochter von Ulrike Meinhof – verwendbar, deren Motive zu offen zutage liegen, um kommentiert zu werden. (Der Bericht über sie in *Spiegel-Reporter* 3/2001 ist zurecht mit *Die letzte Gefangene der RAF* übertitelt.) Die von ihr wieder ausgegrabene Fotoserie von einer Prügelei zwischen einem Polizisten und mehreren Hausbesetzern (darunter Klein und Fischer) 1973 in Frankfurt – ausführlich wiedergegeben im *Spiegel* vom 08.01.2001 – machte Furore. Die CDU veranlasste eine *Aktuelle Stunde* über Fischers gewalttätige Vergangenheit im Bundestag am 17.01.2001. Sie war, wie Reinhard Mohr im *Spiegel* schreibt, »eine Mischung aus Mini-Purgatorium, gemäßigter Urschrei-Therapie und Stupa-Sitzung« (29.01.2001, S. 192), vor allem aber ein

Medien-Erfolg, den das Parlament selten hat: 1,5 Millionen betrug die Einschaltziffer der TV-Übertragung. Ein Nachklapp von etwa sechs Wochen, bis sich auch der letzte Provinz-Politiker und -Intellektuelle zu Wort gemeldet haben, ist damit zwingend.

An der »Debatte«, die sich anschloss, ist zweierlei bemerkenswert:

1.) Es gelang keine Wiederauflage des bewährten »Gewaltdiskurses«, der sich seit den späten 60ern durch die politische Geschichte der Bundesrepublik zieht und in dem es seit der gerichtlichen Erfindung von »passiver Gewalt« Dauer-Erfolge der Staatsanwaltschaft gegeben hat. Zur Erinnerung: zuerst wird das Sitzen auf Straßenbahnschienen zur »Gewalt« erklärt, später wird Schutzkleidung gegen prügelnde Polizisten zur »passiven Bewaffnung« gemacht. Auch politisch war es den Konservativen in mehreren Anläufen immer wieder gelungen, »Gewalt« als abstraktes Schreckgespenst von anti-demokratischer Gesinnung zu etablieren und Absagen an diese »Gewalt« als Unterwerfungsgesten zu erzwingen. Der Hannoveraner Professor Peter Brückner, der seinem Minister diese Unterwerfungsgeste verweigerte, wurde deshalb relegiert und ist das prominenteste Opfer dieser Praxis. Die Suche nach den »Ursachen der Gewalt« wurde zum beliebten Abrechnungs-Spektakel, in dem studentenbewegungs-geschädigte Professoren ihre erfolgreicheren Kritische-Theorie-Kollegen als »Väter der Gewalt« denunzieren und damit per Implikation auch die Theorie als unbeachtlich, weil staatsabträglich stilisieren konnten.[8]

Inzwischen ist dieses »Gewalt«-Schibboleth so fest etabliert und die Unterwerfungs-Geste so oft trainiert, dass der Ablauf ritualistisch geworden ist. Die Distanzierung kommt rasch und routiniert und macht kaum mehr Probleme. So auch die Fischers: Er sei damals kein Waisenknabe gewesen, »Gewalt« sei ein Fehler, er habe ihr früh und öffentlich abgeschworen, es tue ihm leid, aber damit sei das auch erledigt. Wie gründlich die politische Entlegitimierung der Person misslang, lässt sich nicht

---

[8] Vergl. dazu exemplarisch das Projekt Analysen zum Terrorismus des Bundesinnenministeriums, das sich von Maihofer über Baum bis Zimmermann zog, besonders die Beiträge von Rohrmoser, Süllwold, Baeyer-Katte und Matz. Dazu die politologische Analyse des Projekts in Steinert (1981): Widersprüche, Kapitalstrategien und Widerstand oder: Warum ich den Begriff »Soziale Probleme« nicht mehr hören kann ...; Steinert (1988): Erinnerung an den »linken Terrorismus«.

schlagender vorführen als im Versuch eines prominenten CDU-Politi-
kers, seine ereignislos brave Jugend zu einer abenteuerlich aufmüpfigen
umzulügen. (Dass er sich dabei auch noch erwischen ließ, diskreditiert
ihn zusätzlich als politischen Öffentlichkeitsarbeiter.) Fischer blieb der
Lieblings-Politiker der Nation. Es wurde in dem Vorgang durchgesetzt,
dass es kein Fehler ist, eine Biographie zu haben. Der Journalist Herbert
Riehl-Heyse hat es in der *Süddeutschen Zeitung* (11.01.2001) bereits
abschließend formuliert:

»Der Metzgersohn, der sich im Selbststudium nächtelang seine Bildung und
seine Sicht der Welt angelesen hat; der Schulabbrecher, der in Gretna Green
zum ersten Mal geheiratet, in Paris die Pflaster bemalt, sich in Frankfurt mit
Polizisten geprügelt und später noch erbitterter mit Jutta Ditfurth gestritten
hat, bevor er das alles samt seiner großen Karriere in Marathonläufen verarbeiten musste. – Typisch deutsch? Wäre ja schön, wenn wir ein so aufregen-
des Volk wären.«

2.) Im Versuch, bei der Gelegenheit die gesamte Geschichte der
Bundesrepublik umzuarbeiten und vor allem »1968« als Kulturrevolu-
tion und Austritt aus dem Schatten der Verleugnung von NS-Zeit und
Auschwitz zu demontieren, wurde der Teil von »1968« weiter beschwie-
gen, der vor allem für die ehemalige DDR wichtig war. Es geht um die
Beendigung des »Prager Frühlings« durch die Truppen des Warschauer
Pakts, darunter die der DDR. Wenn von »jener Zeit« und von »Gewalt«
die Rede ist, könnte es im vereinigten Deutschland nahe liegen, an jene
Panzer zu denken, die in Prag eingerollt sind, auch an den beeindruck-
enden Widerstand der Prager nicht zuletzt gegen deutsche Soldaten, die
vielleicht ein bisschen genauer als ihre russischen Mit-Besatzer wussten,
wo sie da waren. Die Aussage der Angela Merkel im Bundestag, »nicht
der Staat habe in den 60er und 70er Jahren Fehler gemacht, sondern
›diejenigen, die Gewalt angewendet haben‹« (zitiert nach *Frankfurter
Rundschau*, 18.01.2001, S. 1), gewinnt damit erst ihr eigentliches Ge-
wicht. Es mag verständlich sein, dass sie nicht weiß, wie viel Überblick
über Besucher ein einzelnes Mitglied einer großen Wohngemeinschaft
in Frankfurt am Main damals hatte, dass sie aber von der Gewalt des
Staates nichts wissen will, dafür ist sie eigentlich nicht jung genug.

Für unser Thema interessanter ist freilich, wie hier die Möglichkeit
einer Anerkennung der Dissidenz im Osten im Eifer der Jagd auf die
nicht akzeptable im Westen versäumt wurde – übrigens von allen Betei-

ligten. Auch die im Westen an die Macht gekommenen »68er« verharren in ihrer seltsamen Mischung von naiver Aneignung eines »Dissidenz-Monopols« und Gewalt-Leugnung und versäumen darüber wahrhaft provinziell ihre eigene historische Einordnung. Die Dissidenz der 60er/70er Jahre beschränkte sich nicht auf Berlin und Frankfurt, sie war vielmehr das fast weltweite Ergebnis von Entkolonisierung und Demokratisierung, ein Schub in diesem weltgeschichtlichen Prozess der Befreiung als Folge einer wirtschaftlichen Blüte im Namen von »Fordismus«, also Vollbeschäftigung und Massenkonsum in den entwickelten Industriegesellschaften. Die Dissidenz im Osten wurde noch zwanzig weitere lange Jahre von einer staatlichen Gewalt niedergehalten, die im Überfall auf das sich befreiende Prag am sichtbarsten wurde. Ebenso wurden die wahnhaften Ausläufer der Dissidenz im Westen, die sich in einer militärischen Mimikry der staatlichen Gewalt anzupassen und so entgegenzustellen versuchten, von eben dieser staatlichen Gewalt niedergekämpft, in Deutschland wie in Italien sowie in Japan und in den USA. Die prinzipielle »Gewalt«-Verurteilung verdunkelt nur, was sich aus der politischen wie kulturellen Geschichte solcher Umbrüche lernen ließe.

Zum Beispiel dies: Die Menschen machen ihre eigene Geschichte – aber sie machen sie nicht unter selbstgewählten Umständen. Daher sollten sich die einzelnen nicht in ihrer Bedeutung überschätzen – auch nicht in ihrer Verantwortung für das, was als Ergebnis entsteht. Oder ganz banal: Im Zweifel hat der Staat die stärkeren Bataillone. Man muss nicht so tun, als wäre er von jeder despektierlichen Äußerung im Kern gefährdet. Außerdem sind gesellschaftliche Veränderungen gewöhnlich von Konflikten begleitet, die nicht immer gleich und komplett in ihrer Bedeutung durchschaut werden. Eine prinzipielle »Gewalt«-Verurteilung gehört zu den Dingen, die ein solches Durchschauen erschweren.

Einer der schneidendsten Beiträge zu der Debatte um die »68er« stammt von Karl Heinz Bohrer (»Fantasie, die keine war«, *Die Zeit*, 08.02.2001, S. 33f.). Sein Ausgangs-Befund ist »die wundersame Wandlung der 68er zu Bankangestellten«, die ihre seinerzeitigen revolutionären Impulse hinterher ableugnen und zu einem bequemen »Pazifismus« übergelaufen sind. Für ihn ist

»die derzeitige abstrakte, moralisierende Bewertung des Gewaltbegriffs intellektuell völlig defizitär. Wer damals Angriffe berittener Frankfurter Polizei

gegen unbewaffnete Studentenmassen gesehen hat und im Wortabtausch mit den verantwortlichen Offizieren sich von deren polizeistaatlicher Mentalität überzeugen konnte, 20 Jahre nach Ende des ›Dritten Reichs‹, dem erscheint die heutige Indignation, es seien Steine geworfen worden, von jener Begriffsstutzigkeit, die keine Antwort verdient.«
Die 68er hätten sich rasch in eine »Fantasiesektion«, die Fraktion der »rationalen Linken« (im Sinne Habermas') und der »Apparatschiks« (K-Gruppen) aufgeteilt. Die »Fantasiesektion« sei am gefährdetsten gewesen und hätte schnell an Wirkung verloren. Der Rest ist Machtgewinn und seine Kosten.

Die »Fantasie an der Macht« sei eben nicht mehr die Fantasie, die einmal gemeint war – eine gewiß nicht harmlose Fantasie, vielmehr ein Abenteuer der Befreiung, eine veränderte Intellektualität, eine andere Art des Umgangs mit Gegenwart und Vergangenheit. Dieses Abenteuer, so sieht es Bohrer, ist im Pazifismus der Land-Grünen und in der »Anschlussfähigkeit« (dem »Gegenbegriff zur Innovation«) der rationalen Linken aufgegeben und vergessen worden. Deshalb seien die »68er« so defensiv, so bereit, sich zu entschuldigen, so vergesslich auch der eigenen Geschichte gegenüber.

Dissidenz und Opportunismus: keine Zukunft

Die Dissidenten sind verschwunden, weil die herrschende Orthodoxie überwältigend geworden ist. Wir kennen nur mehr Kapitalismus und die real existierende Demokratie – darüber hinaus darf nicht einmal gedacht werden. Aber auch der Opportunismus erscheint nicht mehr so aufregend, weil es die dissidente Moral nicht mehr gibt. Identitätspolitik wird heute mit Lebensstilen betrieben, nicht mit politischen Überzeugungen. Machtpolitik aber ist flexibel – nachgerade weist sie sich dadurch aus.
Diese Flexibilität aber ist so weit entwickelt, dass sie moralische Positionen mit in den Kalkül einbezieht. So moralisch wie heute war Politik noch nie: Durchsetzung der Menschenrechte, Demokratie und multikulturelle Toleranz, nie wieder Krieg – nie wieder Auschwitz, gegen Rassismus, gegen Gewalt, gegen Terrorismus. Wenn die Staaten für diese hohen Werte alles tun, sogar Kriege führen, wird der Raum für die dissidente Moral sehr eng. Nicht einmal der früher sehr stabile deutsche Pazifismus hat diesen Zugewinn der Politik an moralischer Raffi-

nesse ausgehalten. Man kann nur mehr die staatliche Moral in ihrer Ehrlichkeit anzweifeln oder sie im Namen einer anderen Moral bekämpfen. Beides sind schwache Positionen, denn es wird in ihnen selbstverständlich zugestanden, dass Staaten eine moralische Haltung haben können und sollen. Doch vielleicht fehlt sie ihnen tatsächlich, wenn man hinter die Fassade blickt, oder es ist die falsche Moral, gemessen an dem eigenen Urteil. Aber die große moralische Geste, wie sie einem Staat gegenüber möglich ist, der alles auf Materielles, auf banale Interessen, auf Wohlstand oder auf sparsame Planbarkeit reduziert, will hier nicht gelingen. Heute sind die Staatsmänner und -frauen selbst Fundamentalisten (wie z. B. in den USA) oder sie hantieren zumindest souverän mit den höchsten Werten.

Nicht einmal die wohlbekannte Tatsache, dass einige dieser Hauptfundamentalisten hinter der Nebelwand von Hyper-Moral den Interessen von z. B. »Big Oil« zuarbeiten, dass sie sexuellen Avancen nicht unbedingt abgeneigt sind und bei großzügigen Zuwendungen an die Parteikasse und den Wahlkampf-Fonds sich an die Details der Vorteilsannahme und der Gegenleistungen dafür zumindest hinterher nicht so genau erinnern mögen, lässt sich folgenreich gegen die Politiker verwenden. Trotzdem oder gerade deshalb werden sie wiedergewählt. Es ist als Muster von populistischer Politik[9] anerkannt und akzeptiert, dass große Reden und pragmatisches Handeln in der Politik wenig miteinander zu tun haben. Es gibt politischen Sonntagsreden und es gibt Lobby-Politik und es wäre ein Tor, der versuchen würde, auf Durchsetzung dessen zu dringen, was in den Sonntagsreden gesagt wird. Auch außerparlamentarische Oppositionsbewegungen, die etwas erreichen wollen, müssen sich der Struktur von Lobby-Gruppen anpassen. Die Formen dafür sind die Öffentlichkeitsarbeit à la Greenpeace und die Politik-Beratung und -Begutachtung der nicht umsonst so genannten NGOs. Diese sind nur negativ dadurch definiert, dass sie nicht von der Regierung gegründet und betrieben (oder unterstützt) werden wie andere Think-Tanks und Initiativen, fungieren aber sonst wie diese. Nicht nur die deutschen Grünen haben inzwischen vergessen, dass sie einmal die Form der parla-

---

9 Zur Analyse der »populistischen Struktur« von Politik heute vgl. Steinert (1999): ›Kulturindustrielle Politik mit dem Großen & Ganzen ...; sowie das Kapitel »Kulturindustrielle Politik« in Steinert (1998): Kulturindustrie.

mentarischen Politik verändern wollten. Professionalisierte Protestbewegungen aller Art haben die Form der Lobby-Gruppe übernommen, nur dass sie nicht mit dem Verlust von Arbeitsplätzen und Investitionen drohen können, sondern auf große Zahlen und Lautstärke verweisen müssen. Niemand kann sich der populistischen Struktur von Politik grundsätzlich entziehen.

Die anerkannte Doppelbödigkeit von Moralismus und blanker Interessenpolitik mit allen Mitteln macht wirksam Dissidenz wie Opportunismus unmöglich. Man kann sich nicht moralisch überlegen hochschwingen, und es ist auch nichts dabei, wenn man seine Grundüberzeugungen so ernst auch wieder nicht nimmt. Beiden ist damit die Grundlage entzogen. Eine solche Struktur von Politik lässt den Impulsen, die in der Adoleszenz freigesetzt werden, ganz anders keine Chance als es seinerzeit die repressive Toleranz des Westens und die intolerante Repression des Ostens getan haben. Die Anregungen laufen gleich ins Abseits von etabliertem Protest, wo sie sich in rituellen Aufgeregtheiten erschöpfen können, oder sie werden routinisiert als »Gewalt« ganz vom Spielfeld gedrängt. Die Rollen sind schon vorgegeben: etablierte Politikformen, fund-raiser des Protests, lunatic fringe von Reisenden in »Demo-Aufmischen« oder gleich »Terroristen«. Gegen Wirksamkeit abisoliert sind sie alle. Wer sich darin nicht wiederfinden kann, wendet sich »politikmüde« ab. Die Formen von Opposition, die heute für sich reklamieren, das Erbe dissidenter Politik anzutreten, sind mit einer Welt konfrontiert, die sich selbst nicht mehr in den alten Tropen auslegen kann, in denen sich Dissidenz für einen bestimmten geschichtlichen Moment artikulierte. Sie haben in »one-world«, im Zeitalter der Globalisierung, a priori mit anderen Mischungsverhältnissen von Moral und Politik, mit anderen Konfrontationen, mit anderen Öffentlichkeiten zu tun als das, was wir klassischerweise unter Dissidenz verstehen. Sie knüpfen – wie ein Teil der Globalisierungsgegner – möglicherweise an ähnliche Impulse an wie die dissidentischen »Systemkritiker« in Ost und West, die in der zweiten Hälfte des 20. Jahrhunderts ein Stück Geschichte geschrieben haben. Aber sie finden ein vollständig anderes geopolitisches Koordinatensystem vor, als jene Menschen, die in diesem Buch zu Wort gekommen sind. Dieses Koordinatensystem ist nicht mehr primär durch den Gegensatz von Ost und West bestimmt, der Dissidenz möglich machte, und an dem sie zugleich ihre Grenze fand.

Eine neue Dissidenz in Europa, in der sich Ost und West hätten treffen können, war nur in kurzen Augenblicken möglich – sie wurde 1989 im Westen versäumt und im Osten von den Parteien überrollt, sie wird im Rückblick versäumt, indem Prag 1968 nicht zu »'68« gerechnet wird, sie hat keine Möglichkeit, weil die »Rationalität« und die Machtpolitik sich von dieser Vergangenheit distanzieren und die möglichen Zukünfte der Entwicklung der Börsenkurse überlassen. Manchmal ist das Beste, was man für die Zukunft politischer Perspektiven tun kann, das unwiderrufliche Ende von Orientierungen, Einstellungen und Optionen festzuhalten. Nicht zuletzt deshalb, weil neue Anfänge erst dadurch entstehen können, dass man sich von nostalgischen Pseudoreflexionen über das »gute Alte« trennt. Das Bild von der Eule der Minerva, die ihren Flug in der Dämmerung beginnt – Hegels Metapher für die notwendig »nachträgliche« Reflexion geschichtlicher Perioden – hat seinen eminenten Sinn darin, an die Chancen zu erinnern, die das Zwielicht bietet: Die Eule nutzt das Restlicht des Tages, um sich für die Nacht einen neuen Platz zu suchen.

Literatur

Ditfurth, Jutta (2000): Das waren die Grünen: Abschied von einer Hoffnung. Düsseldorf (Econ).

Fischer, Joschka (1984):Von grüner Kraft und Herrlichkeit. Reinbek (Rowohlt).

Fischer, Joschka (1987): Regieren geht über studieren: Ein politisches Tagebuch. Frankfurt/Main (Athenäum).

Fischer, Joschka (1994): Risiko Deutschland: Krise und Zukunft der deutschen Politik. Köln (Kiepenheuer & Witsch).

Fischer, Joschka (1998): Für einen neuen Gesellschaftsvertrag: Eine politische Antwort auf die globale Revolution. Köln (Kiepenheuer & Witsch).

Fischer, Joschka (1999): Mein langer Lauf zu mir selbst. Köln (Kiepenheuer & Witsch).

Krause-Burger, Sibylle (1997): Joschka Fischer: Der Marsch durch die Illusionen. Stuttgart (DVA). [zitiert nach der Ausgabe Reinbek (Rowohlt), 2000].

Schmidt, Christian (1998): Wir sind die Wahnsinnigen: Joschka Fischer und seine Frankfurter Gang. Düsseldorf (Econ).

Schwelien, Michael (2000): Joschka Fischer: Eine Karriere. Hamburg (Hoffmann und Campe).

Steinert, Heinz (1981): Widersprüche, Kapitalstrategien und Widerstand oder: Warum ich den Begriff »Soziale Probleme« nicht mehr hören kann. Versuch eines theoretischen Rahmens für die Analyse der politischen Ökonomie sozialer Bewegungen und »sozialer Probleme«. In: Kriminalsoziologische Bibliografie 8 (Heft 32/33), S. 56–88.

Steinert, Heinz (1988): Erinnerung an den »linken Terrorismus«. In: Henner Hess et al., Angriff auf das Herz des Staates. Soziale Entwicklung und Terrorismus, Bd. 1. Frankfurt/Main (Suhrkamp),S. 15–54.

Steinert, Heinz (1998): Kulturindustrie. Münster (Westfälisches Dampfboot).

Steinert, Heinz (1999): Kulturindustrielle Politik mit dem Großen & Ganzen: Populismus, Politik-Darsteller, ihr Publikum und seine Mobilisierung. In: Internationale Gesellschaft und Politik 4/1999, S. 402–413.

Danksagung

Wir bedanken uns bei folgenden Personen
für zeitlich begrenzte wissenschaftliche Mitarbeit: Kerstin Rathgeb und
Norbert Spangenberg;
für praktische Hilfe: Mirjam Juli, Marta Koelgen (†), Axel Scharfenberg,
Ursula Schmidt, Elisabeth Schwenkenbecher;
für Supervision, anregende Diskussionen und Kritik: Oliver Brüchert,
Thomas Charlier, Dorle Döpping, Margrit Frölich, Michael Froese,
Hanna Gekle, Thomas Heerich, Magdalena Kemper, Bernd Leineweber,
Margarete Meador, Thomas Neumann (†), Christian Pross, Reimut
Reiche, Christine Resch.

Unser besonderer Dank gilt den Dissidenten unterschiedlicher Schat-
tierungen, die mit uns über ihren Lebenslauf gesprochen haben. Ohne
sie wäre dieses Buch nicht zustande gekommen. Ihnen ist es denn auch
gewidmet.

Autorenangaben

Christian Schneider, geb. 1951, Dr. phil., Soziologe und Forschungs-analytiker, freier Autor in Frankfurt am Main und Privatdozent an der Universität Kassel. Zahlreiche Veröffentlichungen, insbesondere im Bereich generationengeschichtlicher Forschung.

Annette Simon, von 1975–91 als Psychotherapeutin in Ost-Berlin tätig; seit 1989 im »Neuen Forum« aktiv. Arbeitet seit 1992 in freier Praxis als Psychoanalytikerin und Lehranalytikerin. Mehrere Vorträge und Veröffentlichungen zu den psychosozialen Prozessen der deutschen Vereinigung.

Heinz Steinert, geb. 1942, Professor für Soziologie (Schwerpunkt: Devianz und Soziale Ausschließung) an der Johann-Wolfgang-Goethe Universität Frankfurt/Main.

Cordelia Stillke, geb. 1951, Dr. phil., Sozialwissenschaftlerin und Psychoanalytikerin in eigener Praxis, lebt und arbeitet in Frankfurt am Main. Publikationen vor allem im Bereich Psychohistorie und psychoanalytischer Sozialforschung.

2002 · 439 Seiten
gebunden
EUR 24,90 (D) · SFr 42,30
ISBN 3-89806-044-6

Die Möglichkeit, politische oder ökonomische Macht auszuüben, nährt Größen- und Allmachtsfantasien. Umgekehrt bahnen Karrierestreben und Rücksichtslosigkeit den Weg zu den Schaltzentralen der Macht. In detaillierten Fallstudien – u. a. über Ministerpräsident Uwe Barschel, Ex-Bundeskanzler Helmut Kohl, Ex-Sponti und Außenminister Joschka Fischer und Serbenführer Slobodan Milosevic – analysiert der Autor die Verflechtungen zwischen Persönlichkeitsmerkmalen, individueller Psychopathologie und den ethnischen, religiösen und kulturellen Identitätskonflikten der jeweiligen Bezugsgruppe und denen der Gesellschaft.

Aus dem Inhalt: Zum Begriff der Macht, Zum Begriff des Narzissmus, Die psychosoziale Genese der Macht, Machtausübung als Beruf, Gesunder Narzissmus und rationale Machtausübung, Aufstieg und Fall des Uwe Barschel, Aufstieg und Fall von Helmut Kohl, Joschka Fischer: Vom Straßenkämpfer zum Außenminister, Der Krieg im Kosovo – Massenpsychologie und Ich-Analyse.

David J. de Levita
**Der Begriff
der Identität**

Februar 2002 · 262 Seiten
Broschur
EUR (D) 29,90 · SFr 50,50
ISBN 3-89806-115-9

Heute begegnen wir dem Begriff der Identität in Publikationen über die Erforschung menschlichen Verhaltens so häufig, er ist so gebräuchlich geworden, dass wir ihn wohl als »arriviert« betrachten müssen. Doch eine Antwort auf die Frage: »Wer bin ich? Wohin gehöre ich?« hängt sehr von der Art des Lebewesens ab und es gibt nach wie vor kaum eine Fragestellung, auf die so verschiedene Antworten denkbar sind wie auf diese. Für den Chemiker ist der Mensch ein Konglomerat chemischer Elemente, für den Anatomen eine Kombination von Zellgeweben; für den Soziologen besitzt der Mensch eine Staatsangehörigkeit, einen Beruf und einen Status. De Levita untersucht, ausgehend von der Frage aller Fragen, welche unterschiedliche Bedeutungen dem Begriff Identität in den verschiedenen Persönlichkeitstheorien zukommt.

PⓈV
Psychosozial-Verlag

Rolf Denker
Abschied vom Gewissen

edition ■psychosozial

Februar 2002 · 173 Seiten
Broschur
EUR (D) 20,50 · SFr 34,90
ISBN 3-89806-107-8

Dieses Buch des Tübinger Philosophen und Psychoanalytikers ist ein Plädoyer für ein individuelles Gewissen »hinter« dem Sozialgewissen. Aktuell greift es in politische, kirchliche und ethische Debatten ein. Historisch-wissenschaftlich unternimmt Rolf Denker eine Genealogie des modernen Gewissensbegriffs anhand der genauen und kritischen Analyse der Positionen verschiedenster Theorien. Das Buch ist ein Geschenk für den interdisziplinären Diskurs zwischen Philosophie, Psychoanalyse, Sozialwissenschaften, Pädagogik, Medizin und Theologie.

P🔲V
Psychosozial-Verlag

Lightning Source UK Ltd.
Milton Keynes UK
UKHW010643010821
388132UK00001B/13